THE TRUTH ABOUT MARKETS

Why Some Nations Are Rich but Most Remain Poor

市场的真相

富国恒富，穷人如何翻身？

[英] 约翰·凯伊◎著　陈琇玲◎译

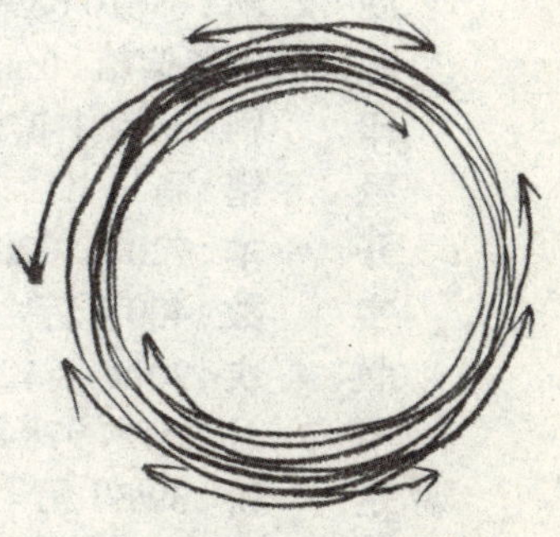

新世界出版社
NEW WORLD PRESS

图书在版编目（CIP）数据

市场的真相 /［英］凯伊著；陈琇玲译 .—北京：新世界出版社，2011.11

ISBN 978-7-5104-2315-4

Ⅰ.①市… Ⅱ.①凯… ②陈… Ⅲ.①市场经济学—研究 Ⅳ.① F014.3

中国版本图书馆 CIP 数据核字 (2011) 第 216400 号

著作权合同登记号：京版图字01-2010-0723号

市场的真相

作　　者：［英］约翰·凯伊
译　　者：陈琇玲
责任编辑：余守斌　邓东文
责任印制：李一鸣　黄厚清
出版发行：新世界出版社
社　　址：北京西城区百万庄大街 24 号（100037）
发 行 部：(010) 6899 5968　(010) 6899 8733（传真）
总 编 室：(010) 6899 5424　(010) 6832 6679（传真）
http://www.nwp.cn
http://www.newworld-press.com
版 权 部：+8610 6899 6306
版权部电子信箱：frank@nwp.com.cn
印　　刷：北京中振源印务有限公司
经　　销：新华书店
开　　本：720×1020　1/16
字　　数：400 千字　　印　　张：23.75
版　　次：2011 年 12 月第 1 版　2011 年 12 月第 1 次印刷
书　　号：ISBN 978-7-5104-2315-4
定　　价：39.80 元

自序

为何富国只占少数，穷人依旧潦倒

约翰·凯伊

有没有哪一个主导的经济模式，是以20世纪末期的美国经验为主，让所有国家必须联合一致，共同面临经济失败？或者，不同国家和不同地域必须找出各自的经济发展途径才行？

“没有一体适用的经济模式”就是本书的论据。以广义的观点来看，所有经济繁荣国家都是市场经济体。但是，市场必须嵌入社会、政治和经济等关联中，才得以发挥效力。也就是说，在经济上获得成功的国家，本身的商业环境都有其独特性。

亚洲的经济发展经验就是这一论据的明确例证。或许，经济史上最重要的问题是：“为什么在200年前，现代经济发展是从西欧开始，而不是从中国东南方揭开序幕？”彭慕兰（Kenneth Pomeranz，译注：耶鲁大学教授，多年来致力于对中国及现代世界经济发展的研究）把这个现象描述为“大分流”（the great divergence）。当时中国和西欧在技术、资源、才能及技能等方面，有许多相似之处，但我认为，真正的差异在于政治和文化等方面。

1945 年后，亚洲各个国家在政治和文化等方面有极大的悬殊发展，使市场经济得以繁荣或挫败、先进技术得以被采纳或被藐视。然而，只要科技发展与经济制度方面有纪律多元化的同时演变，就可能让某些亚洲国家已缔造的经济奇迹出现在整个亚洲地区。对目前全球经济来说，这是最重要也是最令人兴奋的发展。

我希望本书涵盖的市场运作分析，能够在知识上对经济发展有绵薄的贡献。

Contents 目录

第一部 问题

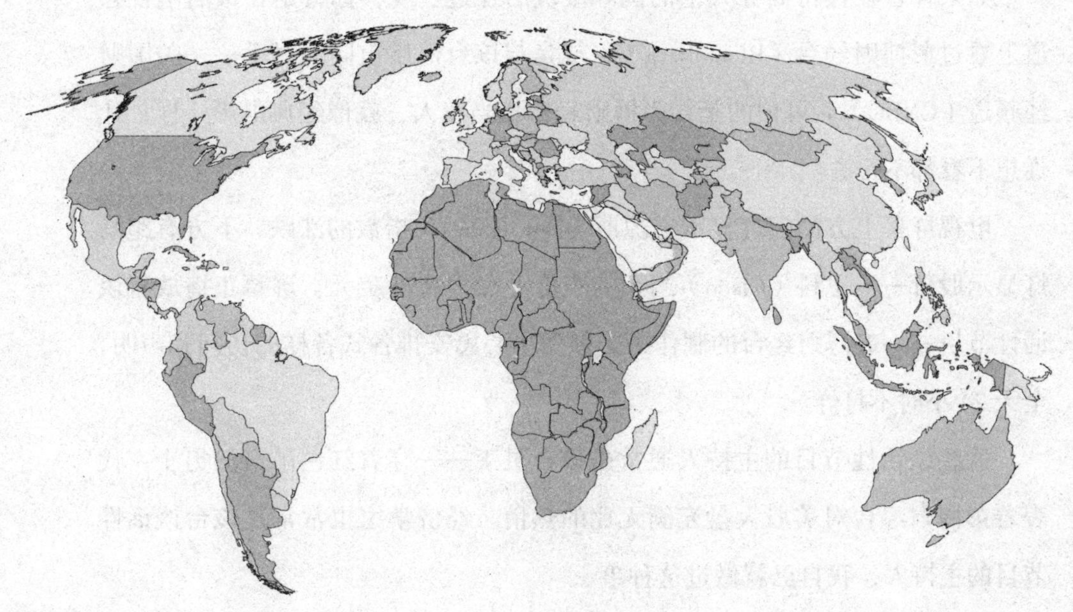

第一章 彭博财经台

如果你曾在接待商务人士的国际级饭店住过一晚，你肯定在饭店电视频道上看过彭博财经台（Bloomberg），或是与该台性质雷同的对手——美国财经频道（CNBC）。可怕的是，彭博财经台相当迷人，就像经典电影一样，让你想不看都不行。

电视屏幕上方的闪灯显示道琼斯（Dow-Jones）指数的涨跌，下方有跑马灯显示股价——思科（Cisco）当天的股价上涨了 0.75 美元。屏幕正播放着谈话性节目——彭博财经台的制作人必须费尽心思安排各式各样的访问和声明，全天 24 小时不打烊。

这些谈话性节目的主持人通常是该台员工——穿着红色吊带的男士，代表着彭博财经台对美股大盘充满无比的热情。经济学家也常常是该台谈话性节目的主持人，我自己就做过这种事。

这些经济学家大多在美林证券（Merrill Lynch）或高盛证券（Goldman Sachs）等知名券商工作。他们会在其任职的券商交易室里接受访问，彭博财经台则免费帮券商打广告。经济学家会答复这类问题："我们该如何解读全国采购经理人协会（National Association of Purchasing Managers）上个月公布的指数？"我可没胡说，你如果不相信，就请打开电视收看彭博财经台。

在 20 世纪的最后 20 年里，彭博财经台是市场经济兴起的显著表征。撒切尔夫人（Margaret Thatcher）于1979年就任英国首相，罗纳德·里根（Ronald Reagan）也在一年后当选美国总统。这些政府和内阁的改变，使得原本自第二次世界大战以来都未曾改变、同时也是20世纪大部分时期特质的趋势——政府干涉经济及国家高额支出——开始出现逆转。苏联解体和东欧剧变也加快了这股改变的趋势。柏林墙（Berlin Wall）于1989年倒塌，更象征着西方国家在冷战中获得胜利。随之而来的是全球经济史上最异常的现象。

在上述趋势中，最重要的是美国世纪的到来。随着柏林墙的倒塌，美国政治家法兰西斯·福山（Francis Fukuyama）宣告“历史的终结”（the end of history）——福山写的一篇刊于《国家利益》（*National Interest*）期刊的文章，后来成为了畅销书《历史之终结与最后一人》（*The End of History and the Last Man*）。

东欧社会主义的瓦解是一个前兆：全球政府以自由民主政治，以及温和管制的资本主义为基础，采用了一种共同的政治经济模式。这种模式当然跟20世纪末期的美国有着密不可分的关系。

福山在文章中小心表达的“胜利主义”（triumphalism），被商业人士和知名时事评论家做了更独断的解读。花旗银行（Citicorp）前总裁沃尔特·里斯顿（Walter Wriston）在其著作《主权的衰微》（*The Twilight of Sovereignty*）中宣称：市场应该会、实际上也会逐渐损害政府的传统角色。到20世纪结束之际，连原本强烈反对这种“政府附属于市场”说法的纳奥米·克莱恩（Naomi Klein）等人，也加入到了里斯顿等支持者的行列。

对于市场经济如何奏效的问题，里斯顿提出了自己明确的观点——“自利的唯物论”（self-regarding materialism）是经济行为的主要决定因素，政府不应加以限制。金融市场是经济活动的主要管理者，国家的经济角色是保护财产权及合约的执行，我把这种论点称为“美国经营模式”（American Business Model）。

丹尼尔·耶金（Daniel Yergin）与约瑟夫·斯坦尼斯罗（Joseph Stanislaw）把这些散布在世界各地的思想，巧妙汇集于他们合著的《制高点——世界经济之战》（*The Commanding Heights : The Battle for the World Economy*）一书中。两位作者借英国工党（British Labour Party）引述前苏联领导人列宁（Lenin）的话："社会主义的目标是要替人民掌握经济的制高点。"他们还提出，"国家从制高点撤离，正是20世纪与21世纪的重要分水岭。"

对里根和撒切尔夫人来说，减弱国家的经济角色是一个审慎的政治选择。在里斯顿10年前描述的世界里，根本没有其他选择，国际贸易和资金流动让政府无可避免地走向了衰微。1990年，"全球化"（globalization）一词更是取代"民营化"（privatization），成为了市场导向改革的标语。里斯顿预料，这种共识——市场的全球化趋势与新技术的重要性——会出现于20世纪90年代。

里斯顿提出的"国际化与技术"的主题，被日后的时事评论家用更尖锐的态度看待。著名全球化编年史家托马斯·弗里德曼（Thomas Friedman）以其为《纽约时报》(*New York Times*)撰写的专栏内容为主，于1999年集结成《了解全球化——凌志汽车与橄榄树》（*Understanding Globalization : The Lexus and the Olive Tree*）一书。托马斯·弗里德曼在书中声称："这个世界只有10岁"（The world is ten years old）。

虽然全球化是主题，但毫无疑问，这个新世界的中心已经被发现。"如果你在100年前碰到一位建筑师，跟他说2000年后的世界将被一种称为'全球化'的制度所界定，那么他要设计哪种国家，才能在世界上竞争取胜？答案是，他可能会设计出很像美国那样的国家。"①

在20世纪90年代期间，美国的经济运作良好。《商业周刊》（*Business*

①耶金与斯坦尼斯罗于1998年的著作《制高点——世界经济之战》13页。

Week）宣告，“新经济”技术已经改变美国的长期增长潜力。[①]在彭博财经台的推波助澜下，这股强势的经济表现转化为了股市的空间繁荣。

1996年，美国联邦储备委员会（Federal Reserve Board，简称美联储）主席艾伦·格林斯潘（Alan Greenspan），针对“非理性繁荣”（irrational exuberance）提出警告。[②]格林斯潘提到，股价已创下美国史上新高——超过1929年的记录，而且股价日后还会继续飙涨。在提出警告后，格林斯潘再次退居幕后。

格林斯潘以说谜语闻名。格林斯潘第一次向他的夫人安西娅·米切尔（Anthea Mitchell）求婚时，米切尔还听不懂他在说什么。[③]但是，在美国人的纸上财富持续增加的同时，格林斯潘也塑造了自己的英雄形象。历史将会评论，格林斯潘是个让无数美国人致富，或是个忍不住告诉大家一切只是想象的人。

托马斯·弗里德曼所传达的胜利主义逐渐发展成了狂妄自大，最后演变成了一种集体狂乱。繁荣变成泡沫，其导火线就是相信新技术——大多指互联网——的无限潜力。20世纪90年代中期，互联网的知识开始从电脑专家和学术界向外扩展。报纸杂志一再主张，互联网将改革经济活动，比先前铁路、通讯、电力或汽车等技术创新更为重要——尽管大家仍无法对互联网未来的

①“新经济”一词可追溯到1996年12月《商业周刊》由编辑迈克尔·马德尔（Michael Mardel）撰写的文章《新经济的胜利》（*The Triumph of the New Economy*）。此后，《商业周刊》就成为新经济的主要推手。详见1997年11月《新经济、真意涵》（*The New Economy, What It Really Means*）一文。通常指始于20世纪90年代中期，建立在信息技术革命和制度创新基础上的经济持续增长与低通货膨胀率、低失业率并存，经济周期的阶段性特征明显淡化的一种新的经济现象。

②详见耶鲁大学经济学家罗伯特·席勒（Robert Shiller）著书《非理性繁荣》（*Irrational Exuberance*）第一章，对此阶段历史及相关股市评价的描述。

③鲍伯·伍德沃德（Bob Woodward）于2000年的著作《别了，格林斯潘》（*Maestro:Greenspan's FED and the American Boom*）。

改变的本质加以分类。[①]

开发互联网商业潜力的新公司纷纷成立。营业收入不到1美元的企业，却在股市拥有数10亿美元的交易额。券商的研究分析师（也就是那些出现在彭博财经台谈话节目的人士），例如，有“网络女皇”之称的玛丽·米克（Mary Meeker）和美林证券的亨利·布洛杰（Henry Blodget），因为把不合常理的股票评价合理化，而获得了数百万美元的奖金。[②]高科技股票的纳斯达克（NASDAQ）指数也不断地以倍数暴增。[③]

有识之士纷纷转向支持“新经济”的价值。麻省理工学院斯隆管理学院前任院长莱斯特·梭罗（Lester Thurow）不断赞美这些英雄。“财富对一个人所处的社会阶层相当重要，但财富却日渐成为了评量个人价值的唯一标准。如果你要证明自己的价值，就只能参与这场游戏。这是一个大联盟。如果你不加入，就定义上来说，你就是次等人。”[④]唯有追求财富，才可能“在时间之流留下足迹”。

美国前总统比尔·克林顿（Bill Clinton）任内的财政副部长劳伦斯·萨默斯（Larry Summers）也对上述观点表示支持。萨默斯是诺贝尔经济学奖得主

---

①详见凯文·凯利（Kevin Kelly）在1998年于代表“新经济”的杂志《连线》（*Wired*）上的文章。

②有关米克与布洛杰，以及20世纪90年代荣景的知名推手艾比·约瑟夫·柯恩（Abby Joseph Cohen）等人的描述，详见约翰·卡西迪（John Cassidy）于2002年出版的《互联网经济——非理性的繁荣》（*Dot. Con:The Greatest Story Ever Sold*）。

③ 1997年3月，纳斯达克综合指数（NASDAQ Composite Index）为1200点，3年后以5048点创下史上新高。2002年，指数又跌回1997年的水准。

④梭罗于1999年的著作《知识经济时代》（*Building Wealth: The New Rules for Individuals, Companies, and Nations in a Knowledge-based Economy*）。这句话被广泛引用，可以说是迄今对美国20世纪90年代狂热经济最精辟的分析，也出现在托马斯·弗兰克（Thomas Frank）的著作《上帝注视下的市场——极端资本主义、市场多元主义和经济民主的终结》（*One Market Under God:Extreme Capitalism,Market Populism and the end of Economic Democracy*）中。

保罗·萨缪尔森（Paul Samuelson）与肯尼斯·亚罗（Kenneth Arrow）的外甥，萨缪尔森和亚罗是20世纪后期最伟大的经济学家。萨默斯是一位相当杰出的经济学家，也是约翰·贝茨·克拉克奖章（John Bates Clark Medal）得主。

格林斯潘虽被称为经济学家，但却没有实际的专业资格——他曾与极右派狂热分子艾茵·兰德（Ayn Rand）交往，展现出了具传奇性的政治技巧和敏感度。萨默斯、格林斯潘再加上美国财政部长罗伯特·鲁宾（Robert Rubin，即高盛证券的前CEO），这三人组成了令人印象深刻的"三人组"。1999年，萨默斯继鲁宾之后出任美国财政部长，后于2001年回到哈佛大学当校长。

在美国商界能找到对美国经营模式的最大赞赏——专制与所得分配不均可被合理化，甚至在道德上被正当化，只因为这些都是市场成果。对主管和成功企业家来说，有什么会比发现自己的好运不仅能让个人获益，也能让整个社会福利受惠更好的事呢？在这种信念的强化下，主管和成功企业家就会扩大这种好运。20世纪90年代，越来越高比例的美国企业的获利落入了资深经理人的口袋。[①]

然而，欧洲人对美国经营模式的普遍性总是持怀疑态度。1997年，七大工业国——美国、日本、英国、德国、法国、加拿大、意大利——在美国科罗拉多州丹佛市开会，就受制于美国总统克林顿。《金融时报》（*Financial Times*）称其为"热情奔放的自夸"（effusive self-praise），还曾引述了一位欧洲官员的话："他们一直告诉我们，自己的制度多么成功，但现在却提醒我们，晚上最好只在饭店附近逛逛，不要走太远"。[②]

美国经营模式势不可当的崛起，渐渐使欧洲人失去了自信。在英国和德

① 2001年6月25日的《财富》（*Fortune*）杂志中，《主管薪资咨询服务》（*Executive Compensation Advisory Services*）一文的《知名CEO惊人高薪一览表》（*The Great CEO Pay Heist: Tables*），提供了许多美国CEO的详细薪资总数。

② 1997年6月22日的《金融时报》。

国，科技股的“投机热”和华尔街股市泡沫化极其类似。[①]新闻工作者乔纳森·佛里兰德（Jonathan Freedland）著书《把革命带回家》（*Bring Home the Revolution*）歌颂美国，据说是新工党（New Labour）政治家最喜爱的读物。[②]

欧洲领袖于2000年2月在葡萄牙首都里斯本签署了一份“新经济”议程：全球化与新技术需要市场自由化。这些构想也传到了贫穷国家。“华盛顿共识”（Washington Consensus）就是由总部比邻于华盛顿首府市区的几个主要国际经济机构——国际货币基金组织（International Monetary Fund，IMF）和世界银行（World Bank）——提出的通用妙策。但是，全球化和美国经营模式却引起反弹。

1999年11月，世界贸易组织（World Trade Organization，WTO）在美国华盛顿州西雅图开会时，街道上挤满抗议者，会议最终也因为一团混乱而草草结束。之后的几次类似会议也纷纷引起了群众的抗议示威。

2000年1月，在瑞士达沃斯滑雪圣地举办的世界经济论坛（World Economic Forum）年会，预期是美国10年来胜利主义的最高潮。克林顿总统搭机前往开会，示威群众则挥手抗议，要求克林顿终止在其任期内让企业人士赚取暴利的相关措施。

---

①德国Neue Markt指数大幅度凌驾于华尔街：Nemax Kurz指数在1997年3月不到500点，却在2000年3月暴涨到8500点以上，指数在2002年又跌破1000点。英国科技股Techmark指数在2000年涨到5700点，到2002年又跌回1000点。

②佛里兰德于1998年的著作《把革命带回家》。查尔斯·李德比特（Charles Leadbeater）于2000年出版的《知识经济大趋势》（*Living on the Thin Air: The New Economy*），是影响部分英国新工党政治家，赞扬美国泡沫荣景时期事物的另一本经济著作。参见1999年11月14日安德鲁·马尔（Andrew Marr）在《观察者报》（*Observer*）的报导，以及1999年11月3日琳达·狄理尔（Leanda Delisle）在《卫报》（*Guardian*）的报道。《把革命带回家》也被报导为哈洛兹百货（Harrods）的老板穆罕默德·艾尔法耶（Mohammed Al Fayed）最喜爱的读物：“这本书一出版[强尼采访托尼·布莱尔（Tony Blair）首相时，首相聪明地把这本书摆在西洋棋上]，法耶先生就打电话来订了100本。”摘自1999年11月29日《卫报》，马修·诺曼（Mattew Norman）的报导。

但是，种种示威抗议并没有奏效。除了原本接待克林顿和萨默斯的欢迎会低调处理外，电子商务企业会议仍旧沸沸扬扬地进行。几周后，纳斯达克指数创下新高；两年后，指数却惨跌75%。在网络泡沫全盛时期成立的网络企业，最后大多走上歇业一途。

不过，美国经营模式只稍微受到一点损伤，依旧是大多数企业人士与顾问实际运作的前提。自利的唯物论是激励人类的最大因素。政治贪婪会带来灾难，因为政客可以运用国家的强制权力获取他人的金钱。企业就算贪婪仍有品德可言，因为生产人们想要的产品和服务是企业获利的唯一方式。所以，政治领域应该越小越好，但企业领域却要尽量扩大。

于是，美国经营模式的前提直接导致"市场基本教义"（market fundamentalism）的出现——干涉自由市场功能绝对无法合理化的信念，以及"最小限度国家"（minimal state）的形成，国家的经济角色局限于财产权的界定与合约的执行。又因为贪婪成为了市场经济的主要动机，重新分配课税就会抑止市场经济的发展。

但是，上述做法显然会产生一个问题：如果社会由极端贪婪者掌控，而国家的角色又微不足道，结果不会演变成无政府状态吗？解释这种做法为何不会演变成无政府状态，是美国经营模式最聪明也最有趣的部分。本书绝大部分也将致力于探讨这个问题。

虽然这项技术问题很重要，但大多数采用美国经营模式的国家却不太关注此事。对他们来说，美国经营模式符合他们根深蒂固的需求——针对复杂现象提出简单且具普遍性的解说。美国经营模式的诉求能直接对应到其所排斥的马克思主义教条上，它的相关规定不只正确，还具必然性。美国经营模式的主要提倡者在把所有社会问题和经济问题归因于政府时，也展现了马克思主义者把所有社会问题和经济问题归因于资本的同样巧思。

大众对经济问题的兴趣以往是放在政治活动上，现在却通过彭博财经台加以表达。出现在谈话性节目的人士，界定了经济学家的公众形象。如果我在晚宴中表明自己的经济学家身份，别人就会认为我应该是一个既无趣又固执己见的家伙，满脑子都想着钱，而且意见通常有错。大家可能会问我汇率的问题，却对答案不感兴趣。如果我说自己不是那种经济学家，他们就会大感惊讶，原来还有其他类别的经济学家，然后他们就会开始跟别人交谈。

大多数经济学家并不预测汇率，但他们抱持的信念却是让经济学家名声不佳的主因。“每次你遇到两位经济学家，就会获得三个意见”常被人作为介绍经济学家的开场白，这种做法也常常引起哄堂大笑。我本人就经常嘲笑那些出现在谈话性节目中的分析人士差劲的预测记录。

担任这类分析角色的经济学家，赚取高薪却不受敬重，而且他们所做的工作似乎微不足道。没错，应该有人研究全国采购经理人协会的统计数字，但这种工作很难和了解伟大艺术或找出次原子粒子等探索性的研究相提并论。

通常，彭博财经台提出的问题，比如“我们该如何解读全国采购经理人协会上个月公布的指数”、“联邦储备委员会下次会升息吗”等，既无趣又不重要。而事实上，真正的经济问题既重要又有趣，并可以引出一些当代最重要的社会问题和政治问题。

为什么有些人、有些国家富有，其他人、其他国家却贫穷？为什么在经济竞争中，计划经济制度输给了市场经济制度？地方分权的市场经济制度，如何协调产品的全球配销？经济制度如何处理风险？在复杂的产品市场中，经济制度如何处理信息不对称的情况？如何把奖励分配给负责管理复杂生产流程团队的不同成员？市场如何协调网络，又如何激励创新？我们在经济生活中的行为，比如如何工作及消费什么，究竟取决于何物？在现代经济中，政府的角色应该为何？这些问题就是本书关注的重点。

在解决这些问题时，我会说明美国经营模式不是什么、不能做到什么，也会对美国经济运作做出正确的描述。最符合“最小限度政府”、“自由个人主义”等规定的国家，就是地球上最贫穷的国家。有效的市场经济制度能深植于精心策划的社会、政治和文化关系中，在这种关系之外，市场经济制度根本无法发挥效用。

对市场真相的探查将带领我们到华尔街股市和华盛顿，也前往瑞士、新西兰、南非和俄罗斯，还会造访意大利圣雷莫（San Remo）的花市、二手车卖场和街角商店，甚至会到英国国家电力供应公司（National Grid Transco）的控制室参观。本书所描述的经济学家很少出现在彭博财经台，但他们都是诺贝尔经济学奖得主。

跟其他经济学家一样，我也使用模型。大多数人把经济模型想象成通过电脑模拟来预测未来的一连串复杂方程式。这类经济模型确实存在，例如，财政部和中央银行，甚至彭博财经台的某些分析师，都会用到这类预测模型。但是，大多数经济模型在结构和意图上并不一样。经济模型通常是先把复杂问题简化成一些要素，再详细说明这些要素之间的关系。

好的模型运用范围极广，也具有意想不到的关联性。要了解这类模型，请翻阅第十八章描述的诺贝尔经济学奖得主乔治·阿克尔洛夫（George Akerlof）提出的柠檬市场，以及第二十章描述的阿尔伯特·塔克（Albert Tucker）提出的“囚徒困境”（prisoner's dilemma）。

毫无疑问，彭博财经台是美国经营模式的象征，但却不是此模式的例证。其实，彭博财经台并不是商业投机机构，而是通过与大券商交易员的密切关系，提供财经信息。彭博财经台从未有特别的企图，但却让与公司同名的创办人迈克尔·彭博（Michael Bloomberg）声名大噪。2001 年 11 月，彭博战胜所有竞争对手，成功当选纽约市市长，由一个金融信息帝国的掌门人一跃而成美国仅次于总统的最有权势的官员。①

①彭博为竞选纽约市长花了 6900 万美元，等于每获得 1 票要花 92 美元。

第二章 大众的经济生活

在位于苏黎世市郊高级住宅区古斯纳特（Kusnacht）的一栋别墅的花园里，海蒂正在跟孩子们玩耍。她刚开着日产迷你敞篷车 Micra，从任教的小学回到家，她一个月的薪水是 2500 美元。海蒂的先生贺曼毕业于瑞士圣加仑大学（University of St.Gallen），目前在苏黎世某家银行担任主管。这部 Micra 是他们家的轻便小跑车，贺曼上班开的是奔驰汽车。贺曼和海蒂喜欢在苏黎世享受美食，那里有很多相当不错的国际餐厅，也有很多充满欢乐的瑞士酒吧。他们喜欢歌剧，也喜欢在古斯纳特的俱乐部打网球。冬天时，他们几乎每个周末都去滑雪，夏天则去他们位于意大利中部温布利亚（Umbria）的度假小屋小住。

拉维正骑着自行车到位于孟买的印度国家银行（State Bank of India）上班，月薪 320 美元的他，刚取得会计师资格证，并在不久前结婚。拉维和妻子娜汀妮目前跟拉维的父母同住在一所公寓里，该公寓位于渥里市（Worli）一个不错的住宅区。这所公寓每个月的租金为 280 美元，由拉维的父亲支付。娜汀妮没有上班——在印度，对拉维这种收入和社会地位的男士来说，让老婆出去上班是相当少见的事。小时工每天早上会到拉维家打扫煮饭，她的月薪约为 25 美元。

斯凡正在瑞典基维克（Kivik）附近的森林跑步。他在农场工作，一个月的薪水是 1700 美元。他与妻子英格丽，还有一个 4 个月大的女儿同住在村子里一栋三房一厅的房子里。英格丽和斯凡在同一个农场工作，她目前正在休产假。在瑞典，双亲有权合请一年的育婴假。英格丽再过几个月会回到农场上班，之后就由斯凡请育婴假，换他在家陪女儿。斯凡和英格丽各自拥有自己的手机，还有一部 Volvo740 汽车。他们喜欢运动，常到瑞典北部滑雪。每年暑假，他们都会到西班牙马乐嘉岛（Mallorca），或斯凡父母位于波罗的海小岛上的避暑别墅度假。

艾文正搭地铁去上班。他是美国电话电报公司（AT&T）的维修工程师。艾文拥有莫斯科通讯与信息技术学院的博士学位，目前月薪为 900 美元。艾文和母亲柳德蜜拉、太太欧嘉，以及两个孩子同住在莫斯科郊区的尤格萨帕那耶（Yugo-Zapadnaya）。艾文的父亲在阿富汗阵亡后，母亲每个月可领到 40 美元的抚恤金。欧嘉在莫斯科通讯与信息技术学院教英文，月薪为 100 美元。不过，她每个月都会帮企业翻译英文，可以多赚 300 多美元的外快。他们家有一部福特汽车，还有一部从荷兰进口的二手车。

瑞士的贺曼、海蒂和瑞典的斯凡、英格丽，他们拥有的经济生活截然不同于印度的拉维、娜汀妮与俄罗斯的艾文、欧嘉。贺曼和海蒂、斯凡和英格丽拥有更多的物质享受，在工作和娱乐方面有更多的选择，这也让他们拥有了更多培养自己的兴趣与才能的机会。然而，经济生活只是现实生活的一部分，有选择就可能出错，而且物质财富未必能满足人们的所有需求。拉维夫妇和艾文夫妇并不觉得自己很穷。就像大多数人一样，他们从当地环境中找到了自己的参考框架——他们很清楚，自己的经济状况比孟买街上和莫斯科许多贫困者要好得多。

这四对夫妻中，哪一对最幸福？最后答案在很大程度上取决于夫妻间的关系，而与他们所住房子的大小，或所拥有的汽车性能的可靠度的关系不大。但是，拉维和艾文还是很想拥有贺曼和斯凡现在的资源和机会。为何他们的经济生活如此不同？不管这个问题会对他们的幸福带来什么后果，也不管这个问题是不是整个故事的重点，它都是相当有趣、相当重要的。虽然贺曼与拉维、斯凡与艾文是不一样的人，但对我们来说，他们很相似，足以让我们知道，其经济生活的差异主要是所属环境差异的产物，而非个人的天赋能力的差异所造成。

贺曼和斯凡拥有较高的物质生活水平，并不是因为他们比较有才能或工作比较努力，而是因为他们出生并居住于瑞士和瑞典。同样的，拉维和艾文的物质生活水平较低，并非因为他们缺乏才能或工作不努力，而是因为他们出生并居住于印度和俄罗斯。我们常常谈到全球化，仿佛世界正在渐渐同质化。其实，全球化只是强调而不是消除这些地理环境的现实。

对拉奥和裴德洛这对兄弟来说，地理环境的现实也使他们的生活出现了极大的落差。里约格兰地河（Rio Grande）相当宽广、水流缓慢，但并没有优美的自然景观或名胜。不过，这条绵延1000英里的河却是美国与墨西哥的国界，因此在政治、社会和经济上的地位相当重要。

拉奥在墨西哥北部一家工厂工作，他是一位熟练且经验丰富的机工，月薪为700美元，在当地算是高薪一族。拉奥的弟弟裴德洛在美国洛杉矶的餐厅做服务生，月薪是拉奥的两倍。拉奥有时候会想跟裴德洛一样去美国打工，但最后他还是选择待在墨西哥，与亲朋好友在一起。他认为金钱只是生活的一部分。

经济生活为何出现差异

究竟是什么原因造成人们的经济生活出现差异？大多数经济史认为，从物质资源的“可取得性”中能够找到解释。其中最不易产生争议的就是，得到肥沃的土地、贵重矿物（比如，金、银、煤、石油等），或蔗糖、藏红花等稀有的特殊物品。试图获取这些资源，一直是几千年来引发战争的主因。

表 2.1 不同国家的资源可取得性（单位：美元）

每人可用资源(包括矿物资源、石油与瓦斯、农地和森林)

前 10 名国家		其他富裕国家	
沙特阿拉伯	71900	奥地利	7600
新西兰	51100	比利时	1800
加拿大	36600	丹麦	11100
澳大利亚	35300	法国	8100
挪威	30200	德国	4200
委内瑞拉	20800	意大利	3400
爱尔兰	17800	日本	2300
美国	16500	荷兰	4100
芬兰	15900	瑞典	14600
乌拉圭	14800	瑞士	3100
		英国	4900

资料来源：世界银行（1997）《扩大财富程度》（*Expanding the Measure of Wealth: Indicators of Environmentally Sustainable Development*），附表一。

不过，目前各国之间生活水平的差异并不是自然资源的差异造成的。世界上有许多富裕的国家，像瑞士和瑞典，都拥有相当少的自然资源。近年来，英国地下发现了丰富的石油蕴藏量，但远远比不上俄罗斯的煤矿和石油的蕴藏量。但是，和孟买的拉维与莫斯科的艾文相比，瑞士的贺曼与瑞典的斯凡因为拥有购买自然资源的财力（并不是因为他们所处的地理位置邻近自然资源），所以更能取用全球的自然资源。

上述事实需要说明一下。

如果造成经济生活差异的主因不是物质资源的差异，那么原因可能是技术方面的差异。斯凡是瑞典农场的员工；西赛罗拥有自己的农场，但是他的农场位于南非夸祖鲁纳塔尔省（KwaZulu Natal）的小村落。西赛罗和老婆，以及哥哥派崔克的两个老婆，还有两家的五个小孩，同挤在一间小屋。这间小屋没有通电，也没有卫生设备。

西赛罗在一个农贸市场卖牛奶和蔬菜，每个月大概能赚150美元。西赛罗的老婆和大嫂们在农场帮忙，另外还编篮子贴补家用。哥哥派崔克在离家500英里远、位于卡利东维尔（Carletonville）的金矿工作，每个月的工资为250美元，并把大部分钱寄回家贴补家用。西赛罗的长子在南非德尔班（Durban）当佣人，每个月给父母寄75美元。

斯凡每天使用的复杂的现代农业机器和西赛罗可用的简单的手工农具，两者之间存在着很大的差异。原则上，全球市场会发展出一种可供全球各地使用的技术。对艾文来说，事实确实如此——AT&T在俄罗斯和美国配置同样的设备。但是，对西赛罗来说，运用现代技术是一个遥不可及的梦想。跟大多数南非人一样，西赛罗既没有受过教育，也没有资金购买那些在瑞典每个农场都能找到的先进设备。

是教育造成了这种差异吗？拉维和艾文比大多数富国工作者更有技能。很难想象斯凡能做好拉维和艾文两人的工作，但他们却能做好斯凡的工作。不过，就算西赛罗受到更好的教育，也未必能使他的生产力提高很多。

难道资本才是关键所在？常识告诉我们，南非乡下比瑞典更需要资本，但为什么斯凡有那么多资本，而西赛罗的资本却这么少？在全球资本市场中，拥有资本的人可以快速地在各个国家或各个企业间转移资金。他们这样做并不是感情用事或有爱国心，而是希望获得更高的投资回报。

20世纪90年代，外国投资者过度夸大泰国、印度尼西亚等东南亚国家的发展前景——虽然这些国家目前是穷国，但正处于快速发展中。因此，流入这些经济体的资金远远超过它们所能吸收的程度。

资本市场的全球化并没有为南非的农业带来任何好处，因为南非少了经济发达国家（比如瑞典）所拥有的基础设施。更好的社会基础设施能让西赛罗接受教育，有能力去使用那些昂贵且先进的机器设备；更好的物质基础设施（例如，更通畅的道路）能让西赛罗接近市场，以更低的成本销售产品；更好的制度基础设施能让国际投资人放心地将自己的资金交到西赛罗手上，并相信，如果顺利的话，他们很快就能从这笔投资中获利……但是，对西赛罗来说，这些基础设施都不存在。

拉奥和裴德洛在墨西哥的同一个城镇出生，也接受同样的教育。在洛杉矶工作的裴德洛并没有像拉奥那样学以致用。和墨西哥工作者相比，美国工作者拥有更多的可支配资金。[①]不过，跟裴德洛相比，在墨西哥替美国制造业工作的拉奥，却能使用更贵的设备。墨西哥工作者已能使用到美国的技术，因为像拉奥工作的这类美国企业已经在低成本地区（例如墨西哥）设立了工厂。

我们无法从技能、教育、资金或技术等方面来解释经济生活的所有差异，因为这些因素都不足以说明拉奥与裴德洛在经济生活上的差异，也无法解释美国的繁荣与墨西哥的贫穷之间的差异。

经济制度决定一切

生产力的差异不只是资本和技术的可取得性，或不同工作者的技能差异所造成的结果。在现代世界中，到处都能培养技能，资本和技术也可以自由地在各国之间流通。经济差异之所以持续存在，是因为产出和生活水平是经

①安德烈·霍夫曼（Andre Hoffman）在 2000 年《剑桥经济期刊》（*Cambridge journal of Economics*）第 24 期撰文《拉丁美洲标准股本估算》（*Standardised Capital Stock Estimates in Latin A merica:A 1950—1994 Update*）中估计，1994 年，美国每位工作者的可用资金为 54000 美元，墨西哥每位工作者的可用资金为 13000 美元。

济环境与相关社会、政治和文化制度综合作用下的复杂产物。个人的经济生活则是所属制度运作下的产物。

费德瑞克和汉斯这对兄弟在经济生活上的差异，就为这一结论做出了最佳诠释。阿道夫·希特勒（Adolf Hitler）于1933年掌权，1939年爆发第二次世界大战，费德瑞克和汉斯就在这期间相继出生，在柏林边界的郊区长大。因为柏林的物质基础设施在1944—1945年期间被美英盟军大肆破坏，所以这对兄弟过着非常贫困的生活。

大战结束后，两人开始学做工程学徒，在德国西门子公司接受培训。培训结束后，费德瑞克搬到纽伦堡工作，而汉斯则开始在先前属于西门子公司、后来被东德掌控的工厂工作。两人都在20岁出头结婚，在各自工作的城市租公寓住。

20世纪50年代初期，这对兄弟的经济生活并无多大差异，并且定期见面小聚。但随着德国占领区边界的划清，两家人的拜访次数渐渐减少。柏林墙于1961年筑起后，这对兄弟只能靠电话交谈，彼此的联系越来越少。

1989年，柏林墙被拆除，汉斯和几百万东德人一样，开着他的拖笨车（Trabant，译注：东德国产小型车，速度慢、车况差）亲自到西德占领区看看。他曾听说，西德商店卖的商品种类多、品质好。现在，他眼见为凭。跟费德瑞克相比，汉斯的衣服、家具和住所都显得粗制滥造而廉价。汉斯在描述自己工作时使用的设备时，费德瑞克都忍不住发笑。

汉斯和同事们都热切盼望着两德重归统一，他们相信自己很快就能拥有西德的生活水平。但这种情况并未发生。西门子公司接手汉斯工作的工厂后，原有设备几乎全被拆毁，员工人数缩减了一半。汉斯和许多同事纷纷失业。现在，汉斯靠东德政府的退休金维生，而费德瑞克则靠西门子公司的退休金加上西德政府发放的退休金过活，总金额是汉斯的两倍。

德国的公路、铁路和工厂都在二战期间遭到严重破坏。但几年过后，西德再度成为全球最富裕且最具生产力的经济体，[①]而东德却在奋力挣扎着。

我们由此可知，物质资本的破坏并未直接导致经济表现上的持续差异，不同经济管理制度的实施才是造成持续差异的主因。全球各地经济生活的显著差异，并不是资源、教育、资本和技能的可取得性造成的，而是经济制度结构的不同所引起的。经济制度结构的不同决定了资源、教育、资本和技能的可取得性。

这本书就是以界定我们经济生活的制度为主旨的。很显然，重要的不只是经济制度，经济制度唯有成为社会、政治和文化关联性的一部分，才能发挥作用。这种关联性就是我在本书中要描述的嵌入式市场（embedded market）。

① 1950～1960年间，西德经济每年增长率超过8%，失业率从11%下降到1%。

第三章 数字

平均人（average people，译注：1835 年，比利时统计学家阿道夫·凯特勒在其著作《论人类》一书中提出了“平均人”的概念，即运用统计方法计算出的人体各种性质标志的综合平均值）是不存在的，只有真实的个人才会存在。但是，唯有通过加总和平均，我们才能从个体观察到总体。统计数字只是家庭和企业日常经济生活的平均值。

表3.1 全球最富裕的国家（单位：美元）

平均国民总收入			
瑞士	38330	香港(中国)	25780
比利时	23850	加拿大	21930
挪威	35620	瑞典	25400
芬兰	23780	新加坡	21100
日本	35610	英国	25120
德国	23560	澳大利亚	19930
美国	34400	荷兰	24330
爱尔兰	22850	意大利	19390
丹麦	30600	奥地利	23940
法国	22730		

资料来源：世界银行

表 3.2 中高收入经济体（单位：百万）

中高所得经济体:2001 年平均国民收入总值为瑞士的 1/4 到 1/2		中高所得经济体:2001 年平均国民收入总值为瑞士的 1/4 到 1/2	
国家	**人口数**	**国家**	**人口数**
以色列	6.4	沙特阿拉伯	21.4
西班牙	41.1	墨西哥	99.4
新西兰	3.8	捷克	10.2
希腊	10.6	匈牙利	10.2
葡萄牙	10.0		
台湾(中国)	22.3		
南韩	47.6		
斯洛文尼亚	2.0		

资料来源：世界银行、台湾行政院经济建设委员会

世界银行提供一系列不同国家的经济生活的比较指标，这些指标包括 208 个国家在 2001 年的人均国民总收入（Gross National Income , GNI）。其中，瑞士的人均国民总收入最高，金额是 38330 美元，刚果的人均国民总收入最低，约为 100 美元。

在表 3.1 列出的 19 个人均国民总收入比较高的国家中，有 13 个国家位于西欧——在欧盟 15 个会员国中，有 11 个会员国位列其中。但是，排名靠前的瑞士和挪威已选择不加入欧盟。在其他 6 个国家中包括 3 个亚洲国家——日本、新加坡和中国香港。这 19 个国家的总人口约为 8 亿，其中约有 3 亿居住在北美洲、3 亿居住在欧洲。

人均国民总收入仅超过意大利一半的国家，有以色列、斯洛文尼亚等 8 个中高收入的国家。匈牙利、墨西哥和沙特阿拉伯等中低收入国家，排在上述 8 个国家之后，其人均国民总收入仅超过斯洛文尼亚的一半。经济表现落后于匈牙利的国家，其人均国民总收入均低于瑞士的 1/8。

这些中高收入国家——西班牙、韩国、斯洛文尼亚——的经济大多处于明

显进步中，日后将会加入表3.1的富裕国家行列。只有一个国家——新西兰——持续走下坡，自20世纪80年代开始，经济状况每下愈况。这些中高收入国家的总人口约为3亿，其中有1/3居住在墨西哥，1/3居住在韩国和西班牙。

表3.1直接提出两个问题。人均国民总收入究竟是什么？它要如何解释经济表现这种大范围的变动？本书以第二个问题为讨论重点。但是，要解决第二个问题，就必须先回答第一个问题。

图3.1 全球最富裕的国家

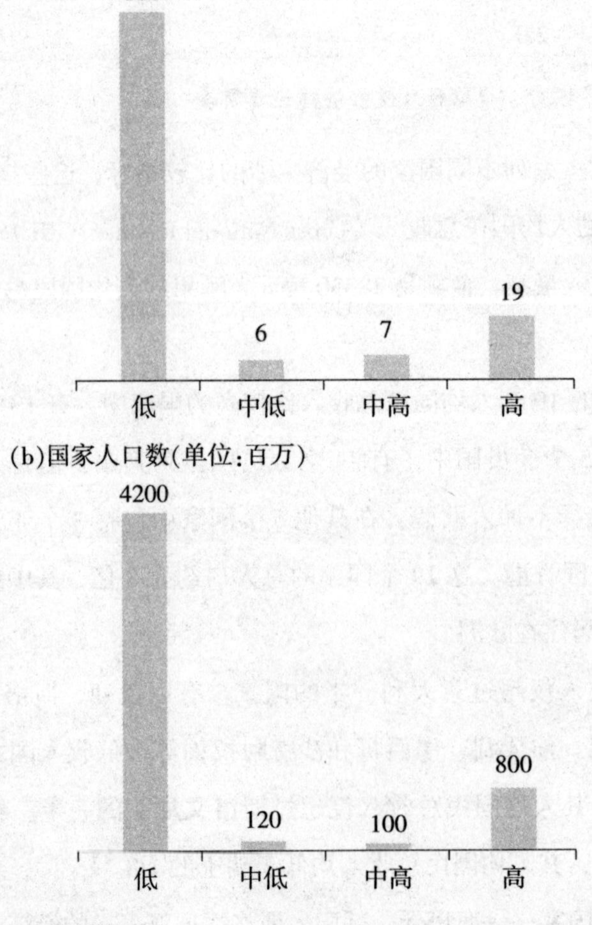

资料来源：世界银行

不管我们是以国家数目来衡量，还是以人口总数来衡量，人均国民总收入总是呈现“双峰”（twin-peaked）形态。[①]乍看之下，贫富之间的悬殊似乎并不令人惊讶，但全球经济确实存在着相当大的贫富差距。贺曼的经济生活跟拉维的经济生活不一样，比尔·盖茨（Bill Gates）的经济生活跟我的经济生活不一样。但是，在这种差距之间并不是空无一物——无论你如何界定富有家庭和贫困家庭，一定还存在许多经济状况介于两者之间的家庭。大部分变量——身高、体重、考试成绩——的分配，会群聚在平均数附近，[②]离平均数越远，存在的变量越少。一个国家的所得分配也是如此——大多数人的所得会集中在该国人均国民总收入附近，离人均国民总收入越远，存在的人数越少。这些国内所得分配具有一种称为对数常态（log normal）或柏拉图（Pareto）的传统统计分布形态。[③]各国所得分配的情形却不一样：贫穷国家占极大多数，

---

①丹尼·奎（Danny Quah）于 1996 年第 106 期（第 437 号）的《经济期刊》（*Economic Journal*）中撰文《双峰现象——分布动态模型的成长与收敛》（*Twin Peaks: Growth and Convergence in Models of Distribution Dynamics*），1045-1055 页。

②在测度身高和体重时，会出现常态分配（normal distribution）的结果——这种特殊的统计分配，常与考试成绩的分配相同。出现在电视上的，通常是对数常态分配（log distribution）。那些经由随机过程产生的标准统计观察值，更是计量经济学（econometrics）的基础。

③保罗·舒尔兹（Paul Schultz）于 1998 年第 11 期《人口经济学期刊》（*Journal of Population Economics*）撰文《全球个人所得分配不均》（*Inequality in the Distribution of Personal Income in the World: How it is Changing and Why*），307-344 页。布兰科·密兰诺维克（Branko Milanovic）于 1999 年出版的《全球所得分配的实际状况》（*True World Income Distribution, 1988 and 1993: First Calculation Based on Household Surveys Alone*）。阿恩·麦尔奇奥（Arne Melchior）、谢蒂尔·泰尔（Kjetil Telle）及亨利克·魏格（Henrik Wiig）于 2000 年发表的《全球化与不均》（*Globalisation and Inequality: World Income Distribution and Living Standards, 1960-1998*）。这些论述为评估全球家庭所得不均揭开序幕。有关这些问题及说明 3.1 所提问题之调查，参见彼德·高萨克（Petter Gottschalk）与提摩西·史密汀（Timothy Smeeding）于 1997 年 6 月第 35 期《经济文献期刊》（*Journal of Economic Literature*）撰文《薪资与所得不均之跨国比较》（*Cross-national Comparisons of Earnings and Income Inequality*），633-687 页。

而中间国家占少数。而一直存在的富裕国家，数目约 20 个左右。

说明：不均衡的全球所得分配

全球所得分配正逐渐迈向均衡吗？这个重要经济问题的答案在学界、国际机构和大众中，都引起了激烈的争论。*不过，主要的分歧与事实无关——各派主要的拥护者都从同样的来源获得数据，而与对事实的描述方式有关。

因为缺少一种专门测度“不均衡”的指标，所以出现一些误解。+举例来说，在印度等贫穷国家，大多数人口都有类似的低生活水平，只有极少数人相当富有。从某种观点来看，这类分配比我们在富裕国家所发现的情形更为平均。因为大家几乎都是穷人，富人所得总计只占国家所得比例的一小部分。但从另一个观点来看，这种分配结构却极为不均。我们无法明确表示，这两种观点谁对谁错。两种观点都让大家注意到，印度经济生活的不同层面和重要层面——贫富差距、大多数印度人口相似的经济生活。

过去 20 年来，国内所得分配一直有愈来愈不均的倾向。在英国和美国更是如此，在其他富裕国家或许也是这样。就全球来说，最穷的国家——大多在非洲——愈来愈穷，富国则日渐富裕，但富国的人口相当少。人口最多的穷国——中国与印度——的经济增长速度比全球富裕国家更快。因为这两国光是人口就占全球总人口的 1/3，所以这种增长对全球所得分配的影响相当大。#

如果我不得不从这两种观点中择一，我会选择全球所得不均（以家庭平均所得为评量基础）可能逐渐降低。然而更重要的是，我们必须了解这种状况所引发的复杂改变，也必须了解这些改变为何发生。而不是针对不均的增加或减少，进行言词上的争辩。

*：参见罗伯特·韦德（Robert Wade）与马丁·沃夫（Martin Wolf）

于2001年3月在《前瞻杂志》（*Prospect*）中的论述。麦尔奇奥、泰尔及魏格于2000年发表的《全球化与不均》。戴维·韩德森（David Henderson）于2000年《世界经济期刊》（*World Economics*）第1期第1号中撰文《错误观点》（*False Perspective*）。伊恩·卡索斯（Ian Castles）于1998年12月《人口与发展评论》（*Population and Development Review*）第24期第4号中撰文《国家的错误评量》（*The Mismeasurement of Nations*），831-845页。

+：有关不均的统计测量问题之讨论，参见亚特金森（Atkinson）于1970年《经济理论期刊》（*Journal of Economic Theory*）撰文《论不均的评量》（*On the Measurement of Inequality*），244-263页，以及1983年出版的《不均的经济》（*The Economics of Inequality*）。那纳克·卡宽尼（Nanak Kakwani）于1980年的著作《所得不均与贫穷》（*Income Inequality and Poverty*）。

#：特利·普瑞契特（Lant Pritchett）于1997年夏季《经济前瞻期刊》（*Journal of Economic Perspectives*）第11期第3号中撰文《大时代的分歧》（*Divergence,Big Time*），3-17页；马汀（Martin）于2002年4月《NEBR工作文件》（*NEBR Working Paper*）第8904号中撰文《全球所得不均出现令人"不安的高涨"》（*The"Disturbing Rise" of Global Income Inequality*）。

经济生活的要素

经济生活有三个不同的要素——工作、所得和消费。我们大多在组织里工作。海蒂在瑞士学校教书，艾文在AT&T俄罗斯分公司上班，西赛罗在自己的农场劳作，也是南非合作社的一员。组织就像一个团队。裴德洛工作的洛杉矶餐馆要提供佳肴，就必须有主厨、服务生和洗碗工提供服务。餐馆老板和银行也因为提供了资金，所以可以分到部分利润。于是，组织的收入变成了个人、员工、投资人、股东的所得。

图 3.2 经济生活的面向

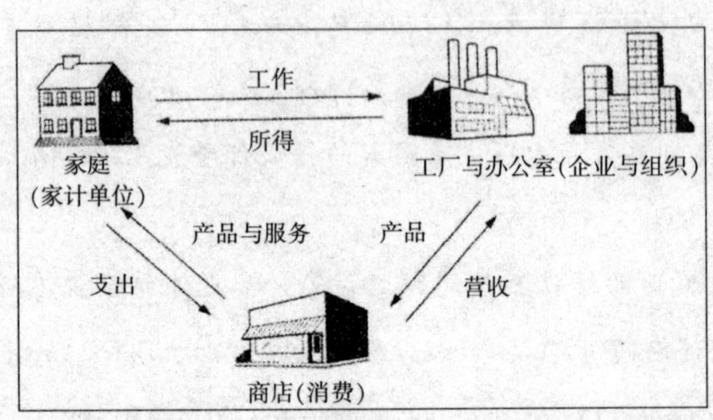

资料来源：年度国家会计（Annual National Accounts）、经济合作开发组织（OECD）、英国国家统计局（UK National Statistics）

我们在组织里工作，然后有了个人收入，再以家庭为单位进行一系列消费。斯凡和英格丽在同一个单位工作，各自领取自己的薪水，却共同做出消费决定。家庭集合资源的方式会随着文化不同而有所差异。斯凡和英格丽两人未婚同居，和小孩住在一起。拉维虽然已婚，却还跟父母同住。西赛罗一家的生活是由散居各地工作的家人资助的，裴德洛寄钱回墨西哥老家。个人工作和消费单位是由经济必需品和社会规范所决定的。

所有这些都跟经济生活的三个要素息息相关。所得要视生产而定、支出要视所得而定、消费则视生产而定。所得、生产与支出之间的关联性，同样适用于个人、家庭、企业组织和整体经济。

国民所得会计账（national income accounting）把这些工作、所得和消费的集合关系加以分类，就如同财务会计账说明企业活动的结构。现代的国民所得会计账仍以诺贝尔经济学奖得主西蒙·库兹涅茨（Simon Kuznets）、詹姆斯·米德（James Meade）和理查德·斯通（Richard Stone）在第二次世界大战期间设计的框架为基础，把经济生活的三大要素加以记录与整合。这些框架都以国民所得会计账、国内生产总值（Gross Domestic Product，GDP）为核心概念。

表 3.3 英国的支出状况（以 2001 年为例，单位：10 亿英镑）

2450 万个家计单位的支出	634
政府支出(国民平均支出 3211 英镑)	192
企业投资	189
贸易赤字(对外采购净值)	–22
国内生产总值	993

资料来源：年度国家会计、经济合作开发组织、英国国家统计局

表 3.4 英国的所得状况（以 2001 年为例，单位：10 亿英镑）

2900 万位工作者平均所得	559
企业获利	302
营业税(扣除津贴后)	132
国内生产总值	993

资料来源：年度国家会议、经济合作开发组织

政治家谈论经济增长或专家讨论景气好坏，就是在讨论国内生产总值的增长。国际机构鼓励国家以共同的框架计算国民所得，这一数据就是表 3.1 排名的基准。人均国民总收入的求算，是先调整国内生产总值，再加上国民拥有的海外资产所创造的收入。

拉维的薪水是以卢比（rupee）计算的。艾文是以卢布（rouble）计薪，但他的太太欧嘉却是以美元计薪的。如果把各国国民所得转换为一种共同的货币单位，就很容易进行各国国民所得的比较。要这样做，最简单的方式是查出汇率，但是汇率却会天天变动。为了减少汇率的波动性，表 3.1 是以汇

率的三年平均值为基准的。

瑞典的基维克与印度的帕伦波

瑞典的国内生产总值并没有比印度低很多，但是印度的人口却是瑞典的100多倍。目前约有500万人在瑞典工作，而在印度工作的人数则多达6亿。生产力方面的这些惊人差异，是千真万确的吗?

说明：国内生产总值是什么、不是什么

由于国内生产总值未必能评量产出或经济福利，因此常备受批评。最常见的两项批评是：一，国内生产总值无法考虑环境上的改善或破坏；二，国内生产总值无法评量家庭内部从事的未支薪工作。*

这些主张都有某种程度的正确性，但是，国内生产总值的评量和国民所得会计账的结构，应被视为整理国家经济相关信息的一种方式，而不是试图去评量福利。由于经济数据被广泛使用于政治辩论中，所以要维持这种立场很难。

20世纪90年代，收集美国国家会计资料的美国商务部经济分析局面临极大的压力，尤其是来自联邦储备委员会主席格林斯潘的压力——该局必须支持有关“新经济”的主张。对于政治立场上持反对意见，且主张国内生产总值应说明环境成本或未支薪工作的人而言，他们更关心环境或女性，比较不在意国民会计账结构的完整性。

只要评量与客观存在的问题有关，国内生产总值或其他经济评量就可能被更多使用者使用。使用者可以调整这些评量，以反映本身的特别要求。追求客观性和可比较性，会比追求既主观又难懂的精准性更可取。

*：有关这些问题的众多学术讨论，参见约翰·肯瑞克（John Kenrick）

于 1979 年 12 月《所得与财富评论》（*Review of Income and Wealth*）撰文《扩大国家所得与产品会计的估算价值》（*Expanding Imputed Values in the National Income and Product Accounts*），349–363 页，以及威廉·诺德豪斯（William Nordhaus）与爱德华·寇肯伦柏（Edward Kokkelenberg）于 1999 年的著作《大自然的数字》（*Natures Numbers*）。

斯凡在基维克的农场种植的是小麦。由于许多国家都出产小麦，所以我们可以比较斯凡农场和印度农场的生产力。几十年来，已有一些经济学家定期造访印度拉加斯坦帕伦波的村落，像人类学家研究文化一样，跟当地居民住在一起，并研究当地的经济。①

斯凡农场的员工个人产值，约为帕伦波农场的 20 倍。帕伦波农场的农作物年产量呈逐年上升的趋势，且增长幅度比斯凡农场大。从 1960 年绿色革命（采用适合热带气候的新谷物品种）起，帕伦波的农作物年产量几乎增长了两倍。当然，斯凡农场的生产力也有所提高。

如果要你选择在什么地方种植小麦，你可能既不会选基维克，也不会选帕伦波。基维克太冷，帕伦波太干（雨季除外，但雨季又太湿了）。加拿大牧场和美国大草原的温湿度，最适合种植小麦。基维克的土地比帕伦波的土地肥沃，这一点毋庸置疑。但要说明基维克有多少肥沃的土地，以及印度土地不肥沃对农业产量有多大影响，可就相当困难了。

斯凡拥有很多机器，也使用更多肥料和现代农药。在西赛罗的村落，每亩地要雇用更多人力，数目是基维克农场每亩地所需人力的 5 倍。劳力输出的差异是造成所得水平不同的原因所在。瑞典的劳力成本昂贵，瑞典农民使用昂贵的设备，推动了农业的规模化发展。帕伦波的村民使用几百年来的耕

①彼德·兰裘（Peter Lanjouw）与尼克勒斯·史德恩（Nicholas Stern）于 1998 年的著作《帕伦波 50 年之经济发展》（*Economic Development in Palanpur over Five Decades*）。

作方式，公牛犁田、用镰刀收割作物，而且许多村民是在自己小小的自耕农地上劳作。

表 3.5 英国家庭所得的重分配（以 2001年为例，单位：10 亿英镑）

工作者的所得	573
投资所得(净值)	80
从现有生产获得的总家庭所得	653
津贴与退休金	246
总资源	899
税额	-131
其他社会捐赠	-101
家庭可用支出余额	667

资料来源：英国国家统计局

表 3.6 英国生产状况（以 2001 年为例，单位：百万英镑）

	总产出	销售给其他行业	直接销售
农业	18	7	11
矿业	32	22	9
制造业	376	117	259
电力、瓦斯及自来水事业	46	13	33
营建	127	52	75
贸易	294	154	137
运输与通讯	153	71	82
金融中介	485	290	196
公共行政	85	45	40
教育、保健与社会福利事业	219	108	111
其他	80	40	40
国内生产总值			993

资料来源：英国国家统计局

经济生活的各个层面都不一样，因此无法对生产力的差异做单一解释。种植小麦是印度和瑞典在产出上可作比较的少数活动之一，还有许多瑞典商品根本无法在印度制造。没有一辆印度汽车具备瑞典沃尔沃（Volvo）汽车的卓越品质。像瑞典沃尔沃汽车等商品可在全球市场上卖得高价，这就是两国人均国内生产总值的差异率超过 20∶1 的原因。

物质生活标准

斯凡和英格丽在瑞典北部滑雪，他们可以使用到依照严格标准设计的、滑雪场载运游客的高级缆车。艾文和欧嘉在俄罗斯北部滑雪，那里也有几部滑雪缆车，但既老旧又缺乏保养。瑞典的环境既干净又受到专业维护，但俄罗斯的空气污染严重，乱砍滥伐树木的现象时有发生。

但是，斯凡和英格丽在瑞典滑雪一周的费用，是艾文和欧嘉在俄罗斯滑雪一周费用的 10 倍。当然，这两对夫妻都喜欢瑞典先进的设施和配备，相比较而言，斯凡和英格丽的滑雪经验更丰富。但是，这些经验会好上 10 倍吗？大多数喜悦来自雪和阳光、自由和情谊。那些令斯凡和英格丽开心的事，同样会让艾文和欧嘉开心不已。

贺曼和海蒂两个人的薪水，换算后是拉维和娜汀妮两个人薪水的 30 多倍。从物质观点来看，贺曼和海蒂的生活更幸福。拉维和娜汀妮肯定同意跟贺曼和海蒂交换生活，但是，贺曼和海蒂可不想跟拉维和娜汀妮交换生活。虽然贺曼和海蒂未必一定开心，但生活却比较富裕。但是，贺曼夫妇有比拉维夫妇幸福 30 多倍吗？以物质生活为标准进行评量的话，可能会出现这样一个疑问：让贺曼夫妇过拉维夫妇的生活，或让拉维夫妇过贺曼夫妇的生活，要付出怎样的代价？

这个问题很难回答。瑞士官方不会允许市民建造拉维和娜汀妮住的那种公寓。你可以在印度找到贺曼和海蒂住的那种房子，但一定是有私人保安人员保护的高级住宅区。不过，娜汀妮每天在市场上花很少钱就可以买到的食品，在苏黎世只能从昂贵的熟食店买到。海蒂要包办大多数家务，娜汀妮却有小时工帮忙，根本不太做家务。在印度，一台自动洗碗机的售价是一个小时工三年的薪水。但在瑞典，海蒂只要花不到一周的薪水，就可以买到一台自动洗碗机。

空间和时间相距愈远，两者间的比较就愈牵强附会。内森·罗斯柴尔德（Nathan Rothschild）可能是1836年的全球首富，尽管有钱买到医药照顾，但却不免一死。当初让他致命的传染病，现在就连非洲的西赛罗，都能花点小钱买到解药——抗生素。①活着的西赛罗，不是比过世的罗斯柴尔德活得更好吗?

尽管存在很多困难，但国际机构仍做出了购买力平价（Purchasing Power Parity，PPP）的估计——一种根据各国不同的价格水平计算出来的货币之间的等值系数，以对各国的国内生产总值进行合理比较。由于贫穷国家的服务和产品价格通常比富裕国家便宜，因此各国间物质生活水平的差异要比生产力的差异少。

生产力与物质生活水平

表3.7是表3.1中的19个富浴国家的物质生活水平估计，包括国民平均消费、国民平均生产力、国民平均每小时的工作产出。

①罗斯柴尔德于1836年7月28日过世，死因可能是葡萄球菌感染或链球菌感染，他背上的脓疮或用于切除脓疮的手术刀就是传染媒介。这个故事详见戴维·兰德斯（David Landes）于1998年的著作《国富国穷》（*The Wealth and Poverty of Nations*），xvii-xviii页。

表 3.7 生活水准与生产力（以 2001 年为例，单位：美元）

	国民平均消费（购买力平价汇率）	每小时产出（购买力平价汇率）	每小时产出（市场汇率）
澳大利亚	16300	32.3	22.6
奥地利	15600	40.0	33.2
比利时	14700	46.3	37.0
加拿大	16000	33.6	25.9
丹麦	13500	39.0	39.8
芬兰	13500	36.4	32.0
法国	14300	45.2	37.1
德国	15000	40.1	34.5
香港(中国)	15600	30.9	30.0
爱尔兰	13400	40.2	36.6
意大利	15600	40.1	28.9
日本	14700	35.3	43.4
荷兰	14300	42.0	34.5
挪威	15200	54.0	55.1
新加坡	11500	29.6	26.9
瑞典	12200	33.5	31.8
瑞士	17400	34.6	39.5
英国	16900	34.2	31.5
美国	24500	39.5	39.5

资料来源：经济合作开发组织、香港政府统计处、新加坡统计局

这 19 个国家是全球最具生产力的国家，也是物质生活水平最高的国家。在经济生活的不同要素（产出、所得和消费）相互关联的情况下，这种同等性并非无可避免，但却有可能存在。而且，这种情况具有一个重要含义，我会在本书接下来的章节中彻底详述这一含义。

某些国家比其他国家富裕的主要原因，可以从这些国家本身的内部经济组织中找到答案，而不是从国际经济的产物中去找解答。因为西赛罗很穷，

所以贺曼并不富有，这种说法根本不正确。最好的做法是，以购买力平价汇率来衡量生产力。因为一般来说，购买力平价汇率能计算出全球市场愿意对某个国家的产出所支付的金额。因此，表 3.7 是依据购买力平价来排名，这可以给不同国家生产力的基本水平提供一个更好、更全面的参考依据。

不管怎样评量，把规模既大又有利可图的石油生产与效率产业相结合的挪威，拥有比全球任何国家更高的生产力。其他 18 个国家，每小时工作产出换算为市场汇率后，日本排名第一（每小时工作产出为 43.4 美元），澳大利亚敬陪末座（每小时工作产出为 22.6 美元）。若以购买力平价这种一般不会造成误解的基准来看，差异就少些：比利时的 46 美元相当于中国香港和新加坡的 30 美元左右。每小时工作平均产出约为 40 美元，这是一个具有现代技术的国家可预期达到的经济水平。

在这些富裕国家中，生产力的变化跟物质生活水平的变化并没有太大的相关性。表 3.8 就探讨其中的原因。这些富裕国家在私人消费占国民所得比例上出现了很大的差异——美国的私人消费占国民所得的比例为 70%，最低的比例是挪威的 40%。挪威享有贸易顺差，美国却是贸易赤字。挪威国民的个人存款较高，企业投资金额较高和公共支出也较多。

这些富裕国家在工作人口的比例上虽然也有一定的变化，但却没有那么戏剧化——瑞士有 55% 的人口就业，但是在提早退休被看作稀松平常的比利时，就业人口的比例就比较低，而且已婚有小孩的妇女也鲜少就业，比例只有 39%。不过这些富裕国家在年工作时数上的差异极大。挪威人因为本国的石油收入而受益，享有较多的休闲时间；而美国人则截然不同——工作时数比其他富裕国家长，也是唯一一个平均工作时数持续增加的国家。目前，除了美国以外，全球普遍呈现的趋势是工作时数渐减、所得渐增。在富裕国家还出现了一股新的趋势，那就是假期愈长、工作周数愈少。

3.8 物质生活水准不同的原因（以2001年为例）

	家庭消费占国内生产总值的百分比(%)	每100人的工作人数	每年平均工作时数	在当地消费1美元的成本（以购买力平价计算）
澳大利亚	60.1	47.3	1779	0.70
奥地利	55.6	46.2	1519	0.83
比利时	53.2	38.8	1547	0.80
加拿大	55.1	48.0	1789	0.77
丹麦	46.4	50.4	1482	1.02
芬兰	47.8	45.5	1612	0.88
法国	54.0	40.5	1474	0.82
德国	57.5	44.5	1467	0.86
香港(中国)	57.8	49.7	1760	0.97
爱尔兰	44.7	44.6	1674	0.89
意大利	59.6	40.6	1606	0.72
日本	55.2	50.4	1780	1.23
荷兰	48.9	50.6	1376	0.82
挪威	41.2	50.2	1364	1.02
新加坡	42.3	51.1	1798	0.91
瑞典	47.0	48.6	1603	0.95
瑞士	58.4	55.3	1566	1.14
英国	63.8	45.7	1656	0.92
美国	69.7	48.4	1878	1.00

资料来源：经济合作开发组织、香港政府统计处、新加坡统计局

表3.8的最后一列表示在不同国家的生活成本。以2001年为例，要买一个在美国为1美元的商品，在日本需要1.23美元，在瑞士需要1.14美元，但在澳大利亚却只要0.7美元。从表3.8来看，美国似乎变成了一个生活成本极高的国家，这可能是欧元于2001年处于低价而造成的。如果在2003年做同样的计算，那么在比利时、法国、德国和荷兰的生活成本，就跟美国的生活成本差不多。

整体来看，表3.8描述的这些因素可以得出一个惊人的结论——有中等生

产力水平的美国，比全球任何其他国家具有更高的私人消费水平。主要原因与国民生产总值、高消费水平，以及较长的工作时数有关。美国的政府支出——主要在医疗、教育和社会基础设施上——低于全球平均值，企业投资也低于全球平均值，高消费主要是由对外借款资助的，尤其是向亚洲国家借款。美国人比其他富裕国家居民的工作更多、更晚退休、假期更短、工时更长。

经济生活除外的其他要素

表 3.1 所列的 19 个国家都是富裕国家，也是全球最具生产力的经济体。我们还可以从经济生活除外的其他许多方面，将这些国家与其他国家加以区别。以下就是一些与经济生活具关联性的要素。

◎气候：具生产力的经济体，气候通常比较凉爽。除了中国香港和新加坡，以及澳大利亚的一部分人迹稀少的地方之外，热带地区并没有富裕国家。①

◎民主制度：富裕国家通常采用民主制度。②

◎环境标准：具生产力的经济体，大多有较高的环境标准（较少的空气污染、较好的水质），也有较多的环境保护志愿者。③

---

①兰德斯的《国富国穷》对此有进一步的讨论。另见杰弗里·萨克斯（Jeffrey Sachs）、劳伦斯·哈瑞森（Lawrence E.Harrison）和塞缪尔·亨汀顿（Samuel Huntington）在 2000 年的合著《为什么文化很重要》（*Culture Matters*）中，撰文《对经济发展新社会学的注解》（*Notes on a New Sociology of Economic Development*），29-43 页。萨克斯这位后来大力支持美国经营模式的经济学家，必须以生产力和生活水准上的显著差异，让本身所提出的解决方式的普遍性获得一致。因此，他强调气候。在萨克斯的模式中，贫穷国家因为太热不适合资本主义，所以继续贫穷。

②福山的著作《历史之终结与最后一人》，49-50 页。

③亚诺什·科尔奈（Janos Kornai）于 1992 年的著作《社会主义制度》（*The socialist System*），179 页。世界银行 2001 年出版的《世界发展指标》，表 3.13。

◎表达的自由：在具生产力的经济体中，自由言论较少受到限制。[①]

◎两性平等：相对贫穷国家来说，女性权利与自由在富裕国家中更能得到保障。[②]

◎自评幸福程度："大致上，你对自己的生活感到满意吗？"具生产力经济体的国民大多会给予肯定的答案。在某些贫穷国家，像古巴和印度，情况也是如此。但在其他不具生产力的经济体的调查结果却显示，只有很少人对自己的生活感到满意，尤其东欧国家更是如此。[③]

◎健康：富裕国家的国民的人均预期寿命通常较高。[④]

◎身高：具生产力经济体的人口平均身高较高。[⑤]

◎诚实：富裕国家的贪污情况较少。"你觉得自己可以信任别人吗？"富裕国家的国民大多会给予肯定的答案。[⑥]

◎不均：可以从许多方面评量不均。比如，人口比例中，所得最高的20%与所得最低的20%的比率较低——表示贫富悬殊较平均。其他测量不均

---

①罗奈尔得·英格哈特（Ronald Inglehart）于1998年的著作《人类的价值观与信念》（*Human Values and Beliefs: A Cross-cultural Sourcebook:Poltical, Religious, Sexual, and Economic Norms in 43 Societies*）。

②同上。

③罗伯特·兰恩（Robert E.Lane）于1991年的著作《市场经验》（*The Market Experience*）。安德鲁·奥斯华德（Andrew Oswald）于1997年第107期的《经济期刊》撰文《幸福与经济续效》（*Happiness and Economic Performance*），1815-1831页，以及相关网站HAPPINESSw。

④联合国开发计划署于2002年出版的《人类发展报告》（*Human Development Report*）。

⑤理查德·史特克尔（Richard Steckel）于1995年12月第33期的《经济文献期刊》（*Journal of Economic Literature*）撰文《身高与生活水准》（*Stature and the Standard of Living*），1914页。

⑥国际透明组织（Transparency International）于2001年出版的《全球贪污报告》（*Global Corruption Report*），234页。

的大多数方式，都会得到类似的结论。[①]

◎通货膨胀：在富裕国家，价格上涨的速度较慢。[②]

◎读写能力：具生产力经济体的国民几乎都具有读写能力。[③]

◎物质主义："挣钱是最重要的事吗？"贫穷国家的国民大多会给予肯定的答案。[④]

◎开放性：具生产力的经济体，对与其他国家的贸易，设限较少。[⑤]

◎人口增长：富裕国家的人口增长较低。[⑥]

◎财产权：在富裕国家里，财产权比较有保障。[⑦]

◎宗教：从生产力的发展来看，生活在民众信仰基督教的社会比较好；但对基督徒来说，生活在新教徒占主导地位的地区，比生活在天主教占主导地位的地区要好。[⑧]

◎容忍度："人们应该获得许可，以选择自己的生活？"富裕国家的国

---

①世界银行 2001 年出版的《世界发展指标》，表 28。

②国际货币基金世界经济概观 2000 年：INFLATIONw。

③联合国开发计划署于 1998 年发表的人类发展指标，不过，有些像马拉威和印度的喀拉拉等贫穷国家，人民的读写能力很高。

④英格哈特于 1998 年的著作《人类的价值观与信念》，表 V264。

⑤瑞士国际管理学院（IMD）于 2002 年出版的《世界竞争力报告》（*The World Competitiveness Report*）。自由之家（Freedom House）于 2002 年的著作《世界自由——政权与公民自由的年度调查》（*Freedom in the World: The Annual Survey of Political Rights and Civil Liberties*）。

⑥安格斯·麦迪生（Angus Maddison）于 1993 年出版的《监控全球经济——1820 年至 1992 年》，表 A-2。

⑦自由之家于 2002 年的著作《世界自由——政权与公民自由的年度调查》，页 11。

⑧英格哈特与韦恩·贝克（Wayne Baker）于 2000 年 2 月第 65 期《美国社会学评论》（*American Sociological Review*）撰文《65 个社会的经济水准、跨文化变异的双层面》（*Economic Levels of 65 Societies, Superimposed on Two Dimensions of Cross-cultural Variation*），19-55 页。

民大多会给予肯定的回答。[①]

虽然这些要素与经济生活具关联性，但并非一定具有因果关系。富裕国家国民的平均身高较高，个子高的人比个子矮的人更具生产力吗？或者生产力较高，会让人们长得更高吗？我怀疑这两种说法的正确性。生产力较高使得生活水平较高，国民的营养更好。反过来，营养更好会让人长得更高，也更具生产力。从这两个方面来看，这种关系行得通。而且，唯有与其他跟身高和生产力有关的因素产生关系，这种情况才属实。

以上的大多数关系都具有类似的复杂性。这些关联性很少只是简单的因果关系，它们通常是与较高生产力有关的因素混合而成的复杂产物。我们的经济生活嵌入在我们的社会生活和政治生活之中。这种嵌入性就是本书持续探讨的主题。

有关经济能力反映在国民经济生活中的方式，不同的文化会做出不同的选择。在这些选择中，有部分是个人决定的结果——花多长时间吃午餐，有部分则是集体决定的结果——花多少资源投入到大众教育或运输系统。没有固定标准能让我们判断，某些选择是正确的，其他选择是错误的。多样性是经济生活的一个重要特质。

在冷战结束后的10年间，众人欣羡的眼光从日本转移到德国。随即，众所瞩目的焦点又转移到亚洲之虎——新加坡、韩国和中国香港，但这些国家因为1997年的金融危机而荣景不再。此后，美国的新经济就跃上世界舞台担任主角。

通常，富裕国家在经济表现与经验上的差异，既小又具临时性；富国与穷国在经济表现与经验上的差异，既大又具持续性。有关经济制度成败的任何理论必须解释这个重要事实。而提出“当前富裕国家是如何富有的”这一问题，就是一个很好的出发点。

---

①英格哈特于1998年的著作《人类的价值观与信念》，表V70、V77。

第四章　富国是如何富有的

现代经济制度是一套经过几千年的演变、既复杂又互相影响的制度。4万年前，人类祖先克罗马农人（Cro–Magnon）抵达欧洲。后人在他们的栖息地发现一些物品，而制作这些物品的材料要在距其栖地几百英里处才能找到。尼安德塔人（Neanderthals）只懂得就地取材，因此被克罗马农人取代。克罗马农人从以物换物到进行买卖——不是为了个人使用，而是为了转卖而购买其他物品。克罗马农人也懂得创新，但尼安德塔人的工具并没有太多的改变。语言也可能是尼安德塔人和克罗马农人之间的重要差异之一，因为沟通是专门化与交易所不可或缺的环节。

约1万年前，美索不达米亚(Mesopotamia)的肥沃月弯开始出现农业。[①]以往，人们只是拥有衣物和工具，但是，农业生产需要人们取得对土地和野生动物的所有权，而且这些权利必须编成法典且获得承认。新制度也为日后的技术创新创造了机会。选择谷物和野生动物加以栽种和驯养，粮食和牲畜的所有权也随之出现。渐渐地，新技术和新制度开始从起源地扩展到其他地方。[②]

---

①科林·塔奇（Colin Tudge）于1998年的著作《尼安德塔人、土匪与农人——农业究竟是如何开始的》（*Neanderthals, Bandits and Farmers:How Agriculture Really Began*）。

②肯特·弗兰纳瑞（Kent Flannery）于1973年第2期《人类学年度评论》（*Annual Reviews of Anthropology*）撰文《农业的起源》(*The Origins of Agriculture*)，271-310页。布鲁斯·史密斯(Bruce D. Smith)于1995年的著作《农业的出现》(*The Emergence of Agriculture*)。戴维·葛瑞格(David Grigg)于1992年的著作《西方农业的转型》（*The Transformation of Agriculture in the West*）。

技术和制度沿着河流，在平原间迅速传布，在丘陵地传布的速度则较缓慢。农业实务东西向的流动比南北向的流动更容易，因为东西向的气候改变较小。当今的富裕国家大多位于气候温暖的地区，跟 1 万年前美索不达米亚时期的富国位置差异不大。可以说，从那时就已撒下了欧洲经济霸权的种子。

在古希腊时期，一些人开始专门负责筹划生产和交易。商业活动和管理活动也在那时被发明出来，但却不太受到当时哲人与作家的敬重。[①]知识分子对市场的不屑，不是什么新鲜事儿。现在，到雅典旅游的游客仍可以参观古代的市集——买家和卖家实际碰面的场所。这些市场属于大众设施，由政府出资设立以协助商业发展。希腊人还发明了政治学的概念。在政治领域内会形成政府，但政府的经济活动却与那些控制者的经济利益不同。市场经济需要的是公平无私的政府。

古希腊是一个多元社会。曾有一段时间，古希腊公民开始质疑整个自然界的运作，质疑社会组织的结构。这股质疑精神在中世纪黑暗时期（公元 455 年 ~ 公元 800 年）受到遏制，之后再度复苏。[②]文艺复兴是一场与艺术、建筑和文学有关，扩及到经济组织、经济制度、新投资事业、风险市场和资本市场等领域的思想文化运动。商品的书面权益和商品本身都可以拿来交易，这就是现代证券市场的起源。

宗教改革到工业革命

继之而起的是北欧的宗教改革，还有北欧经济的加速增长。在融合多种宗教的富裕国家里，例如瑞士、德国及荷兰，新教徒扮演的经济角色与其信

①详见亚里士多德（Aristotle）的《政治学》（*Politics*）。

②狄更斯（A.G. Dickens）于 1977 年的著作《人文主义与宗教改革的时代》（*The Age of Humanism and Reformation: Europe in the Fourteenth, Fifteenth, and Sixteenth Centuries*）。

仰人数并不成比例。笃信天主教的意大利和爱尔兰，直到20世纪后期才成为富国，西班牙则等到21世纪才成为富国。宗教与经济发展的相关性是不可避免的，但这个关联的本质却引发了诸多争议。

社会学开山鼻祖马克斯·韦伯（Max Weber）解释，“得救预定论”（predestination）的信仰如何孕育出我们称为“新教伦理”（Protestant ethic）的禁欲，以及辛勤工作的品行。英国经济史学家托尼（Tawney）和罗伯特·默顿（Robert Merton）则认为，神职人员威权主义的瓦解，对其后出现的知识酝酿攸关重大——人们有机会对既有构想和实务提出挑战。这对技术和制度的共同发展是不可缺少的。[①]道德严格与自由询问的结合，就是有纪律多元主义的基础——这也是成功市场经济的明确特性。

市场经济的轮廓开始浮现。英国与荷兰成为17、18世纪的贸易大国。西班牙殖民地的开拓者是淘金的军人，英国与荷兰的殖民地则是由东印度公司及荷兰东印度公司等企业所管理，其目的为商业开发。18世纪初期是金融快速创新的时期，经济荣景持续到“南海泡沫事件”（South Sea Bubble，译注：18世纪，英国南海公司股价飙涨与崩跌）为止。

1709年，亚伯拉罕·达比（Abraham Darby）制作出第一座铸铁熔炉。1733年，约翰·凯伊（John Kay，跟我同名）发明飞梭（flying shuttle），这是纺织业的众多技术进步之一。这些发明加上蒸汽动力的发明，让大规模企业的筹组变得更有效率。英国发明家兼企业家理查德·阿克莱特（Richard Arkwright）为

---

①韦柏（Max Weber）于1930年的著作《新教工作伦理与资本主义精神》（*The Protestant Work Ethic and the Spirit of Capitalism*）。托尼于1926年的著作《宗教与资本主义的兴起》（*Religion and the Rise of Capitalism*）。默顿于1936年第4期的《欧西里斯——科学史与科学哲学的研究暨学习与文化史》撰文《17世纪英国的科学、技术与社会》（*Science, Technology and Society in the Seventeenth-century England*）。萨缪尔森于1961年的著作《宗教与经济行动》（*Religion and Economic Action*）。

了利用细纺机（spinning frame）——凯伊的另一项发明——而建造的纺织厂，就是全球最大的纺织厂。技术制度就是为了散播和扩展新技术而制定的。

市场的创设、银行与保险业的发展、企业组织的发明，所有这些都是经济制度、社会发展及技术创新共同演变的结果。这是一种共同演变，因为它们彼此不具有线性关系——每个发展因素都是彼此支援且互相需要。

富国——具生产力的经济体

18世纪后期，西欧国家的生活水平与全球其他国家的生活水平仅有些微的差异。①目前占全球产出比例高达3/4的19个富裕国家，当时的产值只占全球总产值的1/4。不过，现代经济模式早在1820年就制定了。经济史学家非常重现国内生产总值的历史序列，甚至有些国家的统计人员还试图评估100万年前的产值情况。

我们曾对1820年的26个国家做了粗略的估算，发现当时最具生产力的国家是英国。但在这26个生产力强国中，有16个国家的生产力超过英国的一半。这16个国家现在都是富裕国家，只有西班牙除外。其他10个国家，目前只有芬兰和日本为富国。很明显，这个结果跟历史有很大关系。

然而，从现代标准来看，1820年的富国在生产力方面的差距并不算大。最富裕的国家（英国、荷兰）的国民产出是当时最贫穷国家（印度、中国）的3倍。目前，这一差距已经拉大到30～50倍。这种差距拉大的情况几乎持续了两个世纪。19世纪后半期，一些经济基础较好的落后国家开始迎头赶上。通过观察发现，最近兴起的国家，大多位于具生产力国家的边缘地带。

---

①这项讨论大部分根据麦迪生于2001年的著作《世界经济千年史》（*The World Economy: A Millennial Perspective*）。

表 4.1 富国与穷国（单位：美元）

当今的富裕国家		麦迪生所用样本中的其他国家	
英国	1756	西班牙	1063
荷兰	1561	捷克	849
澳大利亚	1528	墨西哥	760
奥地利	1295	前苏联	751
比利时	1291	巴西	670
美国	1287	印度尼西亚	614
丹麦	1225	印度	531
法国	1218	中国	523
瑞典	1198		
德国	1112		
意大利	1092		
挪威	1004		
爱尔兰	954		
加拿大	893		
芬兰	759		
日本	704		

资料来源：世界银行（1997）《扩大财富程度》，附表一。

国家历史很重要，国家所处的地理位置也很重要。19 世纪 70 年代，10 个具生产力的经济体——比利时、丹麦、德国、荷兰、瑞士、英国、澳大利亚、加拿大、新西兰和美国，形成了一种邻近的地理区块。

第一次世界大战前，奥地利、法国和瑞典三个欧洲国家发展成为了具生产力的经济体。这三个国家都位于既有团体的周围。20 世纪前半期，挪威首先成为独立国家，随后成为经济强国。第二次世界大战后，具生产力国家的地理群聚持续扩展，芬兰、爱尔兰和意大利陆续成为了富裕国家。

如果我们观察有潜力的生产力经济体——那些可能在 2050 年以前成为富

国的国家，这种地理论点依旧存在。捷克、希腊、匈牙利、波兰、葡萄牙、斯洛文尼亚和西班牙，全都与既有富国相邻。对那些因为全球化、交通或通讯上的进步，而让经济地理学变得不重要的主张来说，上述事实可说是一个最惊人的批驳。事实上，地理位置或是跟地理密切相关的事相当重要，而且其重要性会持续下去。

移民

乍看之下，澳大利亚、加拿大和美国，这三个地处欧洲和亚洲之外的国家的经济成功，很好地驳斥了地理位置对经济重要性的理论。澳大利亚距西欧 10000 英里，也与最邻近的富裕国家——新加坡——相距 3000 英里。但是，这并不是真正的驳斥。

澳大利亚、加拿大和美国都是欧洲的移民地，都是由西北欧的移民建立的。这些移民者废除原住民的文化，也几乎彻底消灭了原住民人口。澳大利亚、加拿大和美国的居民，说的都是西北欧的语言，其法律制度与社会制度也源自于欧洲。除了讲法语的魁北克（Quebec），其他地区主要是以英语为主。像印度或印度尼西亚等殖民者占少数的殖民地，就不是富裕国家，更不用提那些殖民者更少的南非、肯尼亚或西印度群岛。

澳大利亚、加拿大和美国，就是所谓的“西方旁支国家”，从西欧把技术、制度，以及熟悉这些技术和制度的人员引入当地。在欧洲移民地，原住民人口并未受到鼓励，直到殖民主义的最后阶段，原住民才被输入的西欧文化所同化。技术与制度的转移是表面上的，也是一时的。

在市场经济制度的发展上，“西方旁支国家”扮演着一个重要的角色。19 世纪结束前，美国成为了新技术与金融创新的重心，就经济层面来看，革命已经深植人心。到 20 世纪，美国更主宰了管理理论与产品创新。20 世纪末的美国人都相信，市场经济是美国的一项发明："这个世界只有 10 岁。"

但是，即使市场经济的基石被输入到殖民地国家，这些国家也必须先解决一个问题——依据移民的本质，移民者抵达一个无人居住之地时，并没有土地所有权制度存在（如果不是以欧洲模式的财产权来界定，移民地并不是空无一人，就存在土地所有权。但是，移民者会忽略或破坏这些所有权）。创造新财产权的方式主要有两种：一种是通过国家分配或出售财产权；另一种是政府承认并强调，实际占领土地的移民者拥有财产权。①

分配或出售一块空地的权利，就是政府奖励与收入的适当来源。但是，美国前总统华盛顿或林肯做的决定，并不一定要跟几千英里外发生的事有关。②移民者可以发展当地的规范，界定并保护彼此的权利。比如，淘金热时，澳大利亚的维多利亚州就突显了政府效力的不彰。于是，由矿业社群迅速出现了一种自发制度，加以规范并执行彼此的主张。③这些模式都影响到了土地权

①德·索托（De Soto）于 2000 年的著作《资本的秘密——为什么资本主义在西方成功，在其他地方失败》（*The Mystery of Capital: Why Capitalism Triumphs in the West and Falls Everywhere Else*），对这些问题提出有趣的讨论，本书此段落仅反映索托的研究方法。

②道格拉斯·诺斯（Douglass North）在 1990 年的著作《制度、制度变迁与经济成就》（*Institutions, Institutional Change and Economic Performance*）中，强调 1787 年的西北自治条例（North West Ordinance），对美国制定财产权保护结构的重要性。诺斯的这项说法有一些影响力。英国财产法仍依据从王室衍生土地权的假定。在经过独立战争后的美国则很难维持这项假定，而采用西北自治条例，是提供现代财产法的基础。但是，试图以联邦政府取代王室做为土地权来源的企图，在面临不同的当地现实状况下，大多失败了。详见索托于 2000 年的著作《资本的秘密——为什么资本主义在西方成功，在其他地方失败》。

③加州在 1848 年发现黄金，当时旧金山的人口只有 800 人。后来引发淘金热，光是 1849 年就有 8 万人移民到加州 [称为四九人（49ers）]。跟华盛顿首府沟通的延迟，加上相对于现有的基础设施涌入的人潮规模，政府根本不可能加以掌控。详见马尔科姆·鲁尔布（Malcolm Rohrbough）于 1997 年的著作《黄金时代——加州淘金热与美国》（*Days of Gold: The California Gold Rush and the American Nation*）。

的发展。最后，在英语系的新拓居地（而不是在英语系的殖民地），移民者的主张，即新开拓者的主张，就成为了财产权的主要决定因素。

阿根廷与新西兰

阿根廷与新西兰曾是富国，两国有许多共同点——都是低成本的农业生产国，都是英式橄榄球俱乐部的成员。不过，两国也有许多差异之处。阿根廷最有名的名人是阿根廷前第一夫人伊娃·裴隆（Eva Peron），别名为艾薇塔（Evila）；另一位名人是无神论作家豪尔赫·路易斯·博尔赫斯（Jorge Luis Borges）。新西兰最有名的名人是欧内斯特·卢瑟福（Ernest Rutherford），首位发现原子核的人；另一位名人是埃德蒙·希拉里（Edmund Hillary），征服世界最高峰珠穆朗玛峰（Qomolangma）的第一人。高楚人（gaucho，译注：阿根廷和乌拉圭彭巴草原上的骑手与牛仔，其游牧生活颇富传奇色彩）是阿根廷的象征；猕猴桃是新西兰的象征。不再是富国的新西兰和阿根廷，都地处偏远，位于边缘地带。地理邻近性对西欧富国的发展有着重要影响。

我们难以用运输成本去解释一个世纪前的富国，为何现在比较不富有。在本书第二十三章，我将研究阿根廷经济学家劳尔·普雷维什（Raul Prebisch）提出的“依赖理论”（dependency theory），普雷维什主张，所有边缘国家都处于困境，但边缘位置却赋予了这些国家更大的自由，使其能追求与其他富国不同的经济政策。阿根廷和新西兰利用了这种自由，却产生了不良的效果。艾薇塔与其夫婿的名声不是来自于经济管理的技能；新西兰也因为经济实验的不顺遂而受到拖累。

阿根廷从未像澳大利亚或新西兰那样富裕过，但是，游客到了布宜诺斯艾利斯，还是会对拥有百年历史的建筑物印象深刻——这些建筑物跟19世纪一些欧洲国家的首都的华丽不相上下。但是，从四周狭小脏乱的环境上，就能够看出阿根廷逐渐衰微的经济地位。阿根廷的发展是显著的多元主义，从意大利来的移民和从西班牙来的移民，几乎是同等重要。尽管阿根廷南部巴塔哥尼亚有闻名的威尔斯领土（Welsh enclave），从北欧来的移民少之又少，但英国经济的影响力却普及各地——英国人不只在阿根廷建造木制铁道和铁路，也为阿根廷肉品设立有组织的市场。①

但是，经济制度只是经济发展相关结构的一部分。在英语系移民地的经济增长与英国势均力敌，甚至比英国表现更好之际，西班牙语系移民地的经济增长却无法表现得像西班牙那样，即使西班牙本身的经济增长也表现不佳。这样一来，在英语系和西班牙语系的移民地之间，就存在一个重要的经济差异。在英语系移民地，因财产分配引发的紧张关系，大多是以对移民者有利的方式解决。在拉丁美洲，土地分配的集中控制比较有效。即使目前在拉丁美洲的土地所有权结构，也是由少数创始家族的后代所掌控。这对土地管理会产生一个直接后果——不在场的地主通常就是贫穷的地主，尤其是这种做法间接产生的经济后果更重要——所得分配的不均，以及财富缺乏合法性。这些经济不均与政治不均，使得阿根廷的政治从1827年地主推翻里瓦达维亚政府（Rivadavia）开始，到2002年的街头示威，都具有破坏性和对立性。②

作为英联邦成员国的新西兰的问题，则在最近出现。相隔12000英里之远，新西兰变成了以英国市场为主的主要农产国。20世纪60年代，新西兰有半数以上的出口是送到祖国——英国。在英国与欧陆国家的关系逐渐密切之际，

①奥立弗·马歇尔（Oliver Marshall）于2000年的著作《拉丁美洲的英语社群》（*English-speaking Communities in Latin A merica*）。

②尼古拉斯·沙姆威（Nicolas Shumway）于1991年的著作《阿根廷的发明》（*The Invention of Argentina*）。莱斯利·贝特尔（Leslie Bethell）于1993年的著作《独立后的阿根廷》（*Argentina since Independence*）。

新西兰只好转向和澳大利亚、亚洲建立关系。

新西兰只能以更低的价格寻求替代市场，经济表现也因此恶化。罗伯特·马尔登（Robert Muldoon）在1975年担任总理。他以“宏观思想”为口号，同时也资助铝矿业和石化工厂的建造，并且给予了详细的经济干预。但是，大多数“宏观思想”项目最终却以注销庞大损失而取消。马尔登在1984年的大选中落败，之后由工党接掌新政，并指派罗杰·道格拉斯（Roger Douglas）出任财务部长。道格拉斯热衷于追求自由市场政策，并受到由格雷厄姆·斯科特（Graham Scott）带领的一群有能力的财务官员的支持。如果问“哪个国家曾由经济学家管理”，那个国家就是新西兰。从1984年到1999年，新西兰遵循民营化和解除管制的政策，并追求劳力市场的灵活性及删减社会福利。在这段期间，新西兰的经济表现最差。从水星能源（Mercury Energy）在1998年1月的供电缆线失灵事件里，可看到经济衰退的事实。这件事造成奥克兰市中心整个商业区停电。奥克兰市中心整整经过七周的时间，外加上新西兰军队的协助，才恢复正常供电。

没有哪一个国家像1984年后的新西兰那样，处心积虑地模仿美国经营模式的政策——称赞自利、市场基本教义、支持经济、并重新分配国家的功能等，就连美国自己都没有这样做。比如，当美国政府的某个部门试图采取强势立场时，就在美国政府的体制内运作权力制衡。新西兰的议会结构对执行权力上的限制极少，新西兰甚至有一院制的立法机构。1999年，新西兰的选民尝试经济实验，让支持传统政策的工党政府再度执政。经过不幸的三阶段经济实验——一个阶段是外部创立，另外两个阶段是“自我损害”（self-inflicted），新西兰人均国民生产总值，从1960年富国平均值的125%，到2000年时变成富国平均值的60%。[①]

①凯伊于2000年8月30日《金融时报》的撰文。

亚洲的情况

图 4.1 显示了西欧富国的地理位置。这个团体从中心稳定地向外扩展，逐渐包围周边地区。在亚洲，地理邻近性似乎也一样重要，只是刚好逆向运作。从图 4. 2 来看，愈富有的国家愈是位于周边地区的国家，即使以中国来看，也是沿海地带的省份所得较高。

图 4.1 欧洲富国的演变

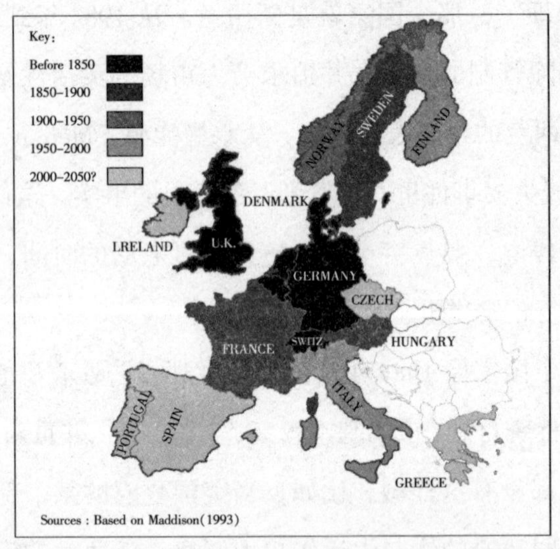

为何工业革命（Industrial Revolution）会发生在英国和北欧，却没有发生在中国东南方？①这或许是经济史上的重要谜题之一。在公元 1000 年时，中国的技术跟西方技术势均力敌。在 18 世纪后半期，这两个地区在产业结构、

①彭幕兰于 2000 年的著作《大分流——中国、欧洲与现代世界经济的形成》（*The Great Divergence: China, Europe and the Making of the Modern World Economy*），说明了这个问题及对此问题的不同观点。兰德斯于 1998 年的著作《国富国穷》中所做的讨论，在意图上与此论证相近。

图 4.2 亚洲的富国

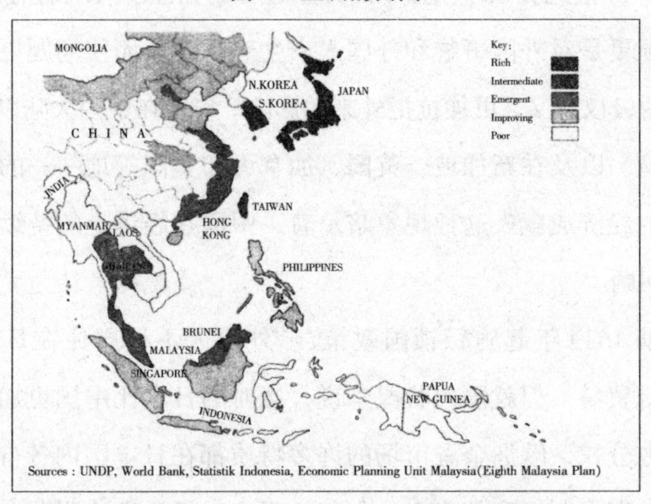

农业技术、个人资本等方面，也有许多类似之处；在可用土地上，两者都承受着人口温和增长的压力。

但是，发生在欧洲的工业革命并不全然是技术现象。中国的制度比其本身的生产力还要落后，中国根本没有一种对西欧科学与制度的演变相当重要的多元主义。中国以前（也包括现在）或多或少是中央集权国家，然而欧洲国家一直都是各自为政。欧洲国家的各行其是虽然会造成军事劣势，却也创造了经济竞争的优势。

当时的中国已经在英语中找出“mandarin”一词。“Mandarin”原意为满清政府的官吏，其所推崇的价值观大多是传统惯例，现多指普通话。18 世纪初期，到中国访问的法国传教士会写下：“中国人宁可喜欢不完整的古董，也不喜欢最完美的现代事物。这跟只喜欢新事物的我们大不相同。”150 年后，另一位传教士来到中国，并观察到：“当所有天才发现自己的努力会为自己带来惩罚、而非奖赏时，都会马上吓呆掉。”①

①分别引用传教士路易斯·康特（Louise Le Comte）与艾文斯克·胡克（Evanske Huc）所言，详见兰德斯于 1998 年的著作《国富国穷》。

在整个19世纪和20世纪，中国无法赶上欧洲经济表现的情况越来越明显。后来，中国更是对外国事物和外国人产生恐惧，从而使问题更加恶化，也强化了内部的极权主义，更加抗拒外来的影响。华人在中国大陆以外的地区——香港、台湾，以及在新加坡、英国、加拿大和美国等地——的华侨，都缔造出了非凡的经济成就。这种现象暗示着，中国在经济上的持续失败大多要归咎于制度问题。

日本从1639年起施行锁国政策，[①]外国人不得居住在日本，只开放两个港口进行贸易。但就国内状况来说，当时的日本比中国更加多元化。政治组织是地方分权，欧洲金融市场的许多特质都在日本国内各自发展起来。一味地排除外国在制度和技术上的创新，只会对经济造成阻碍。但是，这种情况在1853年以后开始改观。1853年，美国海军司令马修·培里（Matthew Perry）抵达日本，把美国经营模式引进日本。一年后，培里司令再度率领舰队前来，要求日本解除锁国政策。日本开始采用西方技术，但引进西方制度的速度依旧缓慢。日本之后进入明治维新时期，并采取中央集权，进而形成军国主义，结果引发了珍珠港事件。最后，在广岛和长崎遭到原子弹轰炸后，日本才宣布投降。美国道格拉斯·麦克阿瑟（Douglas MacArthur）将军在1945年抵达东京，强迫日本接受先前培里司令所采行的美国经营模式的要素。

麦克阿瑟将军的目标是，改革日本的制度。日本天皇角色的世俗化，逐渐危害到这个独裁主义国家。虽然公职人员依旧握有权势，但后续的政

---

①彼德·寇尼奇（Peter Kornicki）于1998年的著作《日本明治维新》（*Meiji Japan: Political, Economic and Social History,1868-1912*）。艾德里安·布佐（Adrian Buzo）于1999年的著作《游击王朝——北韩的政治与领导》（*The Guerrilla Dynasty: Politics and Leadership in North Korea*）。伊恩·杰弗瑞斯（Ian Jeffries）于2001年的著作《过渡时期的经济——中国、古巴、蒙古、北韩与越南在迈入20世纪的指南》（*Economies inTransition: A Guide to China, Cuba, Mongolia, North Korea and Vietnam at the Turn of the Twenty-first Century*）。

治领袖既无组织又起不了作用。控制日本所有大规模经济活动的五大财阀（zaibatsu）已经解散。[①]现在，日本产业专注于生产高品质的消费性用品。丰田（TOYOTA）从纺织机器制造商转型为福特汽车（Ford）和通用汽车（Ceneral Motors）的主要竞争对手；原为财阀，后转型为综合企业的松下公司（早期叫National，1986 年开始逐步更改为 Panasonic，2008 年 10 月 1 日起全部统一为 Panasonic），成为了消费性电子用品的主要生产商；索尼（Sony）和本田（HONDA）则是由特立独行者所创立——索尼的创办人盛田昭夫（Akio Morita）更成为日本最知名的企业人士。从 1950 年起的 40 年内，日本经历了经济上前所未见、国内生产总值最迅速增长的一段时期。

日本的成功即将被其之前所殖民的韩国与中国台湾的经济成就所超越。第二次世界大战后，韩国与中国台湾脱离日本的掌控，并发现自身处于中国与美国互相猜疑的火线上。麦克阿瑟将军被派驻到韩国，后来韩战爆发，扩大了中国与美国的冲突。1953 年，韩国被硬生生地分割成两半，以北纬 38 度线分界，以北是朝鲜民主主义共和国，简称朝鲜，以南是大韩民国，简称韩国。后来，朝鲜和韩国的经济表现出显著的差异——其之间的差异远比东德和西德、或芬兰与爱沙尼亚间的差异要大得多。若无意外或再统一，韩国即将成为富国，而朝鲜只拥有核子武器和饥荒。

中国共产党在 1949 年接管中国大陆后，国民党撤退到中国台湾并成为执政党。跟韩国一样，中国台湾通过结合并采用美日双方的一连串政策，经济逐渐繁荣。这些政策包括：贸易保护、强势出口导向、开放外资与技术、少数多元化产业集团互相竞争等。

新加坡和中国香港由于拥有英国的制度和华人人口，也成为了富裕的国

①五大财阀包括：三井（Mitsui）、三菱（Mitsubishi）、第一劝业（Dai lchi Kangyo）、住友（Sumitomo）和三和（Sanwa）。

家和地区。泰国、马来西亚和印度尼西亚虽然仍旧贫穷，但经济却迅速增长。中南半岛的老挝、柬埔寨和越南，被几十年的战争所摧残，目前仍是全球经济最荒废的区域，人均国内生产总值约300美元——以购买力平价来计算，也才刚好超过1000美元。当然，跟非洲撒哈拉沙漠的贫穷国家相比，这些国家的经济前景更为美好。

亚洲拥有一个独特的经济发展模式，还是只是另一个“西方旁系”？现代市场经济拥有许多不同的结构，虽然这些结构都有共同的特性，但却各自有其独特的发展途径。或许，我们不该问：“第二次世界大战后，为何东亚地区的经济发展能有如此迅速的进步？”我们该问的是:“第二次世界大战前，为何东亚地区的经济发展没有如此迅速的进步？”

西欧的重要制度和技术，许多已经在亚洲出现。如日本和中国香港，在美国和英国的影响下，已经开始逐步发现自己在经济发展上的潜力。

市场经济是如何发生的

苏格兰历史学家托马斯·卡莱尔（Thomas Carlyle）说：“世界历史不过是伟人的传记。”或许是吧，但是市场经济的历史可不是伟人的传记。在市场经济史上，并没有保罗·里维尔（Paul Revere）揭起工业革命，也没有哪个领导人可以跟乔治·华盛顿（George Washington）或托马斯·杰佛逊（Thomas Jefferson）等人相匹敌。

依我看来，市场经济史上的少数英雄人物是新机器的发明家，例如，发明飞梭的凯伊。那么，农业、保险、银行或企业是谁发明的呢？没有人发明这些，这些都是社会逐渐发展而演变出来的。令人敬重的经济学鼻祖亚当·斯密（Adam Smith），也只是把市场经济做年代记录，他并未发明或设计市场经济。

市场制度的演变出现在其他一连串的演变同时发生的情况下。这些演变包括技术上、文化上、政治上，以及社会组织上等。如果缺少这些演变，市场制度就不会产生。但是，这些过程都具备多元主义。

现代科学方法产生并测试新的假说：科学原则是新技术的前提；知性生活超越传统威权，进而强调理性主张；政治制度从专制政治转变为民主政治。这些就是具生产力经济体与富国的共同背景。从这个共同背景中所体现的特征：市场制度的演变发展、市场制度嵌入社会与政治等关联的必要性、多元主义在经济进步的重要角色，等等，将是本书一再重复的主题。

富国因为历经几百年、甚至上千年的制度演变过程而变得富有。初期情况的差异（有些国家的差异极小）可以说明为何是这些国家变得富有，而不是其他国家。在下一章，我会说明这些制度中的某些制度，并探查某些最重要的演变，例如，农业、就业和有限责任等制度。

第五章 交易与规则

一天结束了，屏幕上的微软商标逐渐消失。下班后的比尔在跟同事喝杯啤酒后，就搭地铁回家。经过一段不怎么舒适的路程，比尔走出地铁，在附近商店买了一些日用品，就回家打开电视看电影频道。

比尔的经济生活是在一个规则结构内一连串交易的结果。有些交易具有契约性质，有些交易则不拘形式。有些规则是法律规则，有些规则是预期行为。比尔跟雇主有一纸合约，但是，大多数雇用合约根本鲜少提及实际的工作性质，只是描述病假和请假、退休金与中止合约期满约定等程序事项。

比尔的戴尔（Dell）电脑使用微软作业系统，以及微软的办公室套装软件。网络服务供应商则依据英国通讯局制定的条件，使用英国电信（British Telecom）的线路。互联网本身则是通过一连串正式协定与非正式的商定来管理。

比尔与朋友都清楚酒吧里的行为习惯，但是，如果有外人加入他们的聚会，他们就必须解释一下规则。你可以买杯啤酒喝，但要记得把酒杯还给老板。你除了喝杯酒放松一下，还可以使用酒吧的座位、桌子等其他设施（这些就是你通过点酒取得的权利）。

在地铁里，比尔购买的月票让他能顺利通过检票口，并能使用一部分的伦敦地铁系统。如果地铁列车来了，比尔能不能找到座位，那得视情况而定。伦敦地铁是由伦敦地铁公司（London Underground Ltd.）拥有并负责营运。这家公司由英国中央政府所有，依据复杂法规及与伦敦交通管理局（Transport for London）的合约运作，并对大伦敦政府（Greater London Authority）负责。

比尔买了一包玛氏巧克力棒(Mars bar)和一个格莱尼·史密斯苹果(Granny Smith，译注：一种原产于澳大利亚的苹果品种)。“玛氏”是玛氏公司的商标，其他人不得使用“玛氏”一词，或是生产同样的产品。但是，栽种格莱尼·史密斯苹果的权利，并不局限于格莱尼·史密斯本人，任何人都能种植或销售这个品种的苹果。

比尔跟别人说，他拥有自己的公寓。但事实上，他是签了一份为期99年的租约。这样复杂的法律结构，就是“如何赋予人们部分建物所有权”这个棘手问题的解决办法。在其他司法体制下，还可以用不同的方法解决这个问题。①

比尔要先付费，才能收看电视节目。即使要收看彭博财经台的节目，他也必须先购买使用授权许可。使用授权许可的费用就是英国广播公司（BBC）的收入来源。英国独立电视新闻公司（Independent Television Network）由广告赞助，有线电视服务与卫星电视服务则依据订购方式而定，或依收看次数付费。今晚，比尔家的电视播放的是预录好的录影带，他首先看到的是一段描述，用以说明用户与配销商的合约及授权条款，然后才会进入正文。

合约

我们借由法令(个人与国家之间的关系)或合约(个人与个人之间的关系)，在市场经济中取得合法权利。这跟财产权与交易、规则与交易之间的区别非常类似。但是，市场经济中的大多数交易并不是通过法律，而是通过期望和协商来决定的。

---

①2003年，英国引进共同持有(commonhold)这项新制度。大多数采用行政法(administrative Law)的欧洲国家，各有不同且通常较简单的程序。

我们很少想到要制定合约。比尔跟商店老板买玛氏巧克力棒时，在法律上就代表一种合约。在许多交易中，一方会要求把合约加诸于另一方。例如，微软公司坚持，用户要使用微软软件，就必须接受合约；地铁车票让你知道，使用地铁车票就要遵守伦敦地铁公司制定的规则。这种单方面加诸合约条款的方式，有时候行得通，但法院不太认同这种做法。①

在大多数的日常交易中，我们都会制定协议，并通过期望来强化。我们会给服务生小费，因为这是一种社会惯例。当然，这些期望视文化不同而有所差异：美国餐厅的服务生有小费可拿；在欧洲，账单中内含着服务费；在日本、新西兰等国家，就不兴给小费。商店店主会耐心倾听顾客的抱怨，并不是担心法律诉讼，而是担心商誉受损。而且，法律是要人们遵守的，而不会引发买方与卖方的交易行为。法律只是要求我们成为审慎者（prudent man）：法院详细说明合约条件，以履行合理的期望。

支配我们经济生活的规则、法律和惯例，已历经几千年的演变，并在不同地方以不同方式进行着不同的演变。从人口众多的欧洲大陆，到孤立且人口稀少的澳大利亚，都经历过一个不同的共同演变。

澳大利亚的鱼

20 或 30 年前，澳大利亚菜可说是最乏善可陈。但近来，由于意大利、希腊和越南等移民的涌进，使悉尼和墨尔本的美食餐馆越来越多。不过，澳大利亚餐馆的菜单依旧保留着一项特色。欧洲游客对肉类料理，比如牛肉、羊肉、猪肉和鸡肉等，相当熟悉，但对鱼类菜肴可就不太了解了。究竟柑仔鱼、巴拉金梭鱼、新西兰红鱼、澳大利亚小龙虾好吃在哪里，就必须有专家的建

①当一方把合约主张寄给对方，这类的“格式之战”（battle of forms），法院也不予认同。

议才行。

农夫拥有动物，但是渔夫并不拥有鱼类。欧洲移民在抵达澳大利亚时，带来许多有用的动物。他们饲养牛和羊以供应食物，以马匹做运输工具，以猫和狗为宠物。他们把这些动物运来澳大利亚，既合法也切合实际生活，同时他们还能掌控这些动物。鳕鱼或鲽鱼只生存于太平洋，所以它们无法被带到澳大利亚。鳟鱼是最适合食用的淡水鱼（依我来看，鳟鱼是唯一可食用的淡水鱼），而且可以养殖在饲主的湖里。鲤鱼也被时进口到澳大利亚。后来，因为养殖技术的进步，就连塔斯梅尼亚的三文鱼都出现在墨尔本餐厅的菜单上了。

但是，这只是故事的一部分。为何物种进口如此侧重于单一方向？目前，澳大利亚大多数食品的生产源自欧洲的动物和农作物，但欧洲却没有从澳大利亚进口任何动物和农作物。但是，我们会享受澳大利亚的一些装饰性植物，如含羞草。澳大利亚最闻名的特产食物是一种混合了芹菜与洋葱的涂酱 Vegemite。

新几内亚人阿力问美国游客贾雷德·戴蒙德：“为什么美国出口那么多东西到新几内亚，而新几内亚却出口很少东西到美国？”戴蒙德在 1997 年出版的知名著作中，对这个问题进行了回答。

澳大利亚可能先天就没有草原和动物，但是，对所有澳大利亚原住民来说，他们根本没有理由发展农业，而且他们也没有这么做。澳大利亚人口稀少，适合游牧的生活方式。欧洲人挑选动物和牧草来养殖和种植，创造出温驯的牛、友善的猫，以及营养丰富的小麦谷物，但这些从来没有在澳大利亚出现过。这些欧洲产品都随着库克船长（Captain Cook）来到了澳大利亚。不同大陆、不同情况，会出现不同的共同演化（coevolution）。[①]

①威廉·杜伦（William Durham）于 1991 年的著作《共同演变——基因、文化与形形色色的人们》（*Coevolution: Genes, Culture and Human Diversiry*），对基因与文化的共同演变，提出各式各样的说明。

劳力与工资

农业由人口压力和新技术发展而来，雇用制度也是基于同样的原因发展出来。在具生产力的经济体中，大多数人都有工作。我们选择职业，也选择雇主。我们依照约定的工作时数工作，大多也按照老板的指示工作，然后获得工资。我们希望长期拥有这份工作，但并不是无限期地拥有这份工作。我们习惯于眼前的这份工作，所以很少思考和制度本质有关的事。

不过，从大多数经济史来看，工作是不同寻常的。而且，除了富裕国家之外，职业生涯也是罕见的事物。很少人能对自己的工作有任何选择。我小时候上教堂时，会和其他小朋友合唱这首诗歌："富人在他的城堡里，穷人在他的栅栏里。上帝决定人的尊卑，也决定人的贫富。"当时我们暗自窃笑，但对大多数人来说，这首诗歌描述的是现实世界。他们的经济生活曾经是、现在也还是几乎完全由其出生地所决定——地理位置和社会地位，也完全取决于所居住社会的传统与惯例。

自耕农过去是、现在也是最常见的职业。农夫通常会跟地主分享他们的农作物，或是提供劳力给对方。奴隶制度和农奴制度使得佃农对地主负有一定的义务。其他工作者也要依附于贵族，与贵族一起生活和工作。学徒要跟师父学习，可能还要跟师父同住，等到成为独立操作的工匠后，才能管理其他学徒。在所有这些活动中，社会制度和经济制度均互相关联。

圈地运动剥夺了许多农民的传统耕作权，却让地主能剥削利用佃农。佃农的社会地位与经济地位比其他任何社会团体都低。直到 20 世纪结束时，某些领取工资者，比如大企业资深主管，才成为社群中薪水最高的人，同时也拥有较高的社会地位。现在，富裕国家的雇用合约已标准化，而且在惯例和法令的规范下，劳动合同与商业合约的差异并不大。合约要有凭有据又简单明了，效率和舆论反对临时工作和农奴制度。

在富裕国家，现代男性和大多数女性都是“上班族”，下班后才能回家。职场生活可以跟个人生活区分开来，这是以往做不到的事。马克思认为，这会改变政治与社会的本质。马克思说的没错，只是他没有预料到，职场的经济权力不仅能被资本主义运用，也能被经理人运用。工作与家庭的分离，让企业与个人价值的差别变得更可以理解。

但是，如同我将在第二十六章所述，让企业与个人价值的差别变得可以理解的想法并未成真。虽然我们可以分割时间给家庭和工作，但我们很难分割自己的个性。虽然我们不必将职场生活结合社交生活，但许多人却这样做。而且劳工关系随着福特汽车工厂的大量生产而达到极盛时，那种企业本质的全然工具式观点已经渐渐消失。工作品质受到所属社会的关联性影响。资本主义发现，马克思的“异化”（alienation）是无用的，大型制造企业不再主导经济。

有限责任公司

在古代和中世纪时，商业是由个人或一群彼此了解的伙伴经营，不然的话，风险该由谁承担呢？当形成人数较多的合伙关系时，就会有投机和欺诈的事情出现。南海泡沫事件后，英国就禁止大规模商业组织的设立。这样做的意图是，要把投资局限在参与者可能预期了解的投资事业上。但就整个历史来看，从 1636 年的郁金香热（tulip mania）到 1999 年的网络企业泡沫化，贪婪和易受欺骗已经打败了那个意图。

在特殊法令权限下，这个禁令也有例外，东印度公司便是其中最著名、获利最多的例子——东印度公司开拓的殖民地，甚至比英国本身还多。运河和铁路不仅需要可观的资金，还需要取得沿途所经土地的所有权。每一条铁路都需要有自己的议会法案（Act of Parliament）。这些投资事业有些是有限责任公司——这种组织形态在19世纪中期，开放给其他事业。股东只需依自己的投资额度来负责企业的债务。这种保护能使股东放手让经理人管理企业（这些经理人通常无须负责企业债务）。

有限责任对股东和经理人的吸引力相当明显，但对那些想跟这类公司交易的人来说，就比较不具吸引力。当新技术创造出需要更多资金的活动时，如电气化城市、建立大量新的生产设备，等等，有限责任公司就变得更加常见。

经理人取得了声望。杰出工程师伊桑巴德·金德姆·布鲁内尔（Isambard Kingdom Brunel）是一位有远见的创业家，也是大西方铁道公司（Great West Railway）的创办者。但他对该公司最高主管的地位并不满意——即使在50年前，主管和经理人的社会地位差异就在于，经理人无法担任银行和保险业的董事。

阿尔费雷德·斯隆（Alfred Sloan）创办的通用汽车公司，是由一群训练有素的老练主管共同经营的。结果这种做法变成了现代企业的模式。[①]20世纪后期，壳牌石油（Shell）和通用电气公司（General Electric，GE）这类企业把管理专业化发挥到极致。到2000年时，其他商业组织形态，比如互助公司（mutual companies）、合伙公司、国营企业等，大部分已改变为有限责任公司。

不过，这种结构的关联在21世纪比较不明显。当股东购买工厂，员工在这类工厂工作时，股东与员工在角色上的区别就很明确。但是，现代企业的主要资产是知识、品牌与商誉，这些资产都掌握在员工的手中或脑中。就算股东“拥有”这些事项，又有何意义呢？

---

①艾尔弗雷德·钱德勒（Alfred Chandler）于1963年的著作《策略与结构——工业史的章节》（*Strategy and Structure:Chapters in the History of the Industrial Enterprise*）里所陈述的故事，极具影响力。另见莱斯利·汉纳（Leslie Hannah）于1976年的著作《企业经济的兴起》（*The Rise of the Corporate Economy*）。

互联网和基因组

市场经济的规则随着时间的推移在不断地被加以补充和扩大。在美国和澳大利亚，移民者必须创造土地权。为了进行更大规模的生产，企业组织应运而生。现在，为了响应互联网和基因组的新技术需求，就必须设计新规则。

互联网的框架由美国政府制定，并由学术研究团队发展而成。许多企业希望借由支配某项要素，而取得对互联网的掌控。网景公司（Netscape）和微软公司之间的激烈战争，就是因为双方都认为浏览器就是这项要素。后来，微软借由免费赠送浏览器而获胜，但却没有如愿以偿地取得对互联网的影响力。

Excite、雅虎（Yahoo）、美国线上（AOL）和思科公司都没有获取对互联网的绝对影响力。Excite 半途而废，雅虎变成主要门户网站，美国线上变成了最大的聊天室，而思科公司则成为了最大的硬件供应商。但是，这些企业都没有获得足以与微软的办公软件系统相媲美的市场地位。数百万个网站竞相吸引网络用户的青睐。跟先前许多市场一样，互联网服务的新市场是从提供互补服务、在相互竞争的供应商之间的混乱关系中发展出来的。

廉价复制及其普及，严重危害到既有的市场规则。Napster 带动网络用户下载 mp3 音乐，也似乎威胁到唱片公司的经济利益。音乐出版商成功地终结 Napster 音乐分享程序，但却无法有效地阻止音乐在网络上的流通。现在，找到从中取得收入的机制，就是唱片业者所要面临的挑战。

1953 年，弗朗西斯·克里克（Francis Crick）和詹姆斯·沃森（James Watson）在英国剑桥大学的实验室里，确认了去氧核糖核酸（DNA）的结构——DNA 是一连串提供人类生命蓝图的染色体。到了 20 世纪 90 年代初期，进一步的研究，外加上电脑软、硬件的进步，让确认个别染色体的分子结构一事成为了可能。

1992年，英国的医疗慈善机构——威尔康信托基金会（Wellcome Trust）——通过了一个要持续10年的计划。这个计划要绘制人类基因组、建立人类基因组国际项目，并与4个美国研究中心共同合作。①DNA的定序是20世纪科学的突破之一。但是，基因序列并不需要非凡的智慧天赋或科学原创性，而是需要有能力的研究者，再加上高效能电脑的协助。

学术研究的过程是缓慢的，但是私人企业却要寻求基因序列的专利。许多人觉得奇怪，几十万年来自然存在的事，竟然可以拿来申请专利。专利应该是指凯伊这类创造新生物品的发明家，对其发现所享有的特权。这项原则自然延伸到了现代制药产业的化学合成物。在最近几十年来，制药专利一直是最有价值的专利。

1980年，美国最高法院规定，活体也能申请专利。这件事证明，专利系统的范围获得了相当广泛的延伸。企业在基因知识的许多进展上都申请了专利。这些专利有许多还不确定具有法律依据。但是，即使是可疑的专利，侵权的代价也是相当大的。

1999年，创业家克雷格·文特尔（Craig Venter）宣布，他要在三年内为整个基因组解码。文特尔创办的塞莱拉公司（Celera）后续申请了数万个专利。2000年，随着基因序列在欧美两地的民营企业中迅速发展，美国总统克林顿和英国首相布莱尔召开记者会宣布，基因组已经解码完成，互相竞争的研究人员会共同合作，让这方面的知识可供大众所用。

管理市场和基因组的关系，以及市场和互联网关系的规则结构，目前尚未统一，也尚无条理可言。但是，本书最后一章描述的历史及现状证明，集

---

①威尔康信托基金会在基础研究上扮演着重大角色，这部分在本书第二十二章会再做详述。威尔康信托基金会的大多数资源来自于葛兰素（Glaxo）药厂销售善卫得（Zantac）药品的获利。它的多元主义干涉对英国科学界带来改变的效应。

中方向或缺乏方向都无法产生解答。市场的进展是通过技术和社会制度的共同演变而有形的。

建构规则

界定并施行动物和植物的新产权，对农业发展相当重要。以往，当你杀死动物或摘下植物时，你就拥有这些动物或植物。现在，当你驯养或播种动物或植物时，你就拥有了它们。如果农夫要投资农作物和耕种，这项改变就极为重要。但是，即使这项例子也清楚地说明，界定财产权的方式有很多种。有些方式比较好，有些方式比较差，而且你的选择将会依技术和社会而改变。

许多经济学家在谈论市场经济的规则时，认为它是一种所有权的分配。但是，市场制度的发展牵涉到的不只是财产权的发明，况且许多现代市场制度太过复杂微妙，根本无法只用所有权的观点就能加以说明。苹果放在我的篮子里就是我的，放在你的篮子里才是你的。但是，当我打开电视或使用地铁时，所有权的交换出现在什么地方呢?

有人在非吸烟区吸烟时，我们可以直接向他们表示，他们侵害了非吸烟者的权益。这样做比较容易，也比较简洁。更具启发性的是，因为这样说也提醒我们，我们可用各式各样的方式，比如法律责任、民事诉讼、社会惯例等，来框架规则并施行规则。

所有权的强调具有一项保守色彩——当我们提到界定并施行财产权时，我们脑海中会浮现出一道围墙，上面有警示牌写着“请勿靠近”，还有警察站岗守卫。这种保守主义在讨论互联网和基因组时，显而易见——音乐出版人会保护他们所说的所有权；基因序列的专利权所有人表示，他们只是争取了自己的所有权。

市场经济必须持续发展出新的规则。对所有权的类推并没有提供任何帮助——最佳结构将会鼓励大家对新技术的投资与创新，就如同以往的动态社会为培育动物和植物而发展新的所有权框架、发展雇用合约、发明有限责任公司一样。伴随这些规则而来的是，农业、劳动力，以及大规模产业组织的发展。

本书第二部将说明现代市场经济演变的规则，及其所要处理的问题。富国凭借让贸易与交换更容易而获利，并且因提倡创新而变得有生产力。在前两章中所描述的制度改革——农业、雇用机制和企业的发展，引发经济制度的改变，从自用生产转变为现代市场经济——我们替别人工作，消耗其他人栽种或制作之物。分工就是发达国家的经济制度的最重要特征。

第二部　经济体制的结构

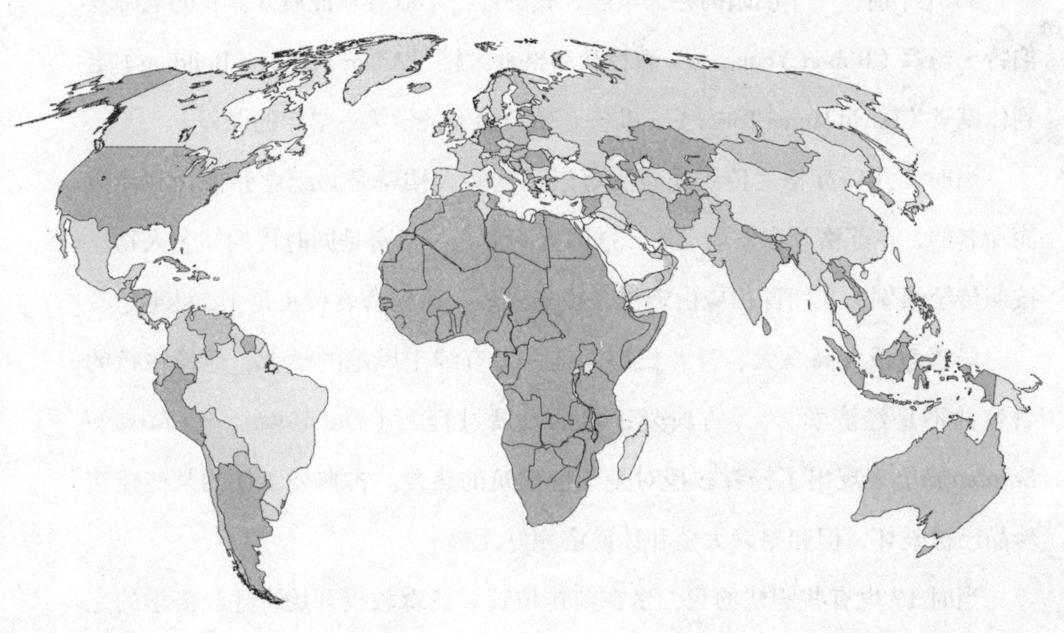

第六章　生产与交换

30几年前，一个阴暗的冬天早晨，我的经济学旅程从此展开。我的老师罗伯特·杨森（Robert Youngson）教授从弗格森大楼（Adam Ferguson Building）走到休谟塔（David Hume Tower），准备开始政治经济学第一学年的课程。

当时，几项苏格兰传统还备受尊崇。这些大楼就是为纪念弗格森和休谟而命名的，在苏格兰启蒙运动中，这两人跟亚当·斯密是同时代的知名人物。按照传统惯例，入门课程应由资深教授来讲授，而杨森教授正是不二人选。

杨森教授人高马大、身着长袍，是一位有绅士风范的学者。他最在行的研究并不是经济学。[①]《古典爱丁堡的发展过程》（*The Making of Classical Edinburgh*）表现出了杨森教授对爱丁堡建筑的热爱。古典爱丁堡的某些建筑珍品已被破坏，但弗格森大楼和休谟塔完好无损。

当时17岁有些胆怯的我，坐在前排位置。杨森教授开始讲述经济学的定义——稀有资源在不同竞争意图间的分配。[②]这并不是我预期的状况。我进大

①杨森于1959年的著作《经济发展的可能性》（*Possibilities of Economic Progress*），并未深思远虑，也无法令人信服。

②摘自利昂内尔·罗宾斯（Lionel Robbins）于1935年的著作《论经济科学之重要性与本质》（*An Essay on the Nature and Significance of Economic Science*）。“经济是一种研究人类行为的科学，并把人类行为视为在不同意图与稀少资源之间，找寻替代方案的关系。”

学是要学习通货膨胀、利率和外汇——那些充斥于新闻、现为彭博财经台报导的相关经济事件。但是，杨森教授讨论的却是经济制度的本质。

然而，对我来说，这似乎更有趣，迄今仍是如此。稀有资源在不同竞争意图间的分配，必须由生产、分配和交换来决定。这个制度必须决定要生产什么——生产的问题；由谁取得产品——分配的问题。而交换是为生产与分配建立连结。

克罗马农人（译者注：人类进化史最后一个阶段代表性群居的通称，因发现于法国克罗马农山洞的化石而得名。又称晚期智人或直接称为智人。）从自用生产变成为交易而生产，就是一种制度上的创新，这种创新可以跟工具制造的技术创新和轮子的发明相媲美。就是到了今天，也只有在富裕国家，才会出现大多数生产是为了交易而进行。在一些贫穷国家，主要经济活动仍是为自用食物而生产。

就整个历史来看，稀有资源在不同竞争意图间的分配，取决于风俗习惯而非势力。在传统社会中，有关生产什么及生产分工的决定，根本就不算决定，每年都是依照前些年的模式去做。气候或许不同，农作物也可能不同，但最终成果却依据传统规则来分配。依惯例形成的经济制度是市场经济或计划经济的替代方案，但是，它却是一个静态的经济制度。依惯例形成的经济没有什么应对改变的能力，更遑论助长改变。

在现代社会中，一切都是由我们做决定和选择，但我们也是在所属的经济结构中做这些事情。经济结构包含分配、生产与交换的规则。从 18 世纪末到 19 世纪，经济学家为了清楚地了解以交易为目的的生产，制定了一套有持续性的分析结构。亚当·斯密的主要作品《国富论》（*The Wealth of Nations*）中就说明了分工。伟大的犹太作家戴维·李嘉图（David Ricardo），在债券投机买卖上大捞一票后，出任英国国会议员，并提出比较利益（comparative advange）法则。经济制度的效益取决于利用比较利益法则及分工的效率。

金鸽餐厅

200年来，欧洲艺术家一直被法国南部的和煦阳光与宜人美景所吸引。在尼斯北部山丘，一个以高墙围起的小镇——圣保罗凡斯（Saint-Paul de Vence），目前仍是艺术家的群聚地。1919年，保罗·卢斯（Paul Roux）在村落入口处买下一家小饭店，供应艺术家们吃住，而艺术家们则以其作品交换食宿。后来这家小店发展成今日的金鸽餐厅，直到现在，它对当代法国艺术的收藏，都让许多画廊羡慕不已。①

卢斯是一位有才能的厨师，而他的客人是有才能的画家。所以，卢斯专心烹调美食，而乔治·布拉克（George Braque）专心作画，这一切是很合理的事。布拉克是卢斯的客人之一，卢斯鼓励布拉克以画作交换食物，这对双方都有利。有时，人们把交换想成是一方得到、另一方付出的过程，这也是常见的事。因为有些交换活动确实如此：一方蒙骗另一方，或者是其中一方出错。②但是，就像大多数经济交换一样，布拉克与卢斯之间的交换具有互惠互利的特色。

布拉克与卢斯的分工，让互惠交易成为了可能。两人合作，彼此可以获得所需的食物和艺术品。这两个人有不同的能力，但这些能力不足以满足其所有需求。布拉克需要吃饭，卢斯则不希望自己只靠面包过活。只要在能力上有差异、互相都渴望变化，分工和互惠交易就有可能存在。

---

①马丁·布歇（Martine Buchet）于1993年的著作《金鸽餐厅》（*La Colombe d'Or:St Paul de Vence*）。

②根据传闻，曼哈顿部落在1626年把曼哈顿岛以24美元的价格，卖给从荷兰来的移民。巴菲特曾主张，以6%年利率计算，拿当时这26美元来投资，到现在也足够把曼哈顿岛买回来［依据戴维·丹尼斯（David Dennis）的估计］。由于曼哈顿部落是否拥有曼哈顿岛，这一点并不确定，因此这场交易由谁得到将是个争议不休的问题。

很明显地，如果卢斯是一位好厨师，而布拉克是一位好画家，那么卢斯应该专心厨艺，布拉克应该专心绘画。相较于其他画家来说，布拉克可说是技艺精湛，他是法国20世纪艺术中，地位极其崇高的人物之一；相较于其他厨师来说，卢斯虽然厨艺不错，却没有到精湛的地步。但是，即使布拉克的厨艺比卢斯好，同时也是比较优秀的画家（有关这一点我们尚无证据可言），或许由卢斯掌厨、布拉克作画，依旧是最理想的分工。如果布拉克不用搅拌美乃兹，就有时间画出一幅作品，而且价值等同于许多顿餐点。这种从交换获得的利益就说明了比较利益法则。

比较利益法则告诉我们，人们应该专注于自己最擅长的事，而不是专注于自己比别人做得较好的事情上。对布拉克这类具有非凡天赋的人来说，他们可能在很多事情上都比别人在行，而其他人或许什么事也不在行。但是，比较利益要求我们，要查看自己在不同活动中的相对表现。布拉克和卢斯都是遵守比较利益法则的受益者：布拉克有更多时间作画，卢斯则得到更多佳作。

比较利益是一个不可思议的概念。我们的直觉总会问："谁最适合做这个工作？"其实，这是一种错误的直觉。我们应该问："谁应该做这份工作，并且要比较一下此人在做其他工作时的生产力如何，同时也要比较一下其他可能做这份工作的人，以及他们在其他工作中的生产力。"从理论上来看，竞争市场会自动进行相关计算。这一主张是造成经济学家被完全竞争市场"迷惑"的主要原因——这就是本书第三部的主题。

专业化与能力

个人间的交易是可能让双方都受益的。因为我们可以从专业化与能力差异中获益，这样做更能强化彼此的能力。与生俱来的才能让布拉克作画、卢斯掌厨。训练和经验又让这些才能更加精湛。

企业间的交易也是基于同样的道理——从专业化与能力差异中获益。现代企业以能力差异和专业化为基础，扩大了个人间进行交易的经济利益。放款业务发展成银行业，铁匠变成了钢铁工人。企业不仅将本身专业化，还给员工提供在具体岗位上寻求专业化的机会。亚当·斯密的知名例子——大头针工厂，[①]就描述了在商业组织内分工的“新奇”发展。如果每个人专注于单一作业，那么团队就能生产出更多大头针。这种做法比每个人从原料到成品一手包办的产量要高很多。

在现代企业史的初期阶段，企业组织大多由专业化所主导。大企业出现于规模经济可衍生出分工的活动中（例如，亚当·斯密所提的大头针工厂），或需要许多个人的特殊专长协力合作的活动中（例如，铁路公司和石油公司）。蒸汽动力的发明刺激着纺织业由小工厂变成大型工厂组织，因为引擎提供的动力可以让许多织布机同时运作。大型工厂组织又促成许多技术创新。这对技术和制度的共同演变来说，是一个特别重要的实例。

一般认为，从专业化获得的利益是无限的。19世纪末期的情况似乎是这样，全球各区域的各大产业由一家大企业所支配，而这当然是约翰·洛克菲勒（John Rockefeller）这类企业领袖的意图。在美国，标准石油公司（Standard Oil）、美国钢铁公司（US Steel）和美国烟草公司（American Tobacco）就各自支配着所属产品的市场。

经济势力以托拉斯的方式集中，加上对政治权力集中的不安，因此引起了反弹。1890年通过的谢尔曼法案（Sherman Act），禁止美国的任何行业获得独占权。当自以为是且支持企业的美国前总统威廉·麦金莱（William McKinley）在1901年被无政府主义者刺杀后，西奥多·罗斯福（Theodore Roosevelt）继任总统，

① “第一人抽铁丝，第二人将铁丝打直，第三人切割，第四人削尖，第五人碾磨。”——摘自亚当·斯密于1976年的著作《国富论》，14页。

开始攻击美国托拉斯企业的势力。标准石油公司和美国烟草公司先后破产。

这是现代市场经济发展的重大时刻。全球各国再也没有出现过对庞大企业进行如此猛烈的抨击。美国钢铁公司并未受到打击，只是在20世纪历经了一段缓慢且持续的衰退。

在任何行业发展成主导者的企业，总会发现自己的野心要遭到检验。美国政府利用反托拉斯法（Antitrust Legislation），对电信独占企业AT&T、IBM，以及微软公司展开了诉讼。全球最大的经济体对其市场结构采取以多元主义为主的态度，摒弃独占。

欧洲企业当然比较多元化，因为欧洲可没有美国这样的国家存在。但是帝国烟草（Imperial Tobacco）、帝国化学公司（Imperial Chemical Industries）和德国法本化学信托公司（I.G. Farben Industries）在其所属势力范围中，也有同样的野心。他们的野心可从这些公司所采用的名号中窥出一二。这些企业后来纷纷在所属行业中独占鳌头，但也被随后制定的政策所控制。

英国在1948年首度采用竞争政策。[①]与此同时，在德国和日本，联军势力瓦解了集中的产业结构。欧盟创办者很清楚，竞争和多元主义才是经济整合的基础，合并（consolidation）并不是整合的基础。

罗马条约（Rome Treaty）明确规定，在1964年建立共同市场（Common Market），条约中还包含许多关于这方面的其他条款。特别是第81条和第82条，就禁止破坏竞争或滥用支配地位。1989年，委员会获得特殊的权力去阻止欧洲的合并案。2001年，对美国最大企业通用电气公司的领土扩张野心进行检验的，就是欧盟，而不是美国政府。

但这不只是一种预防垄断的政府行动，因为过度分工本身会对组织带来

①根据1948年通过的法案，成立独占委员会。法案范围扩大到1956年的卡特尔组织（cartel、意指同业联合）及1965年的合并。

损害。福特汽车公司是专业化的典型。在 1908 ~ 1927 年间，1500 万辆 T 型福特汽车从底特律的福特工厂下线。在亚当·斯密的大头针工厂，装配线将分工发挥到极致，个别工作者只需要负责单一作业即可。但是，福特汽车公司却过度大量生产。后来，福特汽车公司就被提供顾客选择颜色和各种车款的通用汽车公司所超越。装配线工作的单调本质意味着，想要利用这种方式运作的人，完全以工具为出发点，劳力纷争是常有的事，而且没人关注成品品质。在 20 世纪 50 年代，专业化已经让美国汽车产业变成了三大效能企业之一，但这却是集中化与专业化的顶点。一个能提供更好品质与更多样化产品的竞争企业，已稳定地瓜分了市场领导者的市场占有率。[①]

竞争优势

企业通过专业化分工的优势而存在。但如果企业一味只强调规模和专业分工，那么它从专业化获得的利益大多也将被耗尽。现在，产业结构是以企业能力的差异为基础的。

可口可乐公司就是由独特能力获得成功的主要实例——一位亚特兰大药剂师于 1890 年申请专利的糖浆配方，[②]迄今仍是一个秘密。可口可乐公司通过全球装瓶业者与经销商的网络，充分利用分工。而且更重要的是，该公司发展出令人印象深刻的营销组织，以持续维护这一全球知名品牌。

---

① 20 世纪 50 年代期间，福特汽车公司、通用汽车公司和克莱斯勒汽车公司（Chrysler）所生产的汽车数量占全球一半：奔驰汽车公司（Mercedes）收购克莱斯勒汽车公司前，这个数字已经下降到 1/3。

②这位亚特兰大药剂师就是约翰·潘博顿（John Pemberton），后来他把事业卖给钱德勒（Asa Griggs Chandler）。在 1916 年出任亚特兰大市长前，钱德勒利用广大的配销通路和积极的广告手法，执掌可口可乐公司长达 25 年。

通用电气公司就是发明天才托马斯·爱迪生（Thomas Edison）的工具。爱迪生发现电力可用于许多用途中，用途之广远远超乎人们的想象。但是，通用电气公司却是借由发展出比任何企业更为强势的管理能力，才赢得现有地位的。

这些能力——可口可乐的配方和营销资源、通用电气公司的管理方法，跟布拉克的绘画天赋，以及卢斯的烹调天赋很是类似。[①]

当今的汽车业展现出20多家汽车制造商的不同能力。奔驰汽车公司（Mercedes）和宝马汽车公司（BMW）在设计高级轿车上都达到了高标准。现代汽车公司（Hyundai）则因为工厂设在人力资本和材料成本都很低的韩国而受益。丰田汽车在零件可靠性上有杰出表现，与外包商的密切关系更缩短了其推出新车款的周期。

其他产业的企业也依据本身不同的能力，建立起了不同的竞争优势。万宝龙（Mont Blanc）和麦当劳（McDonald's）是和可口可乐一样的知名品牌。连锁饭店、法律和会计实务，也都仰赖以名称和商誉为主的独特能力。有些企业，如玛莎百货（Marks & Spencer）和贝纳通服饰（Benetton），已从与供应商关系结构的独特能力中创造出竞争优势。

通常，创新的竞争优势是短暂的，因为成功的创新很容易被复制。但是有些企业，例如，默克药厂（Merck）和葛兰素药厂（Glaxo），就能合法保护本身的创新。其他企业已经产生一连串的创新结构，索尼公司就是这样。该公司拥有极佳商誉，不论推出哪种商品上市，从晶体管收音机到随身听，后来又推出游戏机，都能赢得顾客的青睐。

---

①有关竞争优势与企业能力之间的关系，详见凯伊于1993年的著作《企业成功的基础——企业策略如何增加价值》（*Foundations of Corporate Success:How Business Strategies Add Value*）。

默克药厂和葛兰素药厂针对知识产权所获得的合法保障，也赋予其他企业拥有强势策略资产，例如，微软在作业系统、MS-DOS、图形使用者界面、视窗软件（Windows）的版权。企业有各式各样的能力，并可作为企业交易互惠的基础。就如同个人能力的差异，为布拉克与卢斯的交易提供基础一样。

国际贸易

依据专业化及能力差异而形成的经济制度，是个人与个人、企业与企业交易互惠的主导因素。而且，这也是引发国与国之间交易互惠的主导因素。企业之间的交易曾经以专业化的利益为主，现在则主要跟能力差异有关。国与国之间的交易似乎以相反的方向发展。

李嘉图在 19 世纪初期对国际贸易的分析，就强调了能力方面的差异。早期贸易流动受气候与自然资源的影响较大。李嘉图就解释了为何用葡萄牙的葡萄酒交换英国兰开郡的纺织品——葡萄牙当地阳光普照，可让葡萄成熟，而英国兰开郡当地气候潮湿，可避免纺织品的纤维断裂。[①]

有些现代交易仍旧是这样。拥有石油和矿产等自然资源的国家，把这类资源卖给缺少此类资源的国家。土壤与气候的差异影响农作物，以及其他农产品的生产。

但是，许多富裕国家一直不愿意依赖这类交易。美国情愿花大笔的钱，来开采阿拉斯加和北海地区的石油。欧盟宁可付钱给斯凡的农场，而不愿向加拿大进口价格更便宜的小麦。

各国之间的专业化已经比固有能力的差异更重要。目前，大多数国际贸

---

①此例引述自李嘉图于 1817 年的著作《政治经济的原则》（*Principles of Political Economy*）。

易变成了发达国家所制造的物品的交易，尤其是从第二次世界大战以来，这类贸易呈戏剧性的增长趋势。第三章介绍的19个富裕国家，这些国家之间的贸易额几乎占全球贸易总额的1/6，而这些富裕国家与贫穷国家间的贸易额还不到全球贸易额的1/4。这类贸易所交易的产品，大多是其他富裕国家有能力制造的产品。

国与国之间的交易同个人之间的交易一样，也是为了强化彼此的能力差异与专业化而产生的。现今，各个国家的能力差异、资源差异和其他自然因素的关连并不大——资源差异和自然因素已经年累月地嵌入到所属文化中。全球最具生产力的经济体——瑞士，就仰赖精密工程和化学制品的出口，这部分出口占总出口的60%，也占总产出的1/4。

这跟瑞士的气候或地形无关，也跟瑞士是否比较容易取得工程和化工产品的原料无关。在共同演变的另一个过程中，能力和专业化已经彼此强化。在一个世纪前，瑞士企业几乎是在意外状况下做的这个选择，已经对瑞士现今的产业结构产生了重大影响。瑞士的教育制度也影响到专业化的选择。海蒂和她的祖先都接受基本的算数技能，即使日后要到生产和装配线工作的技校学生也一样。这项制度更进一步地发展，以应对瑞士企业的需求。

由于彼此强化能力和专业化是仰赖以往的选择，所以那些被遗忘或与目前无关的历史事件，仍会影响到现今的生产地点。20世纪20年代，电影制片商纷纷前往阳光灿烂的加利福尼亚州南部，但现在，电影不再局限在加利福尼亚州拍摄，但好莱坞依旧是全球电影的工业中心。基于英国以往辉煌的海上贸易，伦敦迄今仍是船舶经纪与海上保险的市场。邻近斯坦福大学和施乐公司（Xerox）的研究设施，让硅谷成为了国际软件产业的中心。①

①波特于1990年的著作《国家竞争优势》（*The Competitive Advantage of Nations*），让一世纪前的经济学家马歇尔强调的产业“群聚”，再度普及。

国家和地区的竞争优势是以企业与个人的竞争优势为基础的。在瑞士，各企业在所属行业都具有竞争优势——所有企业的共同竞争优势，是以受过良好教育、且训练有素的瑞士工作者所享有的竞争优势为基础的。硅谷的情况也一样。不管在瑞士或在硅谷，通过知识、经验与人员的正式与非正式分享，而强化企业间的地理邻近性。好莱坞和伦敦的情况则比较复杂。那里都有利用同样的精英人才资源相互竞争，也彼此合作的企业。但是，好莱坞和伦敦本身也是市场所在，这也是另一种竞争优势。这就是为何即使客观基础已经消失，而历史地点仍旧如此重要的原因。

借由专业化，以及充分利用个人、组织、地理区域、国家的不同能力，让人们从交易中获利。同样的原则也适用于人员与企业、区域与国家之间的分工。但是，有一项例外，那就是地域概念是存在的，人们拥有不同的权利和价值观，而这些跟原本的经济功能无关。企业只为了经济功能而存在，如果企业没有经济功能，就没有理由存在。所以，家庭和国家必须做自己最擅长的事，不管是否比其他家庭和国家做得更好。

因此，我们在提到个人与国家，以及企业的竞争优势时，比较利益是相对的，而竞争优势是绝对的。生产和交换被以专业化和能力差异的优势为主的分工所支配，但是，生产和交换本身并非目的所在，其目的是要满足消费者的需求。我在下一章会说明，经济制度如何找出消费者想要什么。

第七章 分配

一个在普罗旺斯亚尔市租房的荷兰年轻男子，是众多被法国南部阳光和美景所吸引的艺术家之一。这位画家深受抑郁症所苦，被送到北边靠近巴黎近郊奥薇小镇（Auvers-sur-Oise），由保罗·嘉舍（Paul Gachet）医师负责治疗。这个人就是著名画家文森特·梵高（Vincent van Gogh）。《嘉舍医生的画像》（*Portrait of Dr. Gachet*）就创作于此期间。[①]

梵高过世后，他的弟妹将《嘉舍医生的画像》卖出。[②]后来，这幅画作在1990年以8250万美元卖出，创下艺术品最高拍卖价。[③]在上一章，我把稀有资源在不同竞争意图间分配的第一部分视为生产和交换的问题，本章要查看第二部分——由生产和交易所产生的物品和服务，如何分配给个人与家庭。

嘉舍医生的画像的例子所要说的，就是以最简单、最地道的形态来分配

①有关《嘉舍医生的画像》叙述，以萨兹曼（Cynthia Saltzman）于1999年的著作《嘉舍医师的画像》（*Portrait of Dr. Gachet: The Story of a van Gogh Masterpiece, Modernism, Money, Collectors, Dealers, Taste, Greed, and Loss*）为主。

②梵高之弟西奥（Theo）是一位艺术经纪人，但在梵高死后不久也相继去世，梵高的弟妹才是真正将《嘉舍医生的画像》卖出者，这幅画作首度于1896年以225法郎卖出。

③2002年6月，鲁本斯（Rubens）的画作《屠杀无辜者》（*The Massacre of the Innocents*）在伦敦以4950万英镑售出。以英镑来说，这是一笔相当庞大的金额，但以美元售价的画作来说，这笔金额并未缔造画作天价。

稀有资源的经济问题。这幅画作是无可比拟，且独一无二的（虽然梵高画了两幅嘉舍医生的画像，但是另一幅被认为是较差的画作，现存于巴黎奥赛美术馆）。[①]以这个例子来看，稀有资源只有一个，但却有许多竞争意图存在。几乎全球每家画廊和每位艺术收藏家，都想收藏这幅画作，而且许多人会提出自己这样做的有力证据。

荷兰阿姆斯特丹的梵高博物馆（Gogh Museum）收藏了梵高的大部分画作，在这里，游客可以了解到梵高的绘画天赋及其绘画艺术的发展历程。纽约大都会博物馆（Metropolitan Museum）和巴黎奥赛美术馆（Musee d'Orsay）也收藏了大量与梵高同时期的伟大画家的画作。梵高的成就跟他所处的历史时期有关。或许，《嘉舍医生的画像》应该挂在没有大师之作的乡下地区或贫穷国家的博物馆里。

我们应该如何评估私人收藏家与那些公立画廊的主张？如果没有私人赞助，艺术就不会兴盛。世上存在的优秀艺术，远比公立画廊中的艺术品要多得多。这些机构都有地下室，以保管目前不流行的艺术品。不过，还是有一派强势主张认为，伟大的画作应该公开展示，而不是归私人所有。

目前，《嘉舍医生的画像》为私人收藏家所有，而且已经消失无踪。最近在波士顿的展览，奥赛美术馆和梵高博物馆特别在嘉舍医生对绘画和画家的喜爱，以及他与梵高之间的关系上多所着墨。奥赛美术馆拥有的另一幅《嘉舍医生的画像》，放在展场中央位置。但是，全球最有价值的画作并未出现在此次展览中。

国家所有权也没有在这个故事中出现。梵高的天赋在他有生之年，或是

①艺术史学家路易斯·安腓烈（Louis Anfray）断言，奥赛美术馆的那幅《嘉舍医生的画像》是由另一位画家绘制的复制品，详见兰达斯（Landais）于1999年的著作《*L'Affaire Gachet L'audace des bandits*》。

死后几年内并未受到认可——他的画作就这样摆在公立画廊的地下室，一摆就是几十年。他的作品之所以受到保存，只是因为他弟妹独具慧眼，认为这些画作具有商业价值。

私人收藏家最先发现梵高的天赋，而且由于这些私人收藏家的慷慨，大多数梵高画作都已捐赠给公家收藏。《嘉舍医生的画像》就由法兰克福当地的企业人士捐赠给了施泰德博物馆（Stadel Museum）。现在这幅画作无法公开展示的原因是，德国政府在当时就把这幅画处理掉了。

《嘉舍医生的画像》被纳粹政府谴责为颓废艺术，最后被帝国大元帅赫尔曼·戈林（Hermann Gelin）卖掉，还把卖掉的收入中饱私囊。幸好，有毒瘾也喜欢收藏织锦画的戈林把这幅画作卖给了一位私人收藏家——西格弗里德·克拉玛斯基（Siegfried Kramarsky）。讽刺的是，克拉玛斯基是犹太难民。克拉玛斯基过世后，他的家族请佳士得拍卖公司（Christie's）拍卖这幅画作。

这幅画作在拍卖场创下了天价，众人的目光集中在两个人身上：佳士得公司的苏黎世代表正在用电话联系的一名欧洲竞标者和一名日本艺术经纪人。欧洲竞标者（可能是希腊船运大亨）出价 7400 万美元，这是他愿意出的最高价格。最后，这幅画作被那名日本竞标者以 7500 万美元得标（买家还要支付成交金额 10% 的保险费，因此总价为 8250 万美元）。

分配的机制

把稀有资源（比如《嘉舍医生的画像》）在不同竞争意图间分配的过程，并未涉及这些竞争意图的调查。我们只是知道，日本经纪人代表的纸业大王齐藤先生（Saito），最后出高价标得了画作。但是我们不知道，其他未得标者的意图，甚至在大多数情况下，我们连他们是谁都不知道。

分配的另一种替代方式是，询问一些细节问题。公立画廊可能被要求公开其计划，私人收藏家则会说明他们为何特别适合拥有这幅画作。这样看来，或许有成立国际艺术委员会的必要，好对这些主张进行比较与评估。可是，我们不会用这种方式来分配艺术或其他宝贵物品。但是，我们会用这种程序来分配国际体育赛事。

国际足球联合会（FIFA）的24位执行委员，要开会决定2006年世界足球杯的举办地点。他们以12票对11票的票数结果，决定了德国胜出、南非落败。原本预期支持南非的新西兰代表查尔斯·邓普西（Charles Dempsey），并未参与投票。如果当初票数相等，主席约瑟夫·布拉特（Joseph Blatter）就可能把票投给南非。

邓普西最后为何这样做，迄今大家仍不清楚。他提到自己承受巨大压力，一周后随即辞职。虽然布拉特受到各方挞伐，更成为贿赂事件的主角。但后来证明，“投票给德国的执行委员就能拿到钱的信函”根本是一场恶作剧。①

在哪里举办世界杯足球赛，是一个政治决定；在哪里悬挂《嘉舍医生的画像》，则是由市场做决定。在哪里举办世界杯足球赛，是由不同人表达不同意见的过程来决定；在哪里悬挂《嘉舍医生的画像》，则是由一个退场过程做决定——过程中没有争辩、没有讨论，拍卖也会持续进行到其他竞标者都退场，直到剩下一位竞标者在拍卖场为止。在哪里举办世界杯足球赛，是由一个民主过程（某种程度上来说）做决定；在哪里悬挂《嘉舍医生的画像》，则是由许多人和许多机构的各自决定来决定，只是最后有人判断出，其他人无法或不希望以8250万美元的价格标到这幅画。在哪里举办世界杯足球赛，取决于像布拉特先生和邓普西先生等知名人士所做的决定，具有个人化的色

①欧文（Owen）于2002年5月28日《金融时报》撰文《体坛动态——四强争夺2002年世界杯足球赛主办权》（*Business of Sport:World Cup 2002: Cries of Foul Right up to the Final Whistle*）。

彩；在哪里悬挂《嘉舍医生的画像》却是一项匿名的决定。我们知道拍卖师是克里斯托弗·柏格（Christopher Burge），但这个人在拍卖过程中，并未扮演重要角色。我们知道谁是最后的得标者，虽然他并不在场，而且我们之所以得知此人，是因为他选择公开宣布姓名。但我们不知道其他参与竞标者是谁。

这两种形态的分配机制，界定了经济制度中物品可被分配的方式。一种形态是政治的、阶级式的、具个人色彩的，抱怨机制是发表意见；另一项形态是以市场为主、分权式的、匿名的，抱怨机制是退场。

这些做法各有利弊。有些人把市场的匿名性视为一种美德，其他人则诘责市场力量的非人格性（impersonality）。这两种过程都容易受到贿赂行为的影响——各种国际运动团体的某些贪污行径就不必多说；竞标者在拍卖场外聚集、分配拍卖商品编号，这种场外拍卖的事也屡见不鲜。《嘉舍医生的画像》拍卖10年后，苏富比（Sotheby）拍卖公司主席就因为非法议价入狱。佳士得拍卖公司的主席因为担心被捕，从此不敢入境美国。

"各尽所能，各取所需。"这个传统社会主义的口号，道出了所有经济制度的目标。[①]这种条件告诉我们，任何经济制度必须解决信息与诱因的双重问题。"诱因相容"（incentive compatibility）的问题，就是如何取得做出生产和分配决定的所需信息的问题。市场机制和政治机制是以截然不同的方式来处理诱因相容问题的。

计划经济中的诱因相容

要在不同竞争意图间分配稀有资源，就必须评估企业具备什么条件——可能生产什么？可能的需求是什么？还要评估企业的要求与消费者的需求。

①马克思于1875年的著作《资本论》（*Capital*），12页。

但是，这些信息几乎都必须从竞争意图的不同支持者中取得。

如何说服他们努力评估并正确地透露信息？大多数人是诚实的善心人士，如果你向他们询问，他们就会提供信息。但是，他们可能发现，这样做未必对自己有利。如果目标已经设定，而资源是依照所透露的信息来分配，那么对可能性做保守估计，对需求做最坏打算，对所产生的利益抱持乐观态度，这样做可能最好。但是，获得信息者会知道，究竟发生了什么事，并依此调整期望。在社会主义经济体中，这个过程就是知名的“计划交涉”（plan bargaining）。

每个希望主办2006年世界杯足球赛的国家的提案，都会肆无忌惮的宣传。正如同提交给大企业资深经理人的投资评估总是充满乐观看法，而公用事业呈交给管理者的运营计划，却总是抱持悲观看法。国际足球联合会执行委员会希望，先到这些争取主办的国家进行视察，同时也接受奢侈的款待。难怪只有一些委员能从这些烟酒款待中，勉强找出让他们做出反对意见的信息。但有些委员却很难做到这点。

取得规划生产所需的信息，也会遇到类似问题。历史上从没有哪个国家像前苏联那样，提供这么广大范围的奖励与惩罚，从特权人士（nomenklatura）到古拉格（Gulag）集中营。前苏联的经济问题并不是缺乏诱因——遵守中央命令的诱因很强，而在于，社会经济计划者没有适当可做为指导生产单位基础的信息。

前苏联经济失败的原因，以信息问题和诱因问题为甚，其中信息问题更为重要。如果有权势的国家能正确测定各方面的能力与需求，就能依据能力加强生产，并依据需求去分配。这是前苏联追求的目标，也是其无法做到的目标。

“计划交涉”虽然是前苏联当地特有的做法，但并不局限于前苏联。在任何计划经济制度中，都能发现“计划交涉”。例如，对事业法规、公用事业的控制，对大型私有企业的管理，都能找到"计划交涉"。当政府为学校和医院制定目标时，也会面临同样的问题：决定适当目标所需的信息，掌握在学校人员和医院人员手上，而不是掌握在政府部门的人员手上。

列宁声称自己已经找到解决这个问题的答案——"掌握有决定性的关联。"[①]由于完全掌控制度所需信息的范围极其广大，又不可能取得，所以中央政府必须专注在一些想象的关键变量上。但是，这些变量会受制于"古德哈特定律"（Goodhart's Law）[②]——被判定为目标的任何评量，其本身的原义就会因此改变。举例如下。

如果以等候手术的时间超过12个月的数目来评估医院，那么这个数字就可能减少，但是提供给病人的服务是好是坏，就是另一个问题；如果企业主管获得的奖金跟每股盈余有关，那么每股盈余就会增加，但是企业是否更好、更有价值，就另当别论。

这些过程的必然结果是目标的激增。这种情况会变得令人困惑而不一致，也会损害参与计划者的权威和士气。那么，市场能更妥善管理诱因相容的问题吗?

市场经济中的诱因相容

唯有在有代价的情况下，人们才会诚实地表达个人偏好。我们就是这样处理家庭和企业问题的。有些小孩看到什么就要什么，要不到东西就哭成泪

①科尔奈（Kornai）于1992年的著作《社会主义制度》（*The Socialist System*），第七章。

②"一旦在控制意图上加诸压力，任何观察统计规律都有可能瓦解。"详见查尔斯·古哈特（Charles Goodhart）于1984年的著作《货币理论与实务——以英国为例》（*Monetary Theory and Practice: The UK Experience*），96页。

人儿。组织里总有人认为自己的要求才是既紧急又必要的，但领导者却不重视他们的主张和抗议，反而重视鲜少表达需求者的意见。

当我们获取有关偏好、需求和能力的主观信息时，总会有一些价格和成本的机制出现。从人际关系来看，这些代价总是不用明说的。我们放下自己的工作，去帮助同事完成紧急项目，但我们不会期望马上得到报酬。但是双方都了解，彼此都必须付出代价，这只是个时间问题。如果我们累积的善心，一再地付出而不求回报，最后我们的善心就会耗尽。

当我跟朋友说，我亟需某样东西时，他们会把自己的需求往后延，让我先满足这一需求。但是，如果这种事一再出现，别人就不会加以重视。这些不用明说的代价，对个人生活和商业生活都很重要。这就是所谓的机会成本——要做某件事的代价就是，做其他事会更困难。

在彼此经常交涉且互相了解的小团体间——朋友、家庭成员、同事、西赛罗的村民等，资源分配通过这些不用明说的价格机制发生。当人们在这些封闭社群以外交易，市场交换就有必要存在。我们比较了解亲友的实际需求，而不太清楚我们根本不认识的人的需求。

市场交换允许更长的需求链存在。如果我需要找一位水管工人，但没有和他交换的商品，我唯一能付给他的就是教他经济学，我就必须找一个想上经济学的水管工人，我得等上好长的时间，才能找到人修好一直滴水的水笼头。所以，这件事协商起来可能很复杂。但有了钱或某些象征形态，需要的巧合性就能被扩大为必要。

每当经济生活扩大到彼此互动的小社群外，金钱和代价就会出现。像西赛罗的村落或许不需要以正式方式记账，但更大的社群就需要金钱往来纪录；像斯凡和英格丽工作的农场，这种小事业单位只需会计师跟银行和税务局交涉，而大企业就需要清晰明了的账目做内部控制和对外呈报。金钱扮演着交换媒介、价值储存，以及计价单位的角色。

这些功能规定了货币的特性。[①]金钱必须定义明确——关于债务是否已经付清，应该没有争辩的余地。而且，相对于体积和重量，金钱必须拥有高价值，否则就很难随身携带。在传统社会中，许多物品就符合这些标准。有些部落把螺贝当成货币使用。但是，我们常发现，稀有金属和装饰性金属，比如金和银，最符合这些条件。在集中营里，这些东西都无法取得，香烟就变成了交易媒介和计价单位。在金钱首度出现后，人们经过很长一段时间才领悟到，提供黄金或银的可靠约定，比如钞票，会比金属更容易携带。我会在第十三章详述这项发现的关联性。

政治上的策略行为

国际足球联合会经过一系列的投票，在最后一次投票时，把2006年世界杯足球赛的举办权给了德国，其他三个竞争国家则被排除在外。投票机制的设计很复杂，投票者可复选。在2002年法国总统大选时，现任总统雅克·希拉克(Jacques Chirac)在第一轮只以20%的选票领先；极右派参选人让·马利·勒庞（Jean-Marie Le Pen）获得17%的选票；社会党党员兼总理利昂内尔·若斯潘（Lionel Jospin）获得的选票稍少，无法参选最后一轮投票。在最后一轮投票中，勒庞并未取得额外的支持，而希拉克以82%的选票获胜。如果其他左派支持者在第一回合就支持若斯潘，他就可能被列为第二轮投票候选人，也可能击败希拉克。

可以说，我们在表达自己真正的偏好时未必明智。但是，要进行有策略的投票，我们就必须推测别人的偏好，同时还要推测本身的策略行为。投

①詹姆斯·布肯（James Buchan）1997年的著作《冻结的欲望——质询金钱的意义》（*Frozen Desire: An Enquiry into the Meaning of Money*），对货币的演变史提供有趣的解说。德尔玛(Alexander Del Mar）于1895年的著作《货币制度史》（*History of Monetary Systems*）也有详尽的说明。

票机制本身就存在诱因相容的问题。200年前，法国数学家兼哲学家康多塞（Marquis de Condorcet）就提出，以不一致的提议就能轻易地召集大多数人。亚罗与吉拉德·德布鲁（Gerard Debreu）把这项观察归纳成了“不可能定理”（Impossibility Theorem）——没有哪一个投票机制能从有关社会应如何组成的对立意见中，得到一致的社会偏好。①

目前定居于加利福尼亚州的亚罗，一定在灯光明灭之间认清了不可能定理的实际力量。加利福尼亚州在2000年及2001年曾发生大停电，就是因为没有投票制度可阻止加利福尼亚州选民在要求低电价、不设立新发电厂的同时，电力需求却在持续增加。

这并不表示政治是令人无法忍受的，而是表示政治的选择有时是矛盾且不一致的。所以，我们不只拥有，而且也需要各式各样的设计，并通过这些设计做出政策决定——精明的讨价还价与合作互助，以及在某件事情上让步，以获得在其他事情上的支持。

市场中的策略行为

不过，市场机制也遇到类似的问题。英国政府在1993年拍卖电视特许权时，中央电视台（Central Television）以2000英镑取得了在伯明翰和西米德兰

①最初的“投票吊诡现象”（voting paradox）详见法国启蒙运动时期数学家兼哲学家康多塞于1785年的论文《论数学分析应用于多数决之几率问题》（*Essai sur l'application de l'analyse a la probabilite des decisions rendues a la pluralite des vois*），以及布莱克（Duncan Black）于1958年的著作《委员会与选举的理论》（*The Theory of Committees and Elections*）。亚罗的定理最初在其于1951年的著作《社会选择与个人价值观》中（*Social Choice and Individual Values*）提出。另见森（Amartyr K. Sen）于1970年的著作《集体选择与社会福利》（*Collective Choice and Social Wealth*）所提出的调查。

兹郡（West Midlands）播出节目的特权。当时，中央电视台并不认为这个特权价值2000英镑。但事实上，这个特权的价值远超过2000英镑。中央电视台取得特权的消息公开后，该公司的价值就飙涨。中央电视台猜得没错，当时根本没有其他竞标对手。

假设当时有另一位竞标者得知中央电视台的计划，而且不把消息透露出去。这位竞标者可能会以5000英镑得标。在竞标时，你不仅要考虑本身的估价，也要考虑其他竞标者的出价。竞标过程会变成一场游戏，出价和潜在价值之间只有薄弱的关系。

不过，这一过程中有一个变量，即出价时最好符合原先的估价。拍卖行会审查所有出价，只留下出价最高者和次高者，然后再进行一次出价，以出价最高者得标。在这种拍卖方式中，你认为物品有多少价值，就出多少价钱。比如，你认为某拍卖品价值100英镑，如果你出价80英镑，且为最高价，那么你就能得标；如果其他人出价110英镑，你就无法得标，反正你也不想付110英镑得标。

花一点时间，用笔和纸计算一下，你就知道，只要估价正确，你就不会损失。但是，一旦估价错误，你就可能会蒙受损失。在竞标程序中，你要孤军奋战，最后一次竞标具有诱因相容的特性——无法从策略行为中得到好处。

这种拍卖机制听起来很难懂，也很理论化。这项机制是由针对此问题和类似问题进行研究分析，并因此而获得诺贝尔经济学奖的美国经济学家威廉·维克里（William Vickrey）于1996年提出来的。不过，就本质上来看，维克里的结构是用于决定拍卖时的分配机制。

例如，克拉玛斯基家族于1990年售出《嘉舍医生的画像》时，就可使用此机制。我们不知道以日本经纪商为代表的纸业大亨齐藤先生，愿意出价多少钱，而佳士得拍卖公司的代表对此也不知情。我们只知道，出价第二高者愿意出价7400万美元，齐藤先生最后加价100多万美元得标。

乍看之下，好像佳士得先生和苏富比先生都碰巧发现了维克里关于拍卖方式的这一设计，但事实却不然。佳士得和苏富比是老字号拍卖场的继承人，这些拍卖场多年来尝试过各种拍卖规则，放弃了某些规则，同时也发展了其他规则。社会制度和经济制度都具有适应性——比较适合的制度会取代比较不适合的制度。有关市场经济制度的选择已经做出，但不是由任何人的理性决定，而是由通过不断摸索的历史演变来做出的。佳士得先生与苏富比先生在为拍卖场制定规则时，从未听过“诱因相容”——他们的继承人也没听过此事。他们从经年累月的经验中，发展出最能让顾客满意的规则。这些适应与共同演变的过程，在我们探查市场真相时会一再地重复。

市场能发挥功效吗

从某方面来看，拍卖《嘉舍医生的画像》产生了正确答案。竞标者诚实透露他们对画作价值的评估，拍卖品由出价最高者标得。但实际上，这种分配机制并未解决杨森教授提出的基本经济问题——稀有资源在不同竞争意图间的分配。

齐藤先生买下这幅画作后，直到过世前，都将画作存放在一个保安设施严密的仓库里。我们不知道齐藤先生为什么要买下这幅画，也不知道为什么他买下这幅画后，又在苏富比拍卖公司以7850万美元买下了雷诺阿（Renoir）的《煎饼磨坊的舞会》（*Ball at the Moulin de la Galette*）。齐藤先生先后购买的这两幅名画，缔造了艺术品单价第一高与第二高的天价。或许他错误地希望《嘉舍医生的画像》会增值，或许他能从拥有大师名作或全球最有价值的画作中得到满足。不过，这种满足感并非基于他本人、他的亲朋好友或其他任何人观赏画作而来。

如果齐藤先生是对全人类有贡献的伟大捐赠者——如果他曾设计出个人电

脑的作业系统，或者他曾发明出一种意义重大的新药——我们可能觉得，不管他的希望有多么离经叛道，总是有一个得到世界名画的合理理由。这幅画也许能代表一个奖励，鼓励大家有类似的成就。但是，齐藤先生是一位平凡的日本实业家，差一点就把从父亲那继承的公司搞破产，后来还因为贪污被判入狱。《嘉舍医生的画像》被一位自负、愚蠢，但却相当有钱的人给买走了。

政治机制和市场机制在不同时期都决定着《嘉舍医生的画像》的命运。不过，这两个机制并没有运作得很好。政治意见要求，这幅画作不能再悬挂在施泰德博物馆的墙上，而且这可能是当时大多数人的看法。纳粹的行径很极端，但是在艺术上，政治权威一直对多元主义造成威胁。

在宗教改革运动之前，罗马天主教教会运用权势，掌控了绘画的风格与属性。现在，艺术行政当局运用权力，分配津贴给人文学科和画廊。[①]乔安娜·梵高·柏格（Joanna Gogh Bonger）对她大伯子作品的投机，让梵高的天赋受到世人的瞩目——没有哪一个中央当局能做到，或可能做到这样。但是，市场力量在把稀少资源分配给不同竞争意图时，却做得很差劲，《嘉舍医生的画像》竟然被送到东京近郊一个禁止出入的仓库里。

我们无法以优先顺序为基础，在不同的经济制度之间做选择。社会经济计划者和社会民主主义者认为，唯有政治机制才能产生均衡的解决方案和合理的结果。对双方来说，《嘉舍医生的画像》必须解释清楚的疑虑还多着呢。在政治决定容忍诱因相容的情况下，可能不只为分配问题产生错误的解答，也可能损害到政治决定本身的完整性。市场分配的结果取决于所属市场的财产和其他资源的起源与合法性。在后两章的内容里，我把政治方向与市场力量的其他层面，视为在不同竞争意图间分配稀有资源的机制。

---

①有关对于主导英国艺术的“塞洛塔党派”（Serota clique）的再三抨击，详见席威尔（Brain Sewell）于1994年的著作《引发口角的评论》（*The Reviews that Caused the Rumpus*）。

第八章　中央计划经济

尼基塔·赫鲁晓夫(Nikita Khrushchev)是前苏联共产党中央委员会总书记，也是最有权势的人。约瑟夫·斯大林（Joseph Stalin）死后，赫鲁晓夫开始推动自由化。赫鲁晓夫访问美国更是具有重大意义的行为。在参观美国某家超市时，赫鲁晓夫吓呆了，直到回家时还认为，超市货架上的商品一定是为了他们的来访，才特意摆上去的。①

不过，爱荷华州之旅对赫鲁晓夫的影响很大。赫鲁晓夫长久以来对玉米有种狂热，当他还是年轻官员时，就因为提高玉米的产量而大受好评。美国大草原是全球玉米的最大产地，一望无际的茂密田地是无法造假的。赫鲁晓夫回到莫斯科后，确信种植玉米就是苏俄农业的未来。但是，这个实验并未成功。玉米的产量大大降低，紧随其后的经济低迷，更是赫鲁晓夫政权在5年后被推翻的原因之一。②

赫鲁晓夫的这一决定虽然不明智，但并不荒谬。他只是犯了一个错误。

---

①这两周的访问充满意外，也备受争议，但却让赫鲁晓夫在国内外的声名大增（尤其是在国外的名声大噪），详见瑙姆·杰斯尼（Naum Jasny）于1965年的著作《赫鲁晓夫的农作物政策》（*Khrushchev's Crop Policy*），斯道伯·塔尔博特（Strobe Talbott）于1971年的著作《赫鲁晓夫记得》（*Khrushchev Remembers*）。

②杰弗里·霍斯金（Geoffrey Hosking）于1992年的著作《苏联史》（*A History of the Soviet Union*），358-359页。

在乌克兰，玉米并不是比小麦更适合栽种的植物。企业人士也常常犯这种错误。不过，这一错误却让整个局势陷入了灾难之中。决策的过程被集中化和个人化，但决策结果却被大规模地执行。那些要报告成果的人并不希望听到，也不希望说出坏消息。他们只想保护自己的立场，赢得上司的认可。

大跃进运动

曾在大企业工作过的人也有类似的经验。赫鲁晓夫的玉米现象很常见。资深主管出差回来，对某项新构想相当热衷。下属开始执行主管提出的计划，或许心里暗自讥笑，或许全力以赴。他们会庆幸主管的明智，而直到热情消失、主管退休或被解雇。

英国汽车业发展最重要的人物威廉·莫里斯（William Morris），后被受封为纳菲德勋爵（Lord Nuffield），就是这方面的实例。莫里斯将牛津市中心的自行车店，逐渐扩大成了考利车厂（Cowley）。20世纪30年代，考利车厂是英国最大的工厂，莫里斯汽车公司（Morris Motors）是英联邦（Commonwealth of Nations，译注：英国对联邦其他成员国在政治、军事、财政经济和文化上施加影响的组织）的知名汽车制造商。

不过，莫里斯也慷慨捐款给牛津大学（给牛津大学的捐款大多用于医学研究，他也曾捐钱给我的母校纳菲德学院）。莫里斯希望牛津大学能专精工程和会计等比较实用的商业技能，但牛津大学副校长林赛（Lindsay）却对工程和会计的地位有不同看法，他也说服了莫里斯，让他相信经济学和社会学也很重要。

后来，莫里斯的观点广受欢迎——不只是他对汽车业的看法，也包括他对世界和平与经济前景的看法。之所以会出现这种情况，是因为有相当一部分计划者希望获得莫里斯的资助。其实，并没有任何记载显示，莫里斯曾在世界和平或全球经济前景等方面，说过什么先见之明或做出什么新奇的事。这根本是不可能的事。不过，莫里斯对汽车业的看法一样受到重视，而且维持了很久。他在莫里斯汽车公司的地位和股份，使得这些观点成为了执行的依据。

在莫里斯声名大噪并受封爵位后，他的想法变得更与众不同，行为和判断方面也出现了许多偏差。二战后，莫里斯拒绝接管大众汽车（Volkswagen）位于狼堡（Wolfsburg）的厂房，后来大众却设计出了二战后最成功的汽车。莫里斯认为，德国工程没什么可学的。他坚持，莫里斯汽车公司的经理人必须跟他一样，从基层工作做起，逐渐获得晋升。[①]这就导致不适当且胸襟狭隘的管理阶层掌握了大权，但也逐渐没落。1974 年，莫里斯创立的这家公司以倒闭收场。

莫里斯是欧洲最伟大的汽车制造业者，福特是全球最伟大的汽车制造业者，两个人在某些方面也很类似。福特是 20 世纪成功的企业人士，但他过世时却是既悲伤又孤独。他咒骂犹太人和烟草制品，只信任自己的保安主管。他坚持要实现自己愈来愈离经叛道的愿望。当福特的儿子爱德瑟·福特（Edsel Ford）生产出一款六汽缸的车款，要跟通用汽车的车款竞争时，福特却坚持要亲眼看到这款汽车的原型被毁掉。[②]

专业管理即时出现，刚好可以拯救福特汽车公司。但是，以莫里斯汽车公司的例子来看，即使后来该公司由英国政府接管，也无法找到有能力管理现代汽车事业的经理人。英国汽车业至今仍落后于美国汽车业和日本汽车业。

---

①罗伊·丘取（Roy Church）于 1996 年第 3 期《经济史评论》撰文《拆除纳菲德——英国汽车业管理文化的演变》（*Deconstructing Nuffield:The Evolution of Managerial Culture in the British Motor Industry*），561-583 页。

②戴维·霍柏斯坦（David Halberstam）于 1987 年的著作《报应》（*The Reckoning*），对于福特汽车公司的失势及福特汽车公司所有人的角色，提供清晰易读的说明。

人与决定

赫鲁晓夫采取中央决策，取得消息的渠道有限，听到的都是阿谀奉承，决策缓慢、费时又不直接。他的这种处境，跟莫里斯和福特的处境很是类似。

从这几个例子来看，决策者都是有能力又有成就的人。赫鲁晓夫在斯大林时代，在苏俄阶级制度中晋升时，就已经表现出杰出的行政本事。尽管拥有这种经历，但赫鲁晓夫依旧保持着他的正直和幽默感。这些特质让他开始揭发并瓦解斯大林主义。赫鲁晓夫这样做，引起了国内外大众的注意，甚至备受仰慕。如果赫鲁晓夫生在美国，就可能是大企业的CEO。

福特和莫里斯都曾出现掌权时间过久的问题。英国历史家约翰·阿克顿（John Acton）主张，“权力导致腐败，绝对的权力导致绝对的腐败”，他所指的并不是金融腐败。在以往一直与众人做对的人，不能因为他们对未来抱有比常人更正确的看法，就遭受责难。成功政治家与企业人士身边的阿谀奉承，让他们的自信大增，这是可以理解的事。

权力的独裁是问题的一部分。在福特汽车公司和莫里斯汽车公司，在赫鲁晓夫执政时期的前苏联，决策都是个人化、不民主的。如果智者在单一制度下，一起收集证据，冷静考虑并为产业制定方向，这样不是更好吗？

英国电力产业

这种事就发生在英国电力产业。英国电力产业是由一些当地企业组成的，这些企业有许多是市政当局所有，有的是私人企业。在这些私人企业中，有些是由期望通过新技术获利的企业家所创立，有些则是想利用新技术让当地人获益的地方高官所创建。经年累月下来，英国电力产业中以市政当局拥有的企业占大多数。

1947 年，英国电力产业转为国营化。现在，我们大部分人会认为国营化就是公有化。但是在电力产业，以国营化取代民营化并非重要改变，以中央政府所有权和管理权取代地方掌控，才是重要的改变。所有国营化的重要结果，当然是中央集权造成的。

在与日本的战争戏剧化地收场后，以和平方式使用核能，象征着不同的未来。1956 年，英国女王轻轻按下开关，位于凯德府（Calder Hall）实验性镁铝铍合金反应器（Magnox）产生的核子电力，率先传送到英国的每户家庭。但是，英国对于新式发电设备的投资不足。1964 年的冬天，英国发生了大停电，家庭用电和工业用电都受到了影响。这一年，工党就以“技术热情”（white heat of technology）为诉求赢得了大选。[①]政府承诺建立一个新的国家规划体制，并决定推动一项大型投资方案——筹建新发电厂。政府对许多方案进行辩论，后来决定打造 5 座小型的气冷式反应器（AGR）。曾任能源部长的李泽元（Fred Lee）骄傲地宣布了这项决定。李泽元强调了低价电力的可行性，以及发展以新技术为主的出口产业。他宣布，“我确信，我们已经获得了大成功。”[②]

最终，英国并未获得大成功。事实上，兴建这些反应器可能是富裕国家做出的最糟决定。兴建一座反应器平均要花 20 年的时间。在反应器的输出符合预期产能前，几乎要花 30 年的时间。于此同时，兴建反应器的总成本已经超过 500 亿英镑（以 1996 年的现值计算）。

英国能源公司（British Energy）在 1996 年民营化时，卖掉了气冷式反应器。这项交易的收益为 19 亿英镑，不过这项交易还包括已经耗资 30 亿英镑建造

①这段话是哈罗德·威尔逊（Harold Wilson）说的。1964 年，46 岁的他就出任英国首相。

②阿列克斯·亨尼（Alex Henney）于 1988 年的著作《英国核电的经济失败》（*The Economic Failure of Nuclear Power in Britain*），17 页。

的 Sizewell B 反应器。并且，因为英国政府同意承担日后退佣成本的责任，这项交易才得以成交的。如果中央电力局（Central Electricity Generating Board）是一家民营公司，那么注销这笔债务意味的是，任何地方、任何企业在商业史上所能承担的最大损失。在李泽元宣布后的 20 年，正确的商业决定应该是，忘记为进行及放弃这项项目所花费的几十亿英镑。至于这项从未实现的英国技术，迄今都没有出口订单，这一点就无须多加详述。

统一口径

在赫鲁晓夫执政时期的前苏联、福特汽车公司，以及莫里斯汽车公司，由谁做决策是显而易见的事。不过，要弄清英国兴建气冷式反应器是哪个人的决定，就难了。有四个团体参与了此项决定——原子能管理局（Atomic Energy Authority）、中央电力局、公职人员和能源部长。从正式的层级来看，是倒霉的李泽元决定兴建气冷式反应器的。但是，李泽元既没有能力，也没有权力成为企划者，他只不过是这项重大决定的发言人。一个面临众多技术争议的强势政治家，如果他认为推论有误，有时候就会阻碍提案的进行。但是，李泽元并不是具有这样才干的人。

原子能管理局当然支持这项方案，中央电力局则持反对意见。在公职人员中，有两位重要人物：一个是伯克·崔德（Burke Trend），内阁秘书，后来为勋爵；另一个是爱德华·普洛登（Edward Plowden），从 20 世纪 50 年代 ~ 20 世纪 70 年代间，在英国政府担任过许多职务，包括原子能管理局局长，后来也为勋爵。由普洛登主持的许多重要委员会，曾是审查国营电力事业的结构。普洛登的判断问题出在中央集权的程度不够。电力产业需要的是“统一口径”。

电力产业尽全力做到统一口径，发言支持兴建气冷式反应器。表示质疑者发现，自己的事业生涯受阻、甚至终止，其他人则学到了教训。对这项方案提出反对意见者，也受到了同样的待遇。

对无法协助方案的人进行整肃，远比前苏联古拉格集中营，或福特与莫里斯解雇异议者的行径更为彻底。以其本身的用语来看，这项整肃行动非常成功。到目前为止，没有人质疑气冷式反应器方案，也没有对费用展开稽核。跟福特和莫里斯的临时提案相比，英国电力产业的决策表面上看起来相当理性，但结果却一样——短期是意见统一，长远则导致经济失败。

决策的规模

中央集权的经济决策具有统一口径的特色——代表某个人的意见。例如莫里斯和福特，不然就是由崔德这类人士协调和记录某个过程的单一意见。

由赫鲁晓夫推动的玉米栽种实验之所以失败，就是出在规模上。如果前苏联某个农民造访过美国，对美国大草原的玉米产量大为吃惊，可能带一些种子回前苏联栽种。如果玉米产量像以往一样令人失望，事情可能到此为止；如果产量不错，同行竞争对手就可能会争相仿效。

企业领袖都不曾享有赫鲁晓夫这么大的政治权力与经济权力，但是企业规模却让莫里斯和福特可以做出重大决定。20世纪20年代，福特汽车公司的产出就占美国国内生产总值的1%左右。

李泽元打算同时兴建5座发电厂，所依据的设计却未经证实是否可用。由于整个英国和威尔斯地区只有单一发电事业，因此必须制定出这类重大决策。但是，不管多么有才能、多么见闻广博的人，都没有能力决定英国电力产业在未来20年适用哪种技术。做出任何这类决定，犯错的概率都很高。为了有成功的希望，中央集权的决策过程必须很在乎结果，以迅速回应变迁中的环境。

以赫鲁晓夫执政时期的前苏联、福特汽车公司、莫里斯汽车公司或英国电力产业为例，情况都不是这样。制定统一口径的中央集权过程，也消除了异己。福特和莫里斯的回馈机制，跟赫鲁晓夫面临的回馈机制差不多，也都一样效力不彰。即使是最谦虚的人，也很少对忠诚下属的赞美感到厌烦。要指出英国电力产业政策的显著失误，就等于是在自评为表现超乎满意的组织中称自己是破坏势力。

在这种情况下，没人敢提出异议或指明责任归属。当福特和莫里斯看到自己的公司在跟通用汽车公司竞争时，市场占有率逐渐下滑，这个回馈是市场如何运作的关键要素——在下一章中，将有更详尽的说明。福特汽车公司和莫里斯汽车公司以往的成功，创造出了市场优势，这也使得他们不能在第一时间得到意见回馈。以前苏联的例子来看，当权者只有等到大众对经济表现产生不满时，才知道事态的严重性——最后赫鲁晓夫政权被推翻。

这些机制运作缓慢，决策者也缺乏责任感。莫里斯和福特因为名声，以及持有或掌控着公司大部分股份而备受保护，根本不知道外界对他们的批评。在这些领导人中，赫鲁晓夫被前苏联政治局的同僚逐出政治舞台，莫里斯在莫里斯汽车公司被对手奥斯汀汽车公司（Austin）合并后逐渐失势，只有福特继续掌权直到过世。他们要负的责任只是：对历史有偏见。

以英国电力产业的例子来看，几乎完全缺乏回馈意见和责任。少数评论家的意见被忽视或毁谤，崔德和普洛登却被受封爵位，继续执掌委员会，直到辞世为止。有关核电的误解信息，一直到1990年电力企业民营化时才结束——电力企业对投资人声明，部长和处长都要负起个人责任。后来，英国卖掉气冷式反应器，放弃兴建更多核电厂。原则上，由于核电决定比福特和莫里斯的决定、比赫鲁晓夫的决定，更容易受到民主调查和控制，所以其中的责任疏失也就更惊人。

第九章 多元主义

在创办人日渐失势的那几年，福特汽车公司和莫里斯汽车公司是管理得特别糟的企业。现在，让我们看看那些管理得法的私人企业。

通用电气公司是20世纪最成功的企业。1900年时的12大企业，现在只有3家企业——壳牌石油公司、埃克森石油公司，以及通用电气公司——存续下来。通用电气公司是全球最有价值的企业。在网络泡沫化时期，“最有价值企业”的宝座曾先后被微软公司和思科公司（网络路由器生产商）所取代，后来通用电气公司又夺回了这一宝座。

这家在1900年就位居领导地位的美国知名电力公司，决心要在未来的100年内有更优异的表现。不过，通用电气公司的成功法则相当惊人。该公司在1970年时，因为无法超越IBM公司，而果断卖掉了旗下的电脑事业部。面对日本企业的竞争，通用电气公司在消费性电子商品上也没有太大的影响力。目前该公司最重要的生产活动集中在飞机引擎、金融服务和医疗设备等方面。

通用电气公司的历史表现了一种应用于不同事业领域的强势管理。其结果是，通用电气公司不仅是全球管理最佳的企业，也是最深思熟虑的企业，该公司CEO一直是美国最受敬重的企业领袖。从1981年到2001年，通用电气公司CEO的职务一直由杰克·韦尔奇（Jack Welch）担任。

通用电气公司的管理理念颇多，其中韦尔奇最有名的提案“通用电气的群策群力”（Work-Out at GE），特别对统一口径加以攻击。在韦尔奇执掌通用“帅印”之后，发现这家“百年老店”的组织结构竟是那样的复杂繁冗。因为前任 CEO 雷吉 · 琼斯（Reg Jones）以了解并掌控全球最大企业所有领域的目标来发展公司制度。美国国防部进行过一项调查并判断，通用电气公司新任 CEO “可能会承袭全球最有效的策略规划制度，大幅领先其他企业”。[①]

韦尔奇开始拆除这个结构。韦尔奇用实际的辩论和论证取代了通用电气公司的“表面一致”。[②]韦尔奇的变革措施所引起的驳斥，可从他与该公司首席规划师罗斯乔德（Rothschild）于 1982 年的面谈中看出端倪。罗斯乔德身上有早期的通用公司的传统特质，他主张：“不沿续这一结构肯定会遇上大麻烦，经理人不照计划做就会……”

不过，罗斯乔德也说：“我喜欢被挑战，我也喜欢人家跟我辩。我们公司的新任 CEO 刚好也喜欢这样。现在这里最流行的字眼是‘争论管理’（contention management）。我认为这就是公司的现况与发展方向。”[③]至少在这方面，罗斯乔德说得没错。但是不久后，罗斯乔德和通用电气公司大多数中央规划幕僚纷纷离职。

“表面一致”的相对面就是“面对现实”（facing reality）——由外部评量成就，而不是以对内部文化的贡献来决定绩效。“面对现实并不是通用电气公司的优点之一，以往的表面一致，让大家很难坦率直言。”[④]韦尔奇决定

---

①引用理查德·汉默麦希（Richard G.Hamermesh）于 1986 年的著作《让策略奏效》（*Making Strategy Work*），181、202 页。

②韦尔奇于 2001 年的著作《杰克·韦尔奇自传》（*Jack: Straight from the Gut*），104 页。

③这些引言出自史蒂夫·柯恩（Steven Cohen）于 1982 年 3 月号的《规划评论》（*Planning Reviev*），撰文《戴着规划王冠致胜的通用电气公司》（*For General Electric, Planning Crowned with Success*）。

④韦尔奇的《杰克·韦尔奇自传》，201 页。

以公司的核电厂事业为例，来说明“面对现实”的理念。通用电气公司核电厂事业部的经理人无法接受经济与政治层面都已经反对核电的事实。后来，通用电气公司还是出售了核电厂事业，并因此而获利，这是英国中央规划电力产业从未做到的事。

但是，有系统的地方分权才是通用电气公司改组的最重要部分。“我并未处理批准与拨款流程，我至少有18年都没签过任何一张拨款单。每个事业领导人都拥有董事会赋予我的同等权力的委托权。亲身参与工作的人最清楚工作状况。”[①]通用电气公司为了继续进步，必须利用多元主义，以公开辩论取代“表面一致”，以地方分权取代中央规划。韦尔奇试图解决中央规划本身的一些关键问题，尤其是决策规模过大、缺乏回馈与责任的有效过程。

不过，中央集权、遵守内部产生的价值观、领导人掌握太多权力，所以下属不敢直言，这些都是大组织无法避免的事。韦尔奇比福特或莫里斯更聪明，他并不像福特或莫里斯那样恋栈职位。不过，他确实也担任CEO一职太久了。在《杰克·韦尔奇自传》一书中，我们可以发现，韦尔奇于1981年接管通用电气公司时的迷人特质，已经随成功所获得的自信而失色。自传中不时出现的是“我”这个字眼。

韦尔奇延长自己在通用电气公司CEO的任期，协助进行与霍尼韦尔（Honeywell）的合并案。然而势在必得的韦尔奇，却无法得到欧盟对此合并案的同意。这也说明，让福特和莫里斯、让赫鲁晓夫失势的原因，都在于领导者无法接受诚恳的批评。韦尔奇无法了解，欧盟担心一家企业因为本身主导飞机所有的零件领域，而对飞机产业的发展拥有过多影响力。欧盟重视的是多元主义。

---

①韦尔奇的《杰克·韦尔奇自传》，97页。

制药业的多元主义

气冷式反应器方案的不利结果是，英国的许多应用科学家被雇来设法让这些反应器运作，但这个活动根本无法产生直接的经济利益，也无法产生任何副产品。制药业的例子就能说明，如果这些应用科学家被制药业雇用，就能发挥更好的成效。

ICI 公司（Imperial Chemical Industries，帝国化学工业集团的简称，拥有世界上最出色的油漆产品品牌多乐士）曾是英国最受敬重的化工企业，其产品的销售范围遍及全球。化工产业借由划分影响势力的默契，来化解同行间的竞争。美国方面由杜邦公司（DuPont Company，简称 Du Pont）主导，英国和英联邦由 ICI 公司主导，欧陆则由德国法本化学公司主导。即使现在，重化工产业仍旧有议价协定的倾向。但是，ICI 公司则在竞争市场中运作。ICI 公司的管理训练和发展成为了业界模范。莫里斯汽车公司重用技师，ICI 公司的雇用政策是只用精英人才。ICI 公司还设计了一连串的约定，避免任何个人成为公司的主导势力。

这种做法却引发出问题。经过 40 年后，ICI 公司被一群毕生都在 ICI 公司工作的官僚人士所管理。直到 20 世纪 80 年代，ICI 公司才打破传统，指派留着大胡子、打着鲜艳领带的约翰 · 哈维琼斯（John Harvey-Jones）担任 CEO，开始进行内部改革和重整。

不过，几十年来 ICI 公司的管理制度都运作良好，而且在英国高材生很少进入产业任职的那段期间，ICI 公司的每个经理人都相当杰出。第二次世界大战后，ICI 公司领悟到，化工业的发展应该是在制药领域，而不是在染料和炸药等传统事业。[①]这

---

①安德鲁·派特格罗（Andrew Pettigrew）于 1985 年的著作《沉睡的巨人——帝国化工产业的持续性与改变》（*The Awakening Giant: Continuity and Change in Imperial Chemical Industries*）。

个判断很正确，但却要耗费相当长的时间去证实。ICI 公司制药事业部在 1993 年成立捷利康药厂（Zeneca），捷利康公司的股价飙涨，后来还持续攀高，远超过母公司传统化工业股票的股价。不过，这一切都经过很长的时间。第二次世界大战后，ICI 公司招募了一群年轻有为的科学家组成精英团队，但是制药事业部却在将治疗高血压新药乙型阻断剂（beta-blocker）量产前，连续亏本了 20 年。

詹姆斯·布莱克（James Black）是负责开发乙型阻断剂的苏格兰化学家。布莱克相信，乙型阻断剂所依据的治疗原理可以加以广泛应用。ICI 制药事业的资深管理阶层因为生产出获利产品而松了一口气，不过他们并不确定布莱克的想法是否正确。他们鼓励布莱克专注于现有的发展，以及乙型阻断剂的促销。布莱克深感受挫，从 ICI 公司离职，到竞争对手公司史克药厂（Smith Kline）任职。布莱克的想法没错，是 ICI 公司错估情势。阻断受体的原理就是泰胃美（Tagamet）的基础，泰胃美是治疗胃溃疡的新药，也是制药史上最畅销的药品之一。布莱克也因此获得了诺贝尔奖。泰胃美的销售量惊人，只输给另一家英国制药企业葛兰素药厂生产的类似产品善卫得（Zantac）。

由于 ICI 制药、史克药厂和葛兰素药厂的销售额增长，英国发展出世界级的制药产业，产业中有许多公司互相竞争是绝对必要的。英国其他的制药公司也依赖专利药品的稳定获利而逐渐成长。毕勤制药（Beecham's Pills）已经让创办人托马斯·毕勤（Thomas Beecham）爵士致富，也让公司发展出其他的多元产品。例如，利宾纳（Ribena）和葡萄适（Lucozade）等饮品品牌。

当时谁能知道，布莱克对构想的热忱是否有充分证据？根据事实来看，ICI 公司经理人做错了决定。这个决定对产业的未来并不重要，但对 ICI 公司却很重要，因为布莱克可以到竞争对手史克公司任职。不过，史克公司并不具备渗透美国药品市场所需的新营销技能。葛兰素药厂率先从罗氏药厂（Hoffman la Roche）购得这些技能，并在公司内部逐渐发展了这些技能。

英国制药业的所有竞争者都是具有相当实力的企业，但没有一家企业的领导者表现出莫里斯那种顽固偏隘的胸襟。制药业也曾发生过全国统一口径的例子。1972年，毕勤制药试图接管葛兰素药厂，当时葛兰素药厂提议要与Boots药厂合并。英国独占委员会（Monopolies Commission）否决了所有计划——葛兰素药厂后来变成全球最大药厂，证明独占委员会做得没错。制药产业的关键是，没有哪家企业，比如毕勤药厂、ICI制药、史克公司或葛兰素药厂，有权控制制药业的发展。全球复印机和个人电脑业也经历过相同的多元过程。

全录的帕洛奥图研究中心

复印技术是由切斯特·卡尔森（Chester Carlson）律师发明的。当时，卡尔森已经对取得文件的清晰复本的问题感到厌烦。据说，卡尔森找不到赞助商资助这项技术。IBM、通用电气公司和RCA都曾研究过这个提案，但都加以否决。对我们而言，这件事简直是不可思议。但是，当时这些公司认为，没有足够的需求可以把发展这项技术的成本和风险合理化。①最后，一家名为赫罗德公司（Haloid Company）的小公司，决定孤注一掷，投资卡尔森的发明。

经过15年的研究试验，该公司推出第一部商用复印机。赫罗德公司把这项专利技术称为静电复印（Xerography），并将公司改名为全录公司（Xerox Corporation）。即使在这个时候，其他办公设备厂商仍对复印技术有所质疑，全录公司也缺少将复印机营销到全球的资源。英国制片厂兰克公司（Rank Organization）取得了授权，负责在美国境外市场配销这款复印机。兰克公司

①艾勒·弗雷托（Ira Flatow）于1992年的著作《乐在发明》（*They All Laughed——From Lightbulbs to Lasers: the Fascinating Stories Behind the Great Inventions that have Changed our Lives*）第十一章。

的电影事业，很快就因为复印机事业的大幅增长而失色。

早期的复印机体积大、速度慢，还时常死机。因为秘书必须等候全录工程师来修理复印机，所以办公作业时常因此而中断。全录公司的设备虽然日渐进步，但是还不够好。全录公司的专利到期后，市场的领导地位就拱手让给了日本光学公司——佳能企业（Canon）。全录意识到原本的独占权无法继续下去，公司必须设法多元化经营，发展其他高科技办公产品。全录公司在帕洛奥图（Palo Alto）设立研究中心，刚好位于日后科技重镇——硅谷——的中心。

全录的帕洛奥图研究中心是创新的沃土。这里是传真机、激光打印机、以太网（Ethernet）和图形化使用界面的发源地。不过，尽管全录公司在打印机领域的成就惊人，但该公司在运用创新能力开发其他产品上，却从未成功过。[①]全录的帕洛奥图研究中心最具革命性的产品——个人电脑，却留待其他公司开发商机。因为办公设备产业并没有一个统一口径加以掌控，所以静电复印一直存在。但是，在个人电脑业却能听到不同的意见。

个人电脑

许多年来，大多数专家认为，电脑的运算能力会像电力一样，以极其复杂的技术为用户提供极其方便的服务。而且，如果由普洛登爵士负责的话，情况可能真是这样。几家大厂会把规模经济最大化，各种服务只需网络接入就能提供给千家万户。20 世纪 70 年代，大学或企业通常只有一部电脑。电脑

---

①全录公司“受到卡尔森愿景的诅咒……你所要做的是，提供我们适当的技术，让我们与世界相连。”引述自全录公司前任技术长保罗·史托斯曼（Paul Strussman），详见西尔吉克的《创新未酬》。

业也可能通过许多特殊的应用机器，比如文字处理机、游戏机、工程与会计用计算机，而有所发展。

多样化的过程与实验产生了相当不同的答案。1971年，英特尔公司（Intel）开发出通用晶片——微处理器。英特尔公司随即发现应用逻辑不在晶片，而是记忆体。这也为一般用途的个人电脑奠定了发展基础。1973年，全录的帕洛奥图研究中心的科学家打造出第一部个人电脑——奥图（Alto）。8年后，商用个人电脑才首度上市。这项新产品因为相当复杂，所以让商业媒体印象深刻。不过对当时的市场来说，这项产品太与众不同，也太昂贵了。

当全录把奥图电脑尽量做到最好时，一群科技爱好者也正在开发个人电脑。1974年12月的《大众电子学》（*Popular Electronics*）杂志刊登了一则自组电脑的广告，售价400美元。其使用的简单程序语言是由保罗·艾伦（Paul Allen）和比尔·盖茨（Bill Gates）这两位哈佛大学学生设计的培基语言（BASIC）。

玩具电脑接着出现。由艾肯公司（Acorn）制造的BBC微电脑，跟学校广播连线，用以带领儿童进入电脑世界。长相和个性符合大家对疯狂发明家制式想法的克莱夫·辛克莱（Clive Sinclair），开始贩售家用电脑。

当时，有些大企业，像AT&T和索尼，已经预知到小型电脑对小企业有很大的需求潜力。1981年，我第一次使用的桌上型电脑，是由埃克森石油公司旗下的天狼星公司（Sirius）制造的。不过，当时IBM开始推出一系列个人电脑。贴上IBM商标的机器可不是一个玩具。IBM的名声和市场知名度可说是呼风唤雨，不论推出什么产品都能被广泛接受。就算IBM个人电脑的表现比不上市场上其他机器，这也没关系。几个月内，“个人电脑”就成为了小型电脑的通称。

至于作业系统，IBM决定跟盖茨和艾伦经营的小公司——微软（Microsoft）——合作。微软公司后来以5万美元买下了这套作业系统，重新命名为MS-DOS。不过，IBM并未获得独占权。IBM这位电脑业巨人并不知道自己已经推动了一场革命。IBM 试图以更新、更复杂的作业系统——OS2 重新取得掌控权时，却为时已晚。因为大家都已经使用了 MS-DOS。

IBM 还有其他竞争者。1983 年，一群日本制造商试图以 MSX 这种低价家用电脑标准，扩大自身在消费性电子用品产业的主导势力。但是，市场并未接受这种比玩具功能好，但却比商业机器功能差的小机器，因此 MSX 就从市场上消失了。

苹果电脑（Apple）是电脑迷的选择，因为苹果电脑比较好玩。盖茨和微软公司已经了解到，商业成功取决于容易使用，而不是技术复杂性。苹果电脑创办人史蒂夫·乔布斯（Steve Jobs）进一步放大这个愿景——要设计出让不懂电脑的人都能使用的电脑。为了达到这个目标，乔布斯利用了全录的帕洛奥图研究中心的另一项发明——图形化使用界面。苹果电脑的屏幕就像一个桌面，而且还有鼠标和回收站等便利的辅助工具。

不过，唯有购买苹果电脑所有软件、硬件，才能使用这些功能。最终，苹果电脑维持专属系统的决心，输给了广被采用的 IBM 个人电脑的开放式标准。正如同在录影带事业，索尼公司坚持使用 Betamax 标准，最后却输给了 JVC 公司的开放式 VHS 系统（详见第二十一章）。苹果电脑的图形使用界面，以及被大众广为使用的 MS-DOS 作业系统，两者组合必定能获得成功。微软先在 1988 年推出初期的视窗程序，更在两年后推出效能更强的视窗程序。微软公司后来在个人电脑界呼风唤雨，盖茨跃升为全球首富，这些事就无须多述。

多元主义的过程

赫鲁晓夫或普洛登爵士可能会问：“个人电脑产业的成功发展是由谁负责的？”无疑地，不管由谁负责苏俄的电脑发展，都该向这位人士多多学习。但事实上，没有谁“负责”个人电脑产业的发展。如果赫鲁晓夫在造访美国时，曾被引介认识 IBM 的董事长或盖茨，他们肯定会告诉赫鲁晓夫，他完全没掌握重点。个人电脑产业因为从未统一口径，所以市场才能发挥功效。

谁也无法预测个人电脑产业日后的演变，能推测的只不过是几个月内的发展变化。盖茨和乔布斯认为，未来发展将以相当容易使用的小机器为主。但许多年来，大多数人都不这么认为。不过，乔布斯对苹果电脑的策略并不奏效，而盖茨的成功则直接衍生自一个特殊事件——他跟 IBM 的合作。

新产业就是这样发展的，新产品就是这样出现的。在决定全球汽车产业形态的竞赛中，竞争者众多：福特在 19 世纪末 20 世纪初加入竞赛，莫里斯则在第一次世界大战后加入竞赛。汽车将以蒸气、电力或以内燃机动力引擎发动吗？只有请得起司机的有钱人才买得起汽车吗？或者，大众都能买得起汽车吗？一直到 1927 年，经济学家爱德华·迦南（Edward Cannan）看到家乡牛津镇考利车厂的兴盛，还发表评论说，他无法想象莫里斯汽车的需求在哪里。① 但重点是，有竞赛存在。通过运气和判断的某些组合（并且，运气可能和判断一样重要），福特和莫里斯，以及那些支持他们的人，形成了赢家战线。

但是，这场竞赛从未结束，这就是福特和莫里斯因本身过失而受罚的原因。福特汽车公司的全球领导地位被通用汽车公司夺走；接管莫里斯汽车公司的英国礼兰汽车公司（British Leyland Motor Corporation），在面临国际竞争时也宣告解散。这些组织内部的回馈机制失效。但是，市场经济这个更广大的回馈机制，最后成功推动了福特汽车公司的管理重组，也成功从礼兰汽车公司那群笨蛋手中接管了汽车生产的责任。

大多数决定是错的，大多数实验都失败。“如果我们把公司的未来、产业的未来、国家的未来托付给适当的人，他们就会正确无误地带领我们到许

①迦南于 1927 年的著作《一位经济学家的抗议》（*An Economist's Protest*）。

诺之地。”但是，这类希望总是令人失望。爱迪生的大多数发明并未奏效；福特和莫里斯也以可悲、可笑的结局终结毕生的事业；盖茨忽略互联网的重要性；撒切尔夫人推行人头税；拿破仑被流放到圣赫勒拿岛并死于当地……即使相当有才能者也会铸下大错。

但是，即使大多数决定、大多数实验都失败了，大家还是很容易相信，只要我们汇集足够信息和才智之士，仔细讨论问题，我们就能把企业和国家管理得更好。这就是国营事业和许多大组织所认定的决策方式。

如果普洛登爵士在20世纪70年代掌管委员会，他会如何决定电脑业的未来？他可能会为产业无法“统一口径”而深表遗憾，却发现IBM总裁最符合统一口径的标准。普洛登爵士可能会在产业里广纳建言，当然也会跟英特尔公司讨论未来的可能发展，也会建议他们跟IBM合作。普洛登爵士甚至可能跟全录讨论，即使当时这家公司并未实际制造电脑。如果普洛登爵士收到盖茨和乔布斯这两个年轻小伙子的提案，他可能会带着微笑把提案交给委员会秘书存档起来。

上述情景并非异想天开。这大概是前苏联电脑产业的发展或无法发展的情况。IBM针对产业前景发展政策和策略的情况，多半就是这样。即使在20世纪90年代，撒切尔夫人推动市场改革后，英国政府成立“远见委员会”（foresight committees），由普洛登爵士这类能人之士主持委员会，对那些以科学为主的产业前景提出建言。

但是，没有人有这样的远见。即使远见委员会成员多么明智、多么有先见之明，这些结构也终将失败。这些事后才恍然大悟、号称无所不知的规划者，在面对上述众多企业策略时有何感想？这些人可能会跟全录公司表示，该公司无法从个人电脑和图形化使用界面开发出成功的商用产品；这些人也可能会跟IBM说明，该公司采用的策略会破坏核心事业；他们还可能预料到MSX电脑的失败，而会跟苹果电脑表示，该公司的政策会让公司濒临瓦解；甚至，他们有可能对意欲发展汽车业或商用客机等业界人士，做出同样的表达。

对于任何新提议的行动方针，总会出现具有充分证据的异议，总会有一个提案可能比目前正在考虑的提案更好。结果，这些看似理性的过程却经常无法做出任何决定。而且，就算做出决定，通常也比从直观、快速决策的过程中所做的决定还糟。

市场规则的瓦解

多元主义是市场经济成功的关键，但是，多元主义也必须讲究纪律。个人电脑业在提倡创新上，因为多元主义而取得了非凡的成功，但却造成了市场规则在 20 世纪 90 年代的瓦解。

20 世纪 90 年代中期，互联网显然是具有重大意义的创新。开发出容易使用的浏览器软件，就是让大众可以连线上网的关键。1993 年，美国伊利诺州的伊利诺大学的 NCSA 组织，发明了第一个可以显示图片的浏览器，命名为"Mosaic"。当时，Mosaic 开发的中心人物马克·安德生和美国硅图公司（Silicon Graphics, Inc.，简称 SGI）的创始人吉姆·克拉克（Jim Clark），于 1994 年 4 月 4 日设立了"MOSAIC Communication Corp."。这家公司在 1994 年 11 月改名为"Netscape Communication Corp."，此后沿用至今，中译为网景。

1994 年 10 月 13 日，网景公司开发的 Netscape Navigator，在推出之后几个月内，便取得了市场的主导地位。这是实用性和价格两者推波助澜的结果——这个软件通常是赠品，网景公司的股票于 1995 年上市时，该公司当时的营业收入不到 2000 万美元。

网景公司的股票在市场上热卖，第一天的收盘价为 58 美元，公司市值为 22 亿美元。这些数字随着网络热潮的升温而暴增——股价迅速攀升到 170 美元，也让克拉克变成了亿万富翁。微软公司开发自己的互联网浏览器（Internet

Explorer)，功能与 Netscape Navigator 差不多，而且搭配视窗作业系统免费赠送，因此很快就取代了网景的市场主导地位。1999 年，美国线上公司收购了网景公司。在当时，这无疑是一个好构想。但现在，Netscape Navigator 的市场占有率已经不到 10%。

1998 年，马文斯坦（Malmsten）和林德（Leander）这对迷人的瑞典夫妇，创立线上服饰零售公司 Boo.com。该公司的目标是，通过虚拟业务助理布小姐（Miss Boo）在互联网上销售最酷的流行服饰。1999 年，该公司每月的营运支出约为 2000 万美元，其中大多数支出用于伦敦流行时尚会场、常春藤餐厅（The Ivy restaurant）、大都会饭店（Metropolitan Hotel）的酒吧。

该公司由曾是最稳健投资银行的摩根银行（J.P.Morgan）负责筹资，资金大多来自投资大户——贝纳通家族、路易·威登（Louis Vuitton, LV）总裁伯纳德·亚诺特（Bernard Arnault）和中东地区的投资人。后来，由于 Boo.com 的下载速度过慢，2000 年 5 月，Boo.com 宣告破产，总共花费了 1 亿多美元，但却几乎没卖出什么东西。

像这种筹资赞助企业的便利性，被称赞为金融市场有活力的展现。在美国，筹资赞助企业更加方便。[①]事实上，这种现象代表的是市场规则的瓦解。投资人无法辨别提案的好坏，他们相信自己投资在与互联网相关的企业中的股份，不久就能以更高的价格卖给别人。对股票基本价值有所了解而买卖股票的杂讯交易者（noise trader），开始占有优势。创投经理人和投资银行为这些企业宣传集资，并从中收取费用。但是，只要运用常识，无须专业知识就能发现，这些企业根本不可能成功。

2000 年年初，科技类股的股价（尤以网络类股为甚）在创下最高纪录后，

①详见李德比特于 2000 年的著作《知识经济大趋势》。

就一路暴跌。创投对新网络事业的供给几乎瞬间枯竭。从网景公司集资到市场崩盘，市场规则的瓦解持续了5年。

由于世界错综复杂，未来又无法确知，组织和经济制度的决策最好是通过一系列小规模实验、不断地审查，并以遵守成功、坦诚而不责怪失败的结构来进行——这就是有纪律多元主义的机制。

事实上，韦尔奇并不是因为调整了通用公司的发展方向、或是树立了拿破仑般的宏大愿景、或是拥有了福特那样的决心、或是因为他跟爱迪生一样喜欢创新，才享有“当代最伟大经理人”的美名的。而是因为他意识到了全球最大商业组织的CEO的主要功能是：指派优秀人才，并信任他们能把工作做好；引进多元主义，同时通过稽核与责任，把纪律加诸于上。唯有在组织内部与外部，把多元主义和纪律加以结合，我们才能看懂世界经济。

第十章 自发性秩序

“市场经济是谁设计的？”市场经济不是由单个人设计出来的，而是社会制度、政治制度和经济制度经过几百年、甚至几千年，同时演变的产物。“个人电脑是谁开发的？”答案也是一样，个人电脑不是由个人开发而成。个人电脑产业是在一个有规则的多元主义结构中，从未经规划、不断摸索的过程中产生的。人类有一种根深蒂固的需求，会在错综复杂的现象和富有变化的生活中找出规律性，并给予个人化的解释。对天地万物的起源，几乎所有宗教都有自己的一套说法。大多数原始文化认为，干旱或恶劣的天气表达的是人类的某些情绪，例如，生气或报复。

类似的直觉判断也让现代人在无意中会把大企业个人化，甚至试图把洪水和铁路意外归咎于某人。我们把韦尔奇当成名人，因为我们很难相信有哪个组织能跟通用电气公司一样，通过几千位自治个体之间的分权决策和协商取得如此大的成就。以某人的意志来诠释此事，当然比较容易。

几个世纪以来，神学家都主张，自然的复杂性就是上帝存在的证据。英国神学家威廉·佩利（William Paley）提出一个闻名的类推法：“如果我们在脚下发现一块相当精巧的手表，肯定能找到制作手表的表匠。”但是，这种类推法容易引起误解。爱丁堡大学的各栋大楼，以苏格兰启蒙时期的思想家来命名，这些思想家率先掌握了过去两个世纪最有说服力、范围最广、也最难懂的知性构想之一。结构和制度可以在没有设计者的情况下，具备精巧设计的特质。

苏格兰史学家戴维·休谟（David Hume）驳斥佩利的神学主张。[①]苏格兰哲学家亚当·佛格森（Adam Ferguson）把这个想法应用到社会制度上："国家偶尔发现制度，其实这些制度是人类行为的结果，而不是人类设计的产物。"[②]一个世纪后，达尔文以他提出的"盲眼钟表匠"（blind watchmaker）的隐喻，让大家重新支持佩利的主张。现在，我们明白演化产生的有机体，其复杂性远超过人类心智的能力所及。例如，人类、通用电气公司和国际分工等有机体。

达尔文理论的成功，让大家试图对类推法做更多的字面解释。基因淘汰只是演化过程的一种形态。黑人夫妇会生下黑人子女，说法语的夫妇养育的小孩也说法语，则是基于不同的原因。[③]已掌握的技能的传递，是企业生活和经济生活的核心所在，但在基因淘汰时却不可能出现。总之，演化机制本身只是一种无须设计就能创造规律的实例，本章后续会说明其他实例。达尔文的理论除了在生物学上具有重要性外，也说明了自发性秩序的非凡潜力。能彻底理解这项理论的人，在想法上都会发生彻底的改观。

市场经济中的协调

亚当·斯密是苏格兰启蒙时期最伟大的经济学家，他提出的"看不见的手"（invisible hand）的隐喻，就是无须设计秩序的最有名的说法。亚当·斯密说

---

①佩利于1802年的著作《自然神学》（*Natural Theology or Evidences of the Existence and Attributes of the Deity, Collected from the Appearances of Nature*），休谟于1779年的著作《自然宗教对话》（*Dialogues Concerning Natural Religion*）。

②佛格森于1767年的著作《论公民社会史》（*An Essay on the History of Civil Society*），187页。

③ 19世纪时，拉马克学派进化论与达尔文学派进化论之间的论战，由达尔文学派胜出：一生中获得的特质无法通过基因传递，但是像法语，就能以其他方式传递给下一代。

明了分工如何加速经济的增长——“富裕的自然发展”，但是，分工是如何形成及协调的呢？答案就是那只“看不见的手”。如同本书第十六章的讨论，我并不确定亚当·斯密的这个解析是否正确。

不过，这是否是亚当·斯密的解答，倒是一个值得商榷的好问题。我们可以想象，赫鲁晓夫在逛美国超市时会提出自己的版本：“是谁负责给加利福尼亚州供应杂货？”对于不熟悉市场经济制度的人来说，如果这个问题没有答案，似乎是一件很奇怪的事。想出这些问题的两位经济学家——亚罗和弗兰克·哈恩（Frank Hahn）——发出了惊人之语：“‘以个人贪婪为动机，并由绝大多数不同行为者掌控的经济，会是什么模样？’依据‘常识’（common sense）思考这个问题，直接想出的答案可能是‘一片混乱’。”[①]不过，事实上并没有出现一片混乱的情况。在富裕国家，我们非常习惯没有过剩和短缺的情况。如果碰到过剩或短缺的情况，我们就会生气。比如，当某家鞋店没有我们想要的尺寸大小或颜色、当我们在深夜等不到出租车或公交车、当加利福尼亚州无法维持正常电力供应时……都会让人气愤不已。

市场经济能比计划经济更成功地解决协调这些问题。这个发现让赫鲁晓夫感到惊讶，也应该让我们感到惊讶。计划经济的许多失败是因为缺乏创新。在前苏联，实验的多元方案、历经失败再重新提案实验并未发生，因此这个国家并没有生产出新药、现代汽车或个人电脑。

但是，计划经济最缺乏的是协调。因为消费用品供应没有规律性，所以大家必须排队等候，才能取得消费用品。工厂因为无法取得必要的原料，无法达成生产目标，而其他工业产品却供应过剩。前苏联生产钢铁的能力胜过美国，不过很难理解这些钢铁都到哪儿去了。[②]有些钢铁就是放着生锈。对偶

①亚罗与汉恩于1971年的合著《一般竞争分析》（*General Competitive Analysis*），vii页。

②依据经济合作开发组织的资料估计，1990年时，美国钢铁产能是苏俄钢铁产能的60%。

尔造访的游客来说，缺乏协调是富裕国家与贫穷国家最显著的差异之一。电力供应通常并不可靠，有些必需物品无法取得。有时候，这是贫穷的产物，而不是造成贫穷的原因。

那么，富裕国家是如何进行协调的呢？赫鲁晓夫要是见到美国最大零售王国的创始人山姆·沃尔顿（Sam Walton），沃尔顿可能会告诉他，他是负责供应杂货给加利福尼亚州的几位人士之一。

“那么由谁来联络这几位人士呢？”普洛登爵士可能会问：“由哪个委员会协调统一口径呢？”事实上，这种委员会不但不存在，并且组建这种委员会还会违反美国法律。

由谁协调供应链里企业之间的关系？由谁确保产品填满商店的货架？赫鲁晓夫推测的答案可能是：在市场经济中，当物品实际出现短缺或过剩时，就会引发价格涨跌，因此不会出现货架清空或产品卖不出去的情况。事实上，这就是苏联解体后，计划经济供应链瓦解时，俄罗斯出现的机制。

但是，涨价以应对暂时的短缺，无法得到消费者的青睐，因此零售商不愿意这么做。店家接受季节产品的价格波动，但却不接受因协调失败而造成的价格波动。加利福尼亚州的电力供应出问题时，确实导致价格高涨，前苏联也一样会出现同样的政治抗议。零售业巨人沃尔顿对“超市如何应对物品短缺和过剩”这一问题的可能答复是：“这个问题很少出现。”

富裕国家并不是没有发生协调失败的事例，电力供应方面的协调就是一个有力证据，也是协调失败一再发生的原因——就连小规模且短暂协调失败的结果也相当明显，比如，因为协调失败就停电，如同1998年在奥克兰、2000年在加利福尼亚州，以及在贫穷国家时常发生的停电事件。在具生产力的经济体中，最严重的协调失败或许是失业。市场制度如何达成协调，就是本书第三部要讨论的主题。

超市里的情况

赫鲁晓夫无须考虑在超市结账时，该在哪个结账柜台前排队，但是我们却要考虑这件事。我们会查看等候排队的特性：队伍里有多少人？这些人有多少东西要结账？排在前面的这些人的结账动作迅速吗？或者，他们喜欢跟收银员聊个不停？否则，我们干脆找最近的队伍排队。只要有些人（人数不必很多）扫视商店找出最短的结账队伍，我们就能预期，其实花在每个等候队伍的时间会差不多。如果每个等候队伍的人数都不多，这些行动主义者就会加入任一队伍。行动主义者等候结账的时间或许比我们少一些，不过在这么短的时间里，却足以让他们对自己的群居获利活动，获得一些报酬。

这是自发性秩序制度一个简单且平凡的例子。这种行为是有计划的，而且从某些方面来看是有效率的，但却没有经过指导。以减少等候结账时间来看，这种做法可能比交给专横跋扈的商店经理指挥更有效。商店经理无法充分掌握结账柜台不断变化的结账速度，也无法随时找到愿意配合指示行动的消费者——这是各地计划者要面对的两大问题——信息和诱因。

这种自我组织（self-organize）制度的结果，出现在购物者的个别决定中。购物者并未把既短又一致的等候时间，当成他们追求的共同目标，只不过购物者的行动具有这种效应。他们的行动只顾自己的利益，却不见得对自己完全有利。如果超市等着结账的购物者，都只是以尽快结账为目标，那么任何等候队伍都不可能有效运作。这个井然有序的过程是有限的自利行为与社会惯例的产物。

虽然没有人设计这个制度，但却可能会有人来设计改善这一制度。许多顾客都愿意让购买少样物品的顾客先行结账。为了加快结账速度，有些超市特别设立了快速结账柜台，方便购买少样商品的人迅速结账。在某个环境下运作得当的制度，可能在另一个环境下却失效。比如，在超市里，我们可以看到别人购物车里装了多少东西，但是在机场航空公司地勤柜台前，那位排在队伍前面的人士，可能要预订环游世界的机票，也可能只是询问一下登机门在哪里。

我们日常的超市经验说明了两种不同的过程：第一种，个别购物者被“一只看不见的手”所引导，因此会缩短整体的等候时间。没有人有意产生这样的结果，如果蓄意这么做，或许还很难达到这种结果。这项过程是动态的，但却不是演变而来的。但是，在运作上演变机制是存在的。第二种，在彼此竞争之际，超市采取有效满足顾客需求的机制。这两种过程的组合，就是市场经济在以往和目前是如何演变的缩影。

混沌理论与路径依赖

我们可以为超市等候结账的队伍，设计出一个数学模式。这个模式是动态的——等候队伍的长度不断地改变，并且具有回馈信息的特性——加入队伍等候的人数将视已排队等候的人数而定。我认为，大多数读者可能会质疑这样做的价值何在。不过，数学学科里确实有一个领域称为“排队理论”（queue theory），而且也有其实用的价值。排队理论大多用来协助工程师设计电话交换机。目前，相关模式也得到了企业的广泛使用，大多用于规划存货，甚至管理结账作业。

两个世纪以来，社会科学（确切地说是大多数科学）已经因为物理学的成功而相形失色。据称，著名物理学家马克斯·普朗克（Max Planck）曾说，他一直想念经济学，但经过判断后，认为经济学太难念了。[①]普朗克这样说，究竟有什么含义呢？

---

①罗伯特·海尔布隆纳（Robert Heilbroner）于1955年的著作《改变历史的经济学家》（*The Great Economists:Their Lives and their Conceptions of the World*），21页。

物理学最卓著的研究成果都是简单的学说，例如，行星运动（planetary motion）就能以两个或三个变量做出概括说明。自然科学也在制度了解上有重大进展，例如，分子或电子的个体属性都很复杂，但我们可以用简单的规则，说明这些单位所代表的个体或相互之间的关联。气体和液体的运动也具有这项特性，大型超市中的等候队伍也一样。但是，以统计学为主的模式并无法协助乡下邮局，因为乡下邮局个别顾客的特殊行为会造成影响。另外，随着个人电脑业的发展，企业与企业间的互动也变得错综复杂。这些都不是可用分析来解决的简单系统，也不具备“以统计可处理的随机复杂性”的特质。

企业和家庭彼此以不同且复杂的方式频繁互动。这类互动的规模不够庞大，所以无法以单一模式说明并归纳成个别特性。但是，这类互动的规模也没有小到让这些特性可被视为随机事件。对经济学和商业学的研究，跟其他似乎“太过晦涩难懂”的学科，比如气候系统、地壳移动、大多数生物学和医学等一样，都具备这些特性。我们对这些研究领域的了解，仍旧是片段而不完备。社会科学（包括经济学）是介于简单系统与个别随机行为统计学之间的中间领域。

气象学家、生物学家、地震学家和经济学家都已为所属专业领域发展出数学模式，他们都希望能使用模式预测未来。但是，气象学、生物学、地质学和经济学的学说，是以对最初条件相当敏感的方式发展而成的。目前，这项特性已在“混沌理论”（Chaos Theory）的揭示下，进入了广泛的讨论中。

长久以来，大家都已熟悉“因小失大”这个道理。在电影《双面情人》（Sliding Doors）中，女星格温妮丝·帕特洛（Gwyneth Paltrow）会经历两种截然不同的人生，这一切完全取决于她能否在地铁车门关上之前顺利搭上地铁。英国剧作家汤姆·史塔柏（Tom Stoppard）在其舞台剧《桃花源》（*Arcadia*）中，也经历了选择性的未来。混沌理论最有名的隐喻是，蝴蝶在热带轻轻扇动一下翅膀，遥远的国家就可能造成一场龙卷风。

最初条件持续影响后续行为的理论，就称为“路径依赖”(path-dependent)。路径依赖说明了电影业为什么仍以好莱坞为中心，海洋保险业为什么仍以伦敦为中心。电脑键盘的设计也是一种路径依赖：QWERTY 键盘的排列方式是依照早期打字机的方式。虽然就人体工学来看，这种键盘的效率不佳，但是使用者却熟悉这种排列方式。况且当时，这类键盘和打字员数量庞大，根本不可能做任何改变。技术与制度的共同演变——富裕国家在社会基础设施与经济基础设施的发展———直是一种路径依赖过程。

但是，结果会因为小细节而受到影响的路径依赖，例如，蝴蝶和龙卷风的问题，却是预测的一大致命伤。人类对电脑和数学模式发展的冀望，也一直令人大失所望。科学家在发展气象预测模式，以及预测火山爆发模式上，一直都没有成功。科学家也无法预测地震，无法告诉我们多久能治好感冒。我们也无法预期经济发展，无法预期未来短期内的企业绩效。

成功的长期气象预测几乎是不可能做到的事，就如我们从来没有办法回答这类问题：“明年 6 月 4 日的天气如何？”经济预测也会出现同样的情况。这就是投入气象预测或经济预测模式的资源愈来愈少的原因，也是为什么彭博财经台谈话节目的访谈人士，根本无法知道他们要预测的事。

有些科学家试图制定可能与“有计划复杂度”相关的通用原则。这类研究的全球中心是洛斯勒摩斯美国核能研究中心的分支机构——位于新墨西哥州群山峻岭中的圣塔菲。在那里进行的分析是以复杂理论（complexity theory）为主的。该研究中心并不期望预测未来，而是要针对复杂系统的一般特性，得到更深入的了解。

我们无法知道明年 6 月 4 日的天气，但是，气象学家可以指出特定期间内的预期平均温度。他们可以评估降雨概率，做出可能的预测——如果 6 月 3 日是晴天，6 月 4 日很可能也是晴天。如果我们打算在 6 月 4 日办婚宴，这些信息就很有用。而且这个信息比谈话节目的访谈人物的大胆断言——“6 月 4

日将是晴天，温度将为摄氏 23 度”——更有用。

企业人士、政界人士和消费者，也能具备这种跟经济如何演变有关的知识——平均值、可能预测，而且这是他们能够拥有的与经济如何演变有关的唯一知识。而那些声称能准确预测明年股市的大盘走势，或预测航空运输在 2015 年需求量的人，根本就是骗子。

寻找自发性秩序

达尔文在其所著论文中，把群居昆虫的行为描述成，“截至目前为止最重大且最特别的难题”。[①]蚁群协力筑巢，它们远征探险，收集并取回食物。这种效率跟沃尔顿的沃尔玛百货（Walt-Mart）比较类似，跟赫鲁晓夫执政时期的前苏联比较无关。蚁群彼此沟通的化学信号，以及说明合作本能的演化生物学，目前大多已经被我们所了解。[②]

《蚂蚁雄兵》（*Antz*）、《虫虫危机》（*A Bug's Life*）这类把群居昆虫拟人化的电影，拍摄于经济泡沫化时期，或许并非偶然。迪士尼公司（Disney Corporation）也把本身对经营企业的认知，加诸在自然界中。不过，群居昆虫并不像这些电影那样。在蚂蚁的世界里，并没有谁是老板、谁是主管。蚁后并不是高高在上，坐在那里指挥所有活动。事实上，蚁后坐在下方，等候蚁群慷慨地喂食。

①达尔文于 1859 年的著作《物种原始论》（*On the Origin of Species by Means of Natural Selection*）。

②详见爱德华·威尔逊（Edward Wilson）于 1971 年的著作《昆虫的社会》（*The Insect Societies*）。另见威廉·汉密顿（William D. Hamilton）于 1964 年第 7 期《理论生物学期刊》（*Journal of theoretical Biology*）撰文《社会行为的基因演变》（*The Genetical Evolution of Social Behaviour*）所提的理论洞见，1-52 页。

不过，迪士尼公司的现实状况或许跟蚁群有些类似。本书稍后提到的哲学家奥斯代尔·麦金泰（Alasdair MacIntyre），就把大企业总裁比喻为祈雨者。①事实上，反向分析可能更有趣。我们可以从自然界自发性秩序的出现中，学习到一些与人类组织有关的事。例如，在一个未规划的经济活动中的分工协调。

想象一下，有一个族群想要在广大、崎岖不平且未经开发之地找到最高景点。他们可以采取以下几种可能的做法。

其中一种做法是，大家聚集在已发现的最高点，在取得更高点的合理证据时，采取团体行动。这种程序跟计划经济很相似，而且依据计划经济，有可能相当迅速地选出一个好结果。不过，可能性并不高，更可能的结果是长时期的停滞，随后偶发暴动。由于只有分析没有实验，所以这个过程当然不会产生太多与未知地形的范围和规模有关的信息。

另一种可能的做法则纯属个人行动——每个人在当地寻找最高点。这种做法跟演化机制类似。采取的步骤是随机选取：如果被选中的人带头领先往上爬，他们就继续保持这种态势；如果被选中的人落后了，他们就撤退。在这一过程中，并未产生共同知识，只有个别经验。

第三种方式既不是蓄意合作，也不是全然个人化，全体人员的目标是要发现通往更高地势的途径。此时，成功的团体就能激励他人加入。这对团体和个人都有利——团体因为各个成员更密集的搜寻而获利，个人则因为成功团体的经验而获益。这种机制很有可能比其他两种做法获得更好的结果，因为这样做能在分权与协调之间达到平衡。不过，这样做并不需要发号施令，因为这种机制很可能会自动发展而成。

研究决策理论的诺贝尔经济学奖得主赫伯特·西蒙（Herbert Simon），针对自发性秩序发展出一个模式。西蒙的事业生涯专注于理性行动的描述，也

---

①达麦金泰于1981年的著作《德行之后》（*After Virtue:A Study in Moral Theory*），75页。

就是说明家庭与企业的界定目标，并估计达成目标的最佳方法。即使我们拥有清晰明确的目标，世界却复杂到让我们无法达成目标。

“在不同竞争意图间找出稀有资源的最佳分配”，这项指示就像“在加利福尼亚州找出地势最高点”的指示一样，根本无法实行。[①]在静止地形上找出最高点，其所需的信息相当庞大。我们能做的，只是凭借之前测量师对地形的描绘。如果地形正在不断改变，就如同企业状况和经济状况一样，那么取得信息就是相当棘手的工作。西蒙主张，我们得到的不是最佳状况，而是满意的状况——我们只要遵守规则和程序，就像超市等候队伍的组织，就能产生不错的结果。

西蒙的例子跟复杂理论家斯图亚特·考夫曼（Stuart Kauffman）对适度情况的说明类似。[②]考夫曼对复杂系统的通用数学结构有兴趣。在西蒙的例子中，海拔高度可能是对物种如何适应环境的判断，或是对稀有资源如何有效地分配给不同的竞争意图。考夫曼推测，自我组织的共同模式和原则是存在的，这些模式和原则可说明生活中出现的形形色色的现象，以及社会秩序的建构。

现在，复杂理论在科学规范中占据一个奇怪或者说独特的地位。复杂理论吸引了许多杰出的有创意的科学家的注意，而且它代表的是非主流的专业知识。经济学家对此特别质疑。许多经济学家都想当物理学家。在经济学上，最广为运用的自发性秩序模式，就是遵照“简单系统”物理模式的结构。不过，如同当代物理学家的简单模式，这个自发性秩序模式也包括许多变量，且本身的数学运算一点也不简单——这就是与亚罗和德布鲁有关的竞争均衡模型。本书第三部会专文探讨这个理论的发展。在本书第四部，我会再详加说明许多与自发性秩序本质有关的构想。

---

①西蒙于1969年的著作《关于人为事物的科学》（*The Sciences of the Artificial*）。

②考夫曼于1995年的著作《熟悉宇宙——找寻复杂定律》（*At Home in the Universe: The Search for Laws of Complexity*）及2000年的著作《调查》（*Investigations*）。

第三部　完全竞争市场

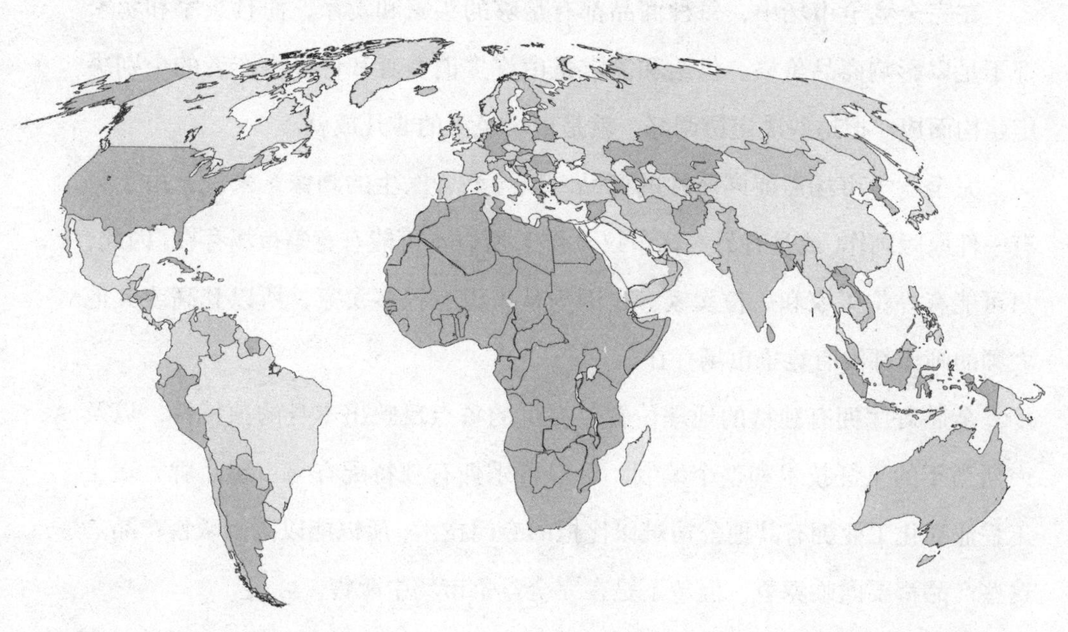

第十一章　竞争市场

在完全竞争市场中，每种商品都有足够的买家和卖家，而且买家和卖家都不足以影响商品价格。供给和需求是由许多消费者和许多生产者的个别决定建构而成。把这些决定协调好，就是市场经济的非凡成就。

完全竞争市场需要同质性的商品。以《嘉舍医生的画像》来说，由于只有一件原版画作(或是有另一幅争议画作),所以不可能有竞争市场存在。因此，只可能有一位买家和一位卖家。也因为从来没有很多卖家，所以梵高或其他大师的画作都没有竞争市场存在。

金鸽餐厅拥有独特的地理位置，提供的餐点反映出本身的独特性，以及卢斯当年的烹饪技术和整个编制。可口可乐拥有独特配方与卓越品牌。瑞士工程业和化工业拥有其他公司难以比拟的专门技术，所以能以高价贩售产品。这些产品都要面临竞争，但却不是在完全竞争市场中贩售。

随着经济演变，愈来愈多进行交换的物品和服务都是与众不同的。但是，细微区别对交换不至于有太大的影响。金鸽餐厅与众不同，但以菜色价格来说，附近有很多餐厅也提供类似价格的菜色。究竟要有多少替代品才能让市场具有竞争性，这是一个需要微妙判断的问题，也是一个昂贵的判断——在反托拉斯案件中，对市场定义的争议已成为经济学家就业的获利来源。但即使是现在，许多交换都是商品交换——这些商品彼此差异极微、年产量高达几百万单位。石油、牛奶、电力和录像机就是属于这类商品。

供给

◎石油

人类用商业规模来开采石油，起源于19世纪。容易发现并邻近主要人口中心的油田，例如，俄亥俄州的油田，都是既小又易迅速用尽的油田。但是，石油蕴藏量较高的油田大多在地底深处。得克萨斯州因为纺锤顶（Spindletop）和科西卡那（Corsicana）的油井获利可观，而成为了富裕的一州。

目前最大的可用油田在中东地区，尤其是沙特阿拉伯。另外，委内瑞拉、伊朗和俄罗斯也是主要的石油供应国。那里的油田通常比较小，开发成本也比较昂贵，但所用的探勘和生产方式大多一成不变。这些地区的政治情况可能更难管理。

石油探勘区域已扩大到阿拉斯加和北海地区。阿拉斯加的温度太低，地面几乎常年结冰，因此难以输送石油。北海地区属于深海域且地势崎岖，发现并抽取石油的成本更高。

五大洋蕴藏了石油，但是现有的钻孔能力并无法开采这些油田——只要付出极大代价，就能提高钻孔能力，也就有可能开发这些油田。在委内瑞拉和加拿大阿撒巴斯卡的焦油沙地，有能够满足几十年、甚至几世纪摩托车业者、航空业者和发电厂的石油需求。但是，从这些地方抽取石油的成本，远高过目前的油价。

石油的可取得性是一个商业问题，而不是技术问题。目前每桶原油100美元的石油存量，是每桶原油10美元石油存量的许多倍。而且，当人们愈需要石油，这些不同的供应来源就愈有存在的必要。如果石油需求量更低，可能只靠中东地区的石油供应就行。事实上，我们也会利用阿拉斯加和北海地区开发的石油，而不是只靠海底或阿撒巴斯卡等焦油沙地的石油。

◎牛奶

新西兰的气候潮湿，人口仅400万人，但是地大物博。150年前，欧洲移民到新西兰后，这里才开始出现牛只。现在，新西兰的牛只数目已经超过人口数。新西兰是理想的奶酪畜牧国。阿根廷和爱尔兰也有让牛只成长强壮的茂盛草地，但是，这两个国家的畜牧成本不像新西兰的畜牧成本那么低。阿根廷有很棒的畜牧地，很适合畜养肉牛。爱尔兰的奶油相当昂贵，这是因为爱尔兰共同农业政策（Common Agricultural Policy）要求农业采取密集及小单位的生产。

从石油和牛奶的供给面来看，我们可以说明生产多少石油或牛奶，也能说明石油或牛奶的价格。如果价格很低，就只开发最容易取得的石油，只运用最容易畜牧的农地。例如，使用阿拉伯的石油、新西兰的牛奶就好。价格愈高，所需产品的价格范围就愈大。

◎电力

核电厂兴建及关闭成本极高。不过，一旦克服这些重要问题——核子反应器一经启用——只要添加少量的铀，就能持续不断地产生热能和电力，所以核电厂的营运成本很低。火力发电厂的兴建成本更便宜，但由于必须持续不断地供应燃料，所以营运成本比核电厂要高。大致来说，愈新的火力发电厂愈有效率，愈旧的核电厂费用愈节省。核电厂可依优先次序（merit order）做标示——最低营运成本的厂排名第一，最高营运成本的厂敬陪末座。电力需求愈高，核电厂发电的成本就愈高。

◎录像机

从石油、牛奶和电力来看，生产量愈高就需要愈高的成本。但是，录像机这类制造商品的供给曲线就截然不同。1963年，第一台家庭录像机由美国Ampex公司制造、配销。这台录像机在得克萨斯州最高级的尼曼马可斯百货中，售价为3万美元。5年后，售价只要500美元左右。20世纪70年代，日本制造商为录像机建立了一个消费市场。

石油和牛奶的需求量愈高，因为运用的生产成本更高，每公升的售价就愈高。但是，制造录像机的成本随着产出率的增加而剧降。成本下降是由于装配零件和元件生产的规模经济。因为录像机产量大增，生产录像机的成本也随之下降。

录像机在制造及制造过程中可能出错的事情，目前都已经解决。录像机制造商累积经验，让生产成本得以不断降低。技术上的稳定进步也让元件和装配零件的成本下降。这三种成本下降的来源——年产量大增、大数量累积的产出，以及技术进步——可以个别独立运作。但事实上，这三种来源一直是密切相关的。

需求

◎石油

飞机需要高品质的煤油。汽车需要汽油，只不过我们有些人选择耗油量大的汽车，有的人选择耗油量小的汽车。瓦斯可做为汽车的燃料，使用电力则比较不方便。发电也是使用石油的大宗，但也能以瓦斯、煤炭或核分裂发电。石油成本愈低，消费者能选择的用途和替代选项就愈多。

◎牛奶

跟石油一样，牛奶也有不同等级的用途。我们可以用牛奶制成许多奶制品。我们可以喝鲜奶，也可以把鲜奶加热——虽然会降低风味，却能让牛奶得以保存几个月。我们可以把牛奶做成奶油或乳酪，也可以把牛奶制成奶粉——奶粉既便宜又方便运送。我们还可以把牛奶变成酪蛋白（caseinate），酪蛋白是一种凝乳形态。

我们拥有更多牛奶，就会有更多奶制品。但是，许多奶制品的重要用途渐减。鲜奶真的没有替代品，奶油和乳酪等奶制品则有替代品。唯有出现严重过剩的情况，才会把牛奶制成奶粉，供动物饲料或产业用途使用。

◎电力

停电时，我们才想到电力有许多用途。个人电脑每小时要耗电2度或3度，并没有很多人喜欢用定时装置的个人电脑，或为了省电而关掉电脑。电脑、电视、吸尘器都是电力的高价值用途——跟产出价值相比，所用的电力成本小。但是，电力有很多非必要用途。电暖器有很多替代品，我们真的应该用替代品以节省电源。

◎录像机

1971年，英国市场推出家用录像机。以2002年的价格计算，当时的录像机售价约为2500英镑，有钱人和喜欢精巧装置的人才买得起。录像机的需求演变，遵循消费用品的共同模式。售价逐渐下滑，产品市场渐趋稳定。需求渐增，最后想要购买录像机的人都拥有了一台录像机。后来，销售量渐减，只能靠换机需求和再次购买来维持。

电力市场

直到1990年，英国国家电力供应公司的控制室才取得英国以及威尔斯地区，所有可用发电厂的详细资料和营运成本。这些发电厂后来以单一网络连结。操作者能持续不断地取得电力实际需求，以及预期需求的相关信息。一旦需求改变，操作者就能通知发电厂开始发电或停止发电。

夜间的电力需求很低，只有核电厂在夜间运作。在英国，通常清晨的电力需求最高——家庭成员都在这个时候准备去上班，办公室和工厂也正准备迎接员工上班。随着电力需求的增加，更多电厂加入发电的行列。每天的电力需求高峰通常出现在寒冬清晨，这时候大家不愿意起床，而且还打开电暖器取暖。电力需求高峰偶尔会出现反常，世界杯足球赛决赛转播中场时，观赛的500万个家庭都用电热水壶烧水。

商品需求通常也具有时间性。鲜奶必须在几天内喝完，所以鲜奶全年的需求稳定。但是，乳牛的产乳量并不稳定。春夏两季丰沛的产乳量，就用来制作奶油和乳酪。如有必要，就做成奶粉和酪蛋白。

储存牛奶则有问题——欧盟就有积堆如山的奶油和奶粉，因为这是最便宜的牛奶保存方式。储存电力几乎是不可能的。经过一个世纪的技术发展，也尚未研发出具成本效益的电池。目前储存电力的最佳方式，是先把水抽到山上，在需要电力时，就让水流下来，利用水力发电。

英国国家电力供应公司象征着成功的计划经济。这个在决定产业整体方向上相当失败的制度，却在这个详细营运层次上运作得当。利益团体和政府偶尔试图以“优先次序”插手干预，尤其想说服中央发电委员会（Central Electricity Generating Board）烧更多煤。整个电力网络由英国政府拥有单一主权，这样做也很有帮助——诱因相容的问题大都被解决。

1987年，英国政府决定要卖掉电厂，终止统一所有权和掌控权。对电力产业许多人士来说，这似乎是一个错误决定——采用这种优先次序的运作方式，可能要承担效率不彰的风险。可以想办法设计另一项体制，做同样的工作吗？英国政府的目标是，发现一个能保留优先次序效率特质的市场机制。解决方案就是建立一个电力库（electricity pool）。各电厂业者在电力库竞标，出价即为电厂可提供的发电产能及售价。

交易员接替中央控制室的工程师，负责审查标案。当电力需求波动时，由交易员购买足够满足需求的电力。他们接受的最高出价就称为合同价格（pool price），所有成功的竞标者都接受这个价格。

乍看之下，以供电厂商的报价来付款，这样做似乎更合适，成本也更低廉。但是，电力库的设计者已经仔细思考过诱因相容的问题。如果电力库依据各竞标者的报价付款，那么每个发电厂业者就会设法推测电力库准备支付的最高价格，并以此价格出价竞标。有时候，业者可能推测正确，有时候则推测有误。平均来说，业者的出价比电力库制定的价格更高。

电力库设计的问题，跟佳士得公司和苏富比公司所采用的拍卖设计问题相似。依据电力库的安排，各电厂为本身实际成本出价，这样做是合理的。电力库机制是目前唯一做到诱因相容的制度，这是千真万确的事，但却比较难加以证明。

石油市场

石油市场中有“优先次序”存在，就如同电力市场的优先次序一样。电力是相当特殊的商品，因为即使供需之间出现短暂失衡，都让人无法忍受。但是，石油的供需状况如果出现些许差异，大家也可以配合一段时间，不会造成极大的不便。因为石油海运是例行事务，而且石油也能储存在油槽和炼油厂中。

因此，石油市场不需要有一个像英国国家电力供应公司中央控制室的机制。事实也是如此，石油市场并没有这类机制存在。在欧洲，鹿特丹是最大的石油市场。在伦敦塔（Tower of London）旁边的国际石油交易所（International Petroleum Exchange），或在全球金融中心曼哈顿的纽约商业交易所（New York Mercantile Exchange）中，还有其他石油市场存在。大多数石油交易并未发生在这些交易所里。

石油公司彼此签约，也跟他们本身的子公司签约，生产者与顾客之间也有长期协定。但是，在鹿特丹或纽约商业交易所这类活络市场中的价格，才是影响交易条件的主要原因。石油价格依照石油品质和产油地点而异。布仑特原油（北海）就比杜邦原油售价要高。

市场上买卖的人群由买空（long）的人转变为卖空（short），这种市场均衡就称为套利（arbitrage）——在某个市场中买进商品，同时在另一个市场中以稍高价格，卖出同样商品的投机行为。因为同样的商品有一个以上的市场。以原油市场来说，套利让所有市场的价格都差不多，就如同超市中的行动主义者让所有消费者的等候时间均衡一样。

1973年，石油输出国组织（Organization of Petroleum Exporting Countries,OPEC）决定，除非能用比先前更高的价格供应石油，否则就拒绝供应石油。此举打乱了石油产业的优先次序，也激励其他非石油输出国组织掌控的地区对石油的供应——如阿拉斯加和北海。到最后，这可能会让引发拒绝供油的国家无利可图。在此同时，此举也降低了全球石油的供应效率。

电力库的合同价格是，提出足够满足需求所需的价格——全球油价也是提出足以满足需求所需的价格。如果全球油价为每桶25美元，那是因为油价必须够高，才能抵消在阿拉斯加和北海地区探勘石油的成本。我们需要石油，但我们不需要让阿撒巴斯卡油田有利可图的高油价，我们不需要那么高的油价成本。不过，每桶25美元的油价，就能让中东地区这些低成本产油国获利。

在没有任何干预的情况下，竞争激烈的石油市场具有诱因相容的特质。当时的英国政府担心电力产业缺乏竞争，所以设立电力库。每桶原油25美元的市场价格是由所有买家支付、所有卖家取得的单一价格。这个共通价格比一些买家愿意支付的价格更低。

买家可能支付的最高价格与市场价格之间的差异，就是所谓的“消费者剩余”（consumer surplus），也就是买家从交易获得的利得。卖家愿意接受的最低价格与市场价格之间的差异，就是所谓的“经济租”（economic rent）。消费者剩余让我们感到开心，经济租则让我们变得富裕。我会在第十八章说明消费者剩余，在第二十四章说明经济租。

电力市场的交易协定是由政府设计了一个前所未有的市场结构后，才被制定的。市场以这种方式发展，是很罕见的事。石油市场就没有这种情况——

石油市场随着全球石油事业的演进而出现。大多数市场是为了把稀有资源跟竞争意图相搭配而自动出现的。有些市场在几个世纪前就已经出现。

花市

在意大利跟法国里约河交界处，就是百花公路（Autostrada dei Fiori）——鲜花的高速公路。力久利安（Ligurian）沿岸山坡上布满塑料和玻璃。每天早上，鲜花被送到位于圣雷莫的花市。兴奋的意大利商人喋喋不休地交谈着，每天早上有几万朵鲜花易手。如果供需失衡，每种鲜花在当天早上的售价就会出现波动。花价会因为特别花种的淡旺季而异。在圣诞节和复活节等需求极高的期间，花价全面上涨。

在竞争市场中，如果没有人对价格有足够影响力，那么价格是如何决定的呢？从某方面来看，价格根本不固定。圣雷莫花市没有像英国国家电力供应公司控制室这类协调机制，平衡供给与需求，也没有任何机构决定不同鲜花的价格。官方只负责把国营花市的摊位租给商人，并规范其行为，就如同古希腊时期的雅典公众市集。

在圣雷莫花市看似混乱及熙攘的喧闹中，每天都有一个自发性秩序形成。花市在早上开张时，鲜花从沿岸1000个地点送来；花市打烊时，鲜花被送往遍布欧洲各地的目的地。开进花市的卡车上，各色俱备的鲜花是每个花农的心血结晶；驶离花市的卡车上的各种鲜花，则符合个别花店的要求。

市场上只有个别交易的价格，不过市场上还是有代表价格——也就是让供需平衡的市场价格。在石油市场中，阿各斯报价（Petroleum Argus）被视为对油价具有决定性的影响。圣雷莫花市并没有类似的正式形式。类似产品的商人常会聚集在一起，这样大家就会知道彼此的价格，了解彼此的存货。他们知道，如果自己的购货成本价比竞争对手高，转卖价格就不可能太高。而且他们也知道，必须在花市打烊前出清存货。

大多数商人每天到花市，并依据本身的经验来判断存货水平和需求量。他们也彼此打量——有些商人特别有影响力。各种鲜花的价格从供需平衡中出现。但是，有经验的商人会让自己的鲜花卖得比平均价格高出一些，老练的买家也能以低于市场平均价格而买进鲜花。对其他花市的了解虽有帮助，但助益不大。真正重要的是本地经验。

对第一次在圣雷莫花市交易的新手来说，如果他只是观察其他人在做什么，并依照当时的价格买卖鲜花，新手交易并不会做得太差。大家会回应供需状况，拉抬或打压花价。经验愈老到的花商做得愈好，但也好不了多少。

圣雷莫花市的自发性秩序跟超市等候结账队伍的自发性秩序类似。在超市，几位行动主义者观察附近等候结账队伍的人数，然后决定等候时间；在圣雷莫花市，老练的商人采取类似的行动主义，然后决定花价。对圣雷莫花市来说，他们的技能和经验是特殊的。他们都不了解决定欧洲园艺供给和需求的任何因素，甚至不清楚决定荷兰等其他花市供需情况的因素。

许多其他市场就是这样运作的。在飞机或船只市场，就有经纪人（broker）存在。经纪人是专业的市场观察家，他们让买家和卖家彼此联系，并对买家或卖家提出预期价格的建议。经纪人通常是依其负责的案件，收取佣金维生。有时候，经纪人会成为市场创造者，用自己的资金购买货品，再转卖获利，二手车市场的情况就是这样。

圣雷莫花市的交易，跟我们发现的完全竞争市场相似——没有哪一位买家或卖家能影响价格。圣雷莫花市的交易也与诱因相容相似——借由策略做出的行为无法获利最多。等候一个要买很多鲜花的人走进市场宣布，他要买大量鲜花，这样做可不明智。要在市场中抢先的巧妙方式又很难设计，也可能招致反效果。

虚拟市场

以前，几乎所有的竞争市场都像圣雷莫花市一样，都有实体店面。现在，还有许多市场是这样。在伦敦，科芬园（Covent Garden）就是蔬果交易中心；史密斯菲尔德（Smithfield）是肉品交易中心；比林斯门（Billingsgate）是主要的鱼市场。二手车在英国各地拍卖和交易。当地的牛只和谷物市场也已经存在好几个世纪了。在英国大作家托马斯·哈代（Thomas Hardy）所写的《远离尘嚣》(*Far From the Madding Crowd*)中，女主角巴希斯芭·艾佛登斯(Bathsheba Everdence）就是在乡下市集雇用到牧羊人盖伯瑞尔·奥克（Gabriel Oak）的。

市场跟经济事件一样，都具有社会性。市场的社会关联借由建立个人关系与加速信息交换，来支持本身的经济功能。在50年前，雇主会根据劳力供给状况和港口船只数量，雇用每天所需的码头工人。但是，随着码头临时工的人数日渐减少，把工人当成实际商品那样进行买卖的市场已经关闭。现在，劳力现货市场几乎已经不存在——在卡斯特桥市（Casterbridge）举办美国经济学会年会时，会有一场雇用博览会，年轻的博士们在有可能雇用他们的伯乐前，列队出场。

现在，许多市场都是有价证券市场，商人买卖授予实质商品权利的凭证，而不是买卖商品本身。因此，即使并未实际拥有石油的人，也能对石油买卖进行交易。这类交换是以标准合约做交易的。

即使并未展示交易的商品，但是许多市场，包括大多数证券市场，都有实体的交易所在地。人们会在波罗的海交易所（Baltic Exchange）买卖船只，在纽约证券交易所和伦敦证券交易所（London Stock Exchange）买卖股票。劳埃德保险集团（Lloyd's）的大厅是伦敦保险市场的中心，长久以来也是全球保险市场的中心。

随着电话的发明，人们不必在同一地点，也能轻易地进行协商，并因此改变了“有市场就有一个实际交易所在地”的想法。但是电话沟通是一对一的沟通，唯有借由现代电子系统的发展，才可能在没有实体场所的情况下，确保取得其他交易，以及其他交易者的相关信息——比如，在圣雷莫市场中，商人彼此观察对方的状况。

《金融时报》或《华尔街日报》的内页中，罗列了几百个市场的价格清单——电子市场、奶品市场和石油市场；咖啡市场、铜金属市场和猪肉市场；证券市场、债券市场和外汇市场。即使是寒冬或日本地震的风险，也能成为交易项目。

现在，电子交易已经接管了大多数市场。以往曾经忙碌、拥挤的交易所，现在像博物馆那样安静，且人烟稀少了。“交易所”不再是买卖双方为引起注意而互相叫嚣之处，而是一个摆满电脑屏幕，让交易员下单的地方。在大厅交易的习惯依旧留存下来，因为市场如同商品交换一样，仍然需要信息交换。但是，目前这些大厅是高盛证券和摩根士丹利集团等机构的私有资产，而不像纽约商业交易所或伦敦证券公司是集体财产。这些交易员在类似的交易室中，与对手交易。

在互联网热潮极盛时期，大家都断言，大多数交易很快就会电子化。对完全竞争市场中标准化的商品来说，电子交易运作之所以奏效，是因为商品已经标准化，所以不会有价格争议。但是，如果是远距交易，就必须确切知道出售的物品为何，买卖双方的商誉情况，或是有交换或中间商能保证绩效。

因此我很难想象，圣雷莫花市将采取电子交易。鲜花、肉品或鱼类批发商会想看到自己买的商品，因为亲眼做评估是一个重要的经商技巧。以往就有买卖码头工人的市集，因为市集中买卖的商品，其实只是“一只手”。但是，即使在这种市集中，雇主也知道有些工人比较强壮或比较可靠，其他工人就被归类成麻烦人物。在现代经济中，几乎各项技术和制度都朝向产品日渐差异化的方向发展。在第十八章中，我会再探讨这件事如何改变整体情况和趋势。

操纵竞争市场

在完全竞争市场中，尽管所有交易者都希望，自己拥有可以影响价格的影响力，但事实是，没有哪一位交易者足以影响价格。得克萨斯州大富豪亨茨家族（Hunts）在1979年，试图掌控全球银市。有一段时间，亨茨家族成功地让银价暴涨，人们排队等着要把传家银饰融掉转卖。但是到最后，就算亨茨家族拥有几十亿美元的家产，也不足以建立独占市场，于是银价（以及亨茨家族的财富）暴跌。[①]

政府常常干预证券市场，设法影响本身债券或其他国家汇率的价格。由于中央银行能印制钞票，所以政府对市场的影响力似乎具有决定性。如果政治人士愿意做出绝对且无限制的承诺，政府对市场的影响力就属实，但是，情况很少如此。

国际锡业协会（International Tin Council）是由锡金属生产国与消费国设立的，设置时的出发点甚佳，期望能援助生产锡金属的贫穷国家，并稳定锡金属消费国。国际锡业协会用尽资金购买锡金属，最后只好以期货合约（forward commitment）继续购买更多锡金属。[②]眼看着资金黑洞愈来愈大，会员国拒绝提供让协会承兑合约的资金。协会因此解散，锡价也随之暴跌。数10年来，由南非戴比尔斯公司（De Beers）管理的钻石市场，是目前唯一由单一业者长期顺利影响价格的商品市场。

1992年发生的“黑色星期三”（Black Wednesday），美国金融家乔治·索

---

①亨茨家族于1973年开始购买银金属，并于1979年积极收购。亨茨家族声称，在市场颠峰时期（银价从1973年每盎司2美元，一直涨到1980年的每盎司54美元），1980年年初，银价暴跌。亨茨兄弟宣告破产，最后被判决犯下市场操纵罪。

②期货市场是衍生性商品市场：本书下一章将说明这些市场如何运作。

罗斯（George Soros）采取投机行动，筹借巨额英镑在汇市抛售。英国政府无力稳定英镑汇率，英镑贬值让索罗斯获利 20 亿美元，英国则被迫脱离欧洲货币体系（European Monetary System）。在这次失败事件后，英国首相约翰·梅杰（John Major）、财政大臣诺曼·拉蒙特（Norman Lamont）的声誉从此一蹶不振。

并非所有政府干预都以失败告终。1997 年，亚洲金融危机让所有证券市场遭到重击。香港金融管理局（Hong Kong Monetary Authority）知道，本身的金融制度比邻国的制度更健全，因此在香港证券市场买进股票。官方后来卖出股票时还获利可观，获利大多来自索罗斯和另一位投机者罗伯特·朱利安（Robert Julian）。经过这次投资失利，索罗斯和朱利安宣布退休，不再负责基金管理，并把钱退还给投资人。但是，中国政府对此视若无睹，还觉得政府已经承担过多风险。于是撤销对市场的援助，让价格暂时下跌。[①]

电力库的复杂结构用意，是要借由竞争市场中的一种诱因相容机制，让中央发电局的规划系统——优先次序——重新产生效率。如果全英国 50 家左右的发电厂，都一直属于不同的个体拥有，这个计划可能会奏效。但是，英国政府重新改造电力产业的情况，并未到达这种境界。

大多数重要发电厂被两大企业——国家电力公司（National Power）和包尔根公司（Powergen）——所拥有。这些发电业者很快就发现，他们可借由高出生产成本的出价来维持高电价。结果，这个计划既没有做到诱因相容，也没有发挥效率，电价比以往更高。2001 年，英国政府废弃电力库计划，由更类似于全球石油市场的协定取而代之。

诱因相容是市场经济的关键目标，也是电力库的特定目标。但是，唯有

①鹤见正义（Masayoshi Tsurumi）于 2001 年的著作《亚洲金融大爆炸》（*Financial Big Bang in Asia*）。

在完全竞争市场中，才能彻底达成诱因相容。一旦买方或卖方人数够多，其行为足以影响价格时，策略行为就开始出现。

易捷航空

在完全竞争市场中，通过像圣雷莫花市这类自发性秩序，就会出现平衡供需的价格。在不完全竞争市场中，卖方决定售价。平衡供需就成为一个商业目标，而不是分权过程的结果。在这类市场中，航空公司的座位市场就是最复杂的市场之一。

波音 737 客机是最广为使用的商业客机。依据不等的座位前后距离，这款客机可搭载 100 ~ 140 位乘客。欧洲最大的廉价航空公司之一——英国易捷航空公司（easyJet Airline Company Limited），只使用波音 737 型客机，可搭载 137 位乘客。易捷航空和其他航空公司一样，每天的航班次数和座位数目都差不多。一旦他们确定航班次数，可搭载的乘客数目当然就固定了。

但是，需求变化极大，许多人想在复活节前的周四晚上搭机到尼斯，但很少人想在 11 月的周二中午就搭机到尼斯。因此，易捷航空就会依照预期的需求水平制定不同的票价。同样的航程，你在复活节前的周四晚上搭机到尼斯，票价是 180 英镑，而在 11 月的周二中午搭机，票价则是 17.5 英镑。

乍看之下，易捷航空面临的问题好像和圣雷莫花商的问题很类似。飞机上未卖出的座位就跟圣雷莫花市打烊时卖不出去而凋谢的花一样，没有用也无利可图。但是，圣雷莫花市是一个竞争市场，并没有固定价格。易捷航空只有几位竞争对手——虽然该公司密切监视对手的行动，但是，大家所提供的服务并不一致。

易捷航空和其他所有航空业者都有精心设计的复杂电脑软件——收益管理系统（Yield Management System），让航空业者能监视供需平衡。这些系统会接收到一些基本信息。例如，去年复活节、摩洛哥国际长途大赛车期间，飞机座位的预订状况。这些系统的目标，不是让飞机满载乘客，而是让飞机此次航运的营业收入最大化。航空公司宁可让班机中有几个空位，也不要整个班机乘客都用折扣票。航空公司希望把高价机位卖给赶时间的商务乘客，低价机位卖给对价格敏感的旅客。许多廉价机票要求乘客在周末搭机，但商务旅客宁可周末待在家里，而游客宁可周末待在度假景点。

通常，在竞争市场中能找到自发性秩序——从圣雷莫花市表面的混乱中出现让买家和卖家进行有纪律且有效搭配的机制。在竞争市场中，产品都有同质性，市场交易是无组织的。一旦产品出现差异化，且卖方有足够的市场占有率影响价格，定价和管理需求的问题就截然不同，也更为复杂了。事实上，协调可能更难达成，经历过飞机座位超额预订的人就明白此事。

石油、牛奶、电力、录像机、鲜花和飞机座位，这些都是在竞争市场中买卖的典型商品。但是，这些市场并不是彭博财经台所称的“市场”。在彭博财经台工作的交易员，每天处理的都是风险和金钱。这些商品的特殊市场将是后两章的讨论主题。

第十二章 风险市场

在莎士比亚名剧《威尼斯商人》（*The Merchant of Venice*）中，男主角安东尼奥站在里奥托桥上，紧张地等候他的商船回到威尼斯。在城里，放高利贷的冷酷犹太人夏洛克正磨刀霍霍。如果商船没有如期抵达，他就可以从安东尼奥身上的任何地方割下一磅肉。

在威尼斯共和国（Venetian Republic）成立不久后，海洋保险也随之出现，商人面临的风险可以由许多个人分摊。所有商人可以安心睡觉，因为他们知道没有什么单一事件，能让他们陷入像安东尼奥那样的重大风险之中。海洋保险市场在伦敦的爱德华·劳埃德咖啡屋（Edward Lloyd's）进一步得到发展。现在，位于伦敦的劳埃德公司仍然是海洋保险市场的中心。

1988 年，气爆事件摧毁了英国帕玻尔·阿尔法公司（Piper Alpha）在北海的钻油平台。这次事件共造成 167 人死亡，其他人员被直升机从结冰的海中救出。该公司紧急清理，以减少原油污染。但是，钻油平台因损害造成的成本、支付给受难者的赔偿金、外加上生产损失，总金额超过 10 亿英镑。钻油业者西方石油公司（Occidental Petroleum）获得了史上单一事件的最高理赔金。这项保险大部分是由劳埃德公司负责的。

劳埃德公司旗下的许多保险业者（保险联合企业）同意支付部分理赔金。但是，海洋保险市场经过几世纪的演变，已变得更加错综复杂。有些联合企业会将本身的风险再重新投保。重新投保的意思是，当理赔金额超过同意总额时，另一家保险业者同意支付部分理赔金。再保公司（reinsurer）扮演的是原保公司的保险公司。不论原因为何，如果联合企业所有理赔金额的总损失过于庞大，就由另一家联合企业支付差额。

帕玻尔·阿尔法公司的重大损失金额意味着，这一事件让整个海洋保险市场都受到了波及。起初，理赔金直接跟偿还西方石油公司的费用有关，但后来通过再保和超额保单（excess-of-policy），原保公司的损失就造成劳埃德公司要付出更多理赔金。在帕玻尔·阿尔法事件中，劳埃德公司应理赔 160 亿英镑——大部分理赔金是由原保公司向再保公司求偿的。在不知情的情况下，为其他联合企业承保超额保单的联合企业，一再承保帕玻尔·阿尔法公司的钻油平台。于是，在海洋保险市场中，风险并未分散到许多人身上，而是集中到几家业者身上。

帕玻尔·阿尔法事件揭开序幕，后来一连串的事件使劳埃德公司某些成员的财富蒙受损失，甚至造成性命和精神损失。这个过程几乎瓦解了市场，由几位有钱人（如劳埃德家族）承保的保险制度也随之结束。

这个故事有一个很奇怪的地方。早期的风险市场（比如海洋保险）让易受影响的个人，可以把风险分散并分摊掉。几个世纪后，市场更进一步发展，变得更复杂、代价也更高，业者竟然逆向操作。帕玻尔·阿尔法事件的相关风险，从能够评估并承担风险的单一组织——10 亿美元的损失，只是让西方石油公司的资产负债表上出现一个小缺点，转移到了易受影响的个人——这些人根本无法得知风险为何，在遭受打击时更无法善加处理。我会在本书第十九章，设法解开这个谜题。

风险市场

经济学在处理不确定性时，所采取的做法是，把风险视为一种商品。自然灾难的后果无法轻易避免，像气候恶劣或爆发疾病这类事件就是这样。但是，我们的经济组织和社会组织也会产生风险。企业牵涉到工伤风险、失业风险，以及投资事业失败的风险。风险可以被买卖，因此每种风险都有自己的市场和市场价格。风险的交易者也许能从交换中产生利得，这就如同其他交易者可以从其他交换中产生利得一样——偏好差异加上能力差异，以及专业所得的利益。

有些人喜欢承担风险、有些人不喜欢承担风险，就像有些人喜欢苹果、有些人不喜欢苹果一样。我们生活中的风险可能不是我们想承受的风险，正如同掉在我们果园的苹果，未必是我们想吃的水果。承担风险的能力是会改变的。在面对既定损失的风险时，我们愈富有，就愈能妥善处理。这些对风险偏好（risk appetite）的差异，就是能力上的差异。那些在风险评量和评估上具备专业技能的人，就能从专业化中获益。

爱德华·劳埃德咖啡屋里的绅士们，可能就属于这类人士。他们喜欢赌博。他们既有钱，也不喜欢他们投保的商船没回来时造成的不便。他们投入适当的时间，研究商船移动和海潮变迁。他们购买的商船保险各有不同。保险是把风险从那些厌恶风险的人身上转移到那些喜欢承担风险者的身上。但是，保险最重要的功能是分摊风险。跟个人财富或组织考察密切相关的风险，例如，损失一艘船、房屋损害，如果把风险分摊掉，损失者就能沉着应对。我的房屋占我个人财富的绝大部分，但却只是保险公司股东总财产的极小部分。

英国知名异议人士迈克尔·阿尔伯特（Michael Albert）把现代保险业的双重起源画成漫画，英国绅士在劳埃德咖啡屋聚会，对商船的命运进行投机；瑞士村民则聚在一起达成协议，如果牛只死亡，大家要互相帮忙（现在，英国和瑞士仍旧是保险业重镇）。在这两个国家，人们已经发现，之所以要进行风险交易，就是因为每个人的风险偏好各不相同，彼此可以分摊风险。

如果你买的风险能抵销你所承受的风险，那么风险买卖就有道理。2000年夏天，在伦敦经营连锁酒吧的康妮和巴洛，跟安然公司（Enron）签定合约：

在6～9月，每周四或周五伦敦的温度若没有超过24摄氏度，安然公司就支付给康妮和巴洛酒吧1.5万英镑，反之，康妮和巴洛酒吧就支付给安然公司1.5万英镑。

因为，如果气候凉爽，“上班族”在下班后，到康妮和巴洛酒吧饮酒作乐的可能性就比较小。但是，一旦他们都回家打开电视，安然公司的能源需求就会增加。这两种风险互相抵销。借由交换风险，两家公司的盈余就可能更为稳定。

风险评估

风险市场中的大多数交易，并不是因为风险承受力（risk tolerance）不同、有必要分摊风险的结果。大多数交易风险者之所以这样做，是因为他们认为自己比别人更懂得风险评估。

在赌马下注店阅读《赛马日报》（*Racing Post*）的赌客，认为自己有可能赌赢时，就会下注。赌马场庄家依据顾客的不同选择，制作赌册，从而建立一个推测赛马结果的市场。他们会根据赌金权重，改变每匹马的赔率。如果某一匹马吸引赌客的支持，庄家就缩小这匹马的赔率，并加大其他马匹的赔率，希望吸引更多赌金。在这个过程中，赔率在比赛开始前一分钟，还不断地改变。庄家的理想是，建立一个不管比赛结果如何，自己都能赢的有利态势。

在赛马下赌“市场”中，不同评估者对单一不确定事件（例如，阿斯科特赛马场于5点那场比赛的结果）进行不同估测，然后进行风险交易。“市场价格”（每匹马的赔率）就是以不同赌客对这匹马的可能胜算做的评估，再加以平均而得。人们愿意下注的钱愈多，就意味着他们对平均评估的贡献愈大。

股票市场和其他证券市场，例如，外汇市场，也是以同样的方式运作的。任何特定公司或货币的前景总是不确定，有些人比其他人更看好某家企业或某个国家。市场价格就是利用每个参与者在个人看法下，其所能调度资金的金额做权重，计算出每位参与者估价的平均值。如同庄家决定赌注账册的赌注，市场创造者也要利用平衡买卖双方的供需来决定价格（买卖双方对同样的风险有不同的评估）。

庄家总是试图避免对比赛下注，因为他们知道赛马通常是赚不了钱的，只是赌客不知道这一点罢了。在金融市场中，银行、证券业者和其他创造市场者，针对其交易的资产可能产生的变动发表意见，这是很常见的事。大多数金融机构认为，这样做对他们有利，即使在评估揭发意见的成本后，或许他们仍有利可图。

安然公司开始成为日益重要的能源交易者。不过，要在这方面真正获利，比安然公司高层主管原先预期的还难，而且股东也不太相信这件事。无法从事业经营中获利，安然公司就采用复杂的会计谋略来创造获利。最后，安然公司在 2001 年 11 月宣告破产，也是史上最大的企业破产案。

当人们因为一方比另一方更有能力承担风险而进行交易时，这个交易就对双方有利——如同布拉克和卢斯，或是圣雷莫花市的花商，或在电力库买卖的电力者。但是，依据不同人对相同情况的认知差异来进行交易的市场，就不是这样，而是一方获利、另一方就损失。我们无法事先知道谁会赢、谁会输。虽然未必确定，但是依据后见之明，答案总会更清楚些。[①]

---

①这样说听起来似乎很矛盾。如果龙香赢得阿斯科特赛马场 5 点的比赛，龙香的支持者就赌赢，其他人就赌输，这不是显而易见的事吗？从某方面来，是这样没错。而且，有可能龙香的赔率比应有赔率更少，所以如果你做出 100 个类似赌注，你就可能赌输。当你买一张彩券，你就犯了一个错误——你不该买彩券，因为中奖几率这么低。不过，如果你中奖了，你就有机会弥补过错。当人在风险状况下获胜，这项结果是其本身明智判断与好运的结合，要把这两项要素分开来根本不可能。这就是我们在考量成功企业与成功企业人士的重要核心。究竟福特、莫里斯和盖茨是具备了明智判断或是拥有好运，才得到成功呢？

效率市场

完全竞争市场的效率是本书第十五章的主题。在风险市场中，“市场效率”一词具有特定、详细的专门意义。效率说明市场如何吸收有关交易风险的信息。赌博刊物详细报导赛马的竞技状态。赌客常常认为，自己对特定马匹有特殊的了解——有时候确实是这样，但大多数情况却并非如此。

在彭博财经台和路透社（Reuters）这类服务机构，都能查到企业以往的股价。分析师对各个股票前景做出报告。许多公开文件也会说明不同国家的经济前景。有些交易员认为，自己特别清楚其他交易员的活动；有些分析师认为，自己对别人不看好的企业或经济体，有更深入的见解——有时候，事情确实如此，但大多数情况却不是这样。

效率市场假说（Efficient Market Hypothesis）意指，这一切信息形成市场交易者进行风险评估的背景，而且所有评估会经过加权，再并入对某个不确定事件的市场价格中。

所有有关风险的可得信息已经反映在相关证券的价格上。在效率市场中，把“龙香在上次比赛结束时表现强势”、“通用电气公司有卓越的管理”、“移动电话的需求将持续增长”或“格林斯潘先生是一位杰出的联邦储备委员会主席”这类信息，当成行为基准是没有意义的。这些信息众所周知，早已经影响到其他人的评估，也影响到市场价格。因为这些原因，龙香的赔率降低、通用电气公司的股价上涨、移动电话业者的交易量是现有盈余的好多倍，美元也呈现强劲走势。

这些就是支持效率市场假说的有力证据。这个理论预测，风险价格会依循一种“随机漫步”（random walk）的过程。也就是说，接下来会如何发展是无法预测的。许多物理作用也具有这些特性。例如，液体分子的流动。在这个领域，统计机制衍生的模式似乎可以奏效，后续要说明的布莱克－休斯（Black–Scholes）模型，就是以物理系统的分析为依据的。统计学家莫里斯·肯德尔（Maurice Kendall）发现，在他所研究的序列中，只有一个序列不符合随机漫步的预测。①这个不符合随机漫步预测的序列，其实并不是实际市场交易的序列，而是被准备当成预估市场价格的一个平均值。

效率市场假说引起了大家的质疑——专家利用风险交易替自己赚钱，甚或为别人赚钱。对专业投资经理人的质疑甚至高过提供赛马内线的情报贩子。平均来看，投资经理人的投资绩效并未比随机选取股票的投资绩效要好，而且这类经理人以往的绩效跟日后的投资成功未必有关。

衍生性商品

在保险市场、证券市场、赛马投注站里，有人把风险卖给别人。衍生性商品市场让风险可被分割、包装并再包装。如果安东尼奥的船上载满橄榄，船只延期抵达，橄榄的价格就会出现波动。不同人可能对安东尼奥的整体风险的不同组成部分做出不一样的评估，并愿意承担这部分的风险。造船工程师可能评估船身的稳定性；气象学家可能计算潮水状态；香料商人可能很清楚橄榄的供需状况。

可能有一个或多个主体会参与安东尼奥的投资事业。这样一来，市场参与者就能持有某部分的整体盈亏。这部分的价值由外部事件和安东尼奥的经商能力所决定。安东尼奥可能同意，如果橄榄在 3 个月内抵达，就依据今天同意的价格出售橄榄。这就是一份期货合约。或者，安东尼奥可能会依据橄

① 肯德尔于 1953 年第 96 期《皇家统计学会期刊》（*Journal of the Royal Statistical Society*）撰文《经济时间序列的分析》（*The Analysis of Economic Time Series, Part I:Prices*），11-25 页。

榄市价下跌（put option，卖权）所收到的最低价格来订定合约。安东尼奥唯有购买这类保险，以及一份期货合约或卖权，才能睡得安稳。因为他知道自己已经获得保障，有能力偿还他跟夏洛克的约定。

帕玻尔·阿尔法的超额保险业者提供原保险联合企业一个卖权，让他们把损失固定在某一金额。买权提供一个以契约订定当天的价格，在未来买进某项商品的权利、而非义务。如果买下买权，一旦价格上涨就能获利，也不会受到价格下跌的影响。但是，购买买权或卖权都需要支付权利金。

现代投资组合理论——风险市场的数学分析，是芝加哥大学在20世纪50年代～20世纪70年代间发展出来费希尔·布莱克（Fischer Black）和诺贝尔经济学奖得主迈伦·休斯（Myron Scholes），建构了一个能精确定出衍生性商品价格的模型。[①]华尔街股市很快就采用了这个理论，衍生性证券的范围和复杂度也不断增加。衍生性商品市场允许风险被一再地包装，可以让人们整理风险投资组合，以符合本身的专业、偏好差异与能力差异；也可以让人们下赌注，相信本身的风险评估虽与市场平均不同，但却是正确的。

金融市场理论——风险市场的理论，是企业经济学最重要的组成部分。“经济学中，没有其他定理比效率市场假说，拥有更多实质经验证据的支持。”[②]这个理论结合了技术复杂度，以及即时的实际应用。20世纪90年代，精通这项理论的金融专家，通常被称为“火箭科学家”，他们也纷纷在证券公司谋得高薪职位。不过，所有利用这个理论的专家，并非全然获得令人满意的结果。因此，这些金融专家的自信也日渐减少。有关这部分，我会在本书第十九章详加说明。

---

①布莱克与休斯于1973年5月／6月第81期《政治经济期刊》（*Journal of Political Economy*），撰文《选择权的定价与企业责任》（*The Pricing of Options Corporate Liabilities*），637-659页。

②迈克尔·詹森（Michael Jensen）于1978年第6期《财务经济期刊》（*Journal of Financial Economics*），撰文《有关市场效率的一些例外证据》（*Some Anomalous Evidence Regarding Market Efficiency*），95-101页。

第十三章　货币市场

市场经济做鲜花、电力、风险的生意，也做货币的生意。货币跟其他商品不一样，因为货币本身并不具有价值。货币是计算单位，就是梭罗计算得分的工具：货币是交易的媒介，我们利用货币评量所有事情的价值。

但是，目前有很多计算单位和交易媒介：美元和欧元、澳币和新加坡币、披索（peso，译注：菲律宾货币单位）和兹罗提（zloty，译注：波兰货币单位）。因此，我们会用一种货币交换另一种货币。货币也是储存价值的一种方式：我们活着就需要货币。我们在外汇市场中买卖不同的货币，在货币市场交换不同日期的货币。彭博财经台会定期报导这些市场。

外汇市场

红吊带男士：很高兴邀请您上本节目。请问，决定美元与欧元汇率的原因是什么？

所罗门·美林：供给和需求，需求和供给。短期来看，投机性的供给和需求就是来自观看此节目的输家。但是长期来看，杂讯交易（noise trading）会被抵销掉。重要的是，以美元出售的物品和服务的供给与需求，与以欧元出售的物品和服务的供给与需求有关。

红吊带男士：您的意思是，把美国的经济表现和欧洲的经济表现做比较吗？

所罗门·美林：某种程度上是这样。你跟我都可以选择到哪里度假，甚至可以选择在哪里购买书籍和CD。更大的规模来看，企业可以选择在哪里购买物品和服务，在哪里出售物品和服务。而且，企业可以在供给的替代来源间套利。

红吊带男士：套利？以我们的观点来看，这可是一个很无聊的字眼。

所罗门·美林：套利就是在某个市场以较便宜的价格买进，在另一个市场以较高的价格卖出。就像在超市结账时，到最短的队伍排队一样。套利可以避免可搬运物品的价格波动过大。

红吊带男士：像马匹或地铁这类事情呢？你无法把它们移动到大西洋的另一边。

所罗门·美林：不行的。这就是为什么购买力平价汇率跟官方汇率不同的原因。不过，这两种汇率的差异有限。这就是为什么以长期来看，两国通货膨胀率的差异就是不同货币变动的主要影响。

红吊带男士：购买力平价，您说的真妙。我们可以在《市场的真相》这本书的第三章，找到对购买力平价的解说。不过，在彭博财经台的节目上，不准提到这本书。您可以在此给优秀的企业人士提供一些秘诀吗？

所罗门·美林：不行。不过，他们的活动会对汇率造成很大的影响。他们在资产之间套利，但他们无法把工厂拿起来，再重新安置到另一个国家。但是，企业可以决定到哪里扩张，到哪里设置工厂。这些决定会创造货币的供给与需求。而买卖隔夜资金（overnight money）的财务经理，可决定是否持有某种货币存款或另一种货币存款。

红吊带男士：哦，我想他们只是想办法赚钱。

所罗门·美林：是的。他们会查看预期的投资报酬率或存款报酬率。当企业决定在哪里设置工厂时，会查看当地的价格和工资水平，评估政治、社会和经济的基础设施。当财务经理决定在哪里持有流动资产（或负债）时，会查看利率差异，以及未来几个月的预期汇率。

红吊带男士：所以您的建议是，满怀信心、进入汇市喽……

所罗门·美林：任何时间的汇率是市场中所有观点的平均值，就像某匹马的赔率是所有对其胜算概率评估的平均值。

红吊带男士：您不是真的把市场跟赛马相提并论吧？以上是摩根公司外汇经济学家所罗门·美林的意见，仅供大家参考。

货币市场

安东尼奥焦急地等待着，因为他已经保证，要把跟夏洛克借的钱，交给朋友巴萨尼奥。在所有借款中，这项借款用于成全巴萨尼奥的婚事，而不是资助安东尼奥的生意。在莎士比亚那个年代，大家通常都是借钱来花费。安东尼奥在参与投资事业和借款索利之间，做出了明确区别。[①]这个区别是依据基督教禁止索取利息而定，不过，其他宗教并没有这项限制，而且基督教还规定不准借款给犹太人。当时，政府变成了最主要的挥霍者。

事实上，跟夏洛克信奉同一宗教的富人杜巴（Tubal）是夏洛克的朋友，他借给夏洛克很多钱，夏洛克又借钱给安东尼奥，而安东尼奥再借给朋友巴萨尼奥。因为巴萨尼奥的信用很差，无法直接借款。杜巴并没有直接把钱借给巴萨尼奥，因为他并不是在确认和评估信用这一行做事。因此，中介商有必要存在。安东尼奥和巴萨尼奥之间的交易，以及夏洛克和杜巴之间的交易，因为彼此间的朋友关系，所以相比起来是直接交易。安东尼奥和夏洛克之间的交易，则需要公证和担保，这就是造成所有麻烦的原因。

①“先生，这是雅各服务的一项投资事业……这足够让利息优惠些吗？”详见莎士比亚剧作《威尼斯商人》，第一幕中第三场的台词。

如同在其他市场，价格是由供需决定的。隔夜利率会出现波动。谁会在今天晚上借钱，明天就还钱呢？大多是银行和企业，他们每天进行庞大金额的金融交易，必须维持账上的收支平衡。不过，长期利率就稳定得多。5 年期或 25 年期的借款人，是购买汽车或房屋等固定资产的家庭，以及需要资金供应日常运营或新投资的企业。

资金供给来自于那些金钱拥有额超过其本身的金钱需求，或是想要为退休准备，或是未雨绸缪而存钱的人。中介商的活动让资金的来源不明。我们看到夏洛克跟安东尼奥交易，但是潜藏在内的是杜巴和巴萨尼奥的交易。对杜巴来说，资金供给来自于个人存款；对巴萨尼奥来说，资金需求来自于家庭、企业与政府的过度花费和投资。

资金供给并不会对资金价格产生太大的影响。利率对我们想要多少钱或需要多少钱存款，并没有太大的影响，但可能对我们能存多少钱、或花多少钱的影响较大。因为像抵押贷款这类的长期借款，其成本会有所变动。

需求的情况却相当不同。大多数投资并不会受到利率影响。但是，众多家庭、大多数企业和所有政府在资金充沛的情况下，都会进行一些长期计划。约翰·凯恩斯（John Keynes）曾期望出现一个所有可兴建事物都已建妥的时代。①不过，这似乎是幻想。新技术创造新的投资机会。我们会除旧布新，许多建于 20 世纪 60 年代的办公室已都被拆除了。结 果，资金价格的长期报酬率一直介于 2% ~ 4% 之间。稍后我会再说明这些数字的意义，以及这些数字是如何计算的。

---

①“古埃及具有双重好运，这多半要归功于本身传说的财富。因为古埃及拥有两项活动，那就是金字塔建筑及寻找贵重金属，由于这项收益无法借由消耗而满足人们的需求，因此不会随着收益充裕而停滞不变。”详见凯恩斯于 1936 年约著作《就业、利息与货币的一般理论》（*The General Theory of Employment, Interests and Money*），131 页。

银行

资金市场把杜巴这类有钱人和巴萨尼奥这类需要钱的人安排在一起。这种安排有点像约会，不过风险却更高。如果我们想放款，就必须找到借款人；如果我们想借钱，就必须找到放款人。我们必须判断合作对象的素质——对放款人来说，这件事更为重要。而且，我们必须调查一下，借款人和放款人是否愿意承诺同样的期限。

银行能解决上述一切问题。我们不必去找有钱的放款人或贫穷的借款人，我们只要去银行就好。银行判断借款人的信用价值。在《威尼斯商人》中，杜巴把钱借给夏洛克，而不是直接把钱借给巴萨尼奥，是因为杜巴信赖夏洛克的信用，而不是巴萨尼奥的信用。由于银行有许多借款人和许多放款人，所以银行让我们可以不必先打电话告知，就能随时从账户提款。

早期的银行是由有钱人设立的，银行的商誉反映出创办人的个人财富和身份地位。银行信用迟早会反映机构名声，而非合伙人名声。不过，即使现在，银行仍旧为了纪念当初的富裕创办者或伟大主张，而保留其名。例如，巴克雷斯（Barclays）银行、劳埃德银行、美国银行（Bank of America）、苏格兰皇家银行（Royal Bank of Scotland），都设有相当豪华的营业大厅。他们都是想让你信服，当你想把钱拿回去时，他们一定还在那里。

银行发现，如果他们的信用具有说服力，就能针对过剩的可用资源（甚或总资源）发行信托产品。安东尼奥并没有把自己的钱借给巴萨尼奥，因为他没有钱。他的商船还在海上航行，后来才发现商船已经沉到海底。安东尼奥只提供夏洛克一个担保品。银行也能提供担保，只需要支付一定比例的佣金。

钞票（bank note）是银行承诺付款所发明之物。而且，由于人们对于银行的承诺有信心，因此钞票就跟黄金或白银一样有价值，但是钞票更加方便、流通也更加广泛。经济生活的各个层面都要依赖这些承诺的履行。政府监视银行的偿付能力和诚信，限制银行发行钞票的能力。发行钞票的权利是很赚钱的，但未受管制而发行钞票的风险极大。最后，发行钞票变成了国家专有的权利。

随着政府成为货币的唯一供应者，政府也有能力影响货币价格、甚至决定货币价格。对经济生活来说，这种决定利率的能力如此重要，以至于似乎必须由政治掌控。中央银行成为了政府机构。英国银行（Bank of England）曾是国营银行，美国联邦储备委员会是由支持并监督商业银行的实体所组成。德意志联邦银行（Deutsche Bundesbank）继承了于 1948 年德国英美占领区所设立的货币委员会。1999 年，新成立的欧洲中央银行（European Central Bank）也在欧元区（Eurozone）肩负起类似角色。

但是，即使让政府印制钞票，我们也无法信任政府。在 1923 ~ 1924 年间，德国货币制度受到蓄意破坏，让许多德国中产阶级的存款一夕成空，也助长了希特勒政权的崛起。如今，像联邦储备委员会和德国中央银行这些最成功的银行机构，已具备了相当的独立性。许多国家也从德国的惨痛经验中学到了这一教训。1997 年，政府授权英国银行制定利率，欧洲中央银行也有类似的特权。

中央银行控制货币供给及短期利率水平，但是长期报酬率仍由资金的供需平衡决定。必须有人持有全球所有房屋、办公室和其他建筑物，以及全球事业的所有资产。而且，这些资产最后就是所有个体的总财产，包括出现在所有权登记的资产公司、保险公司和其他机构。其实，我们大家和比尔·盖茨这些名人一样，都是其中的一份子。在这种关联性中，即使美国政府也是其中的一小部分而已。当联邦储备委员会在 2001 年，将短期利率从 6% 降低为 1.75% 时，此举虽为史上利率最大的降幅事件之一，却一点也没有影响到长期利率。

债券

短期利率大多由全球政府决定，长期利率则由资金基本供需决定。短期利率与长期利率之间的关联，称为利率期限结构（term structure of interest rates），图 13.1 是根据债券市场利率编制而成的。

图 13.1 美国公债值利率曲线图（2002 年 1 月 2 日）

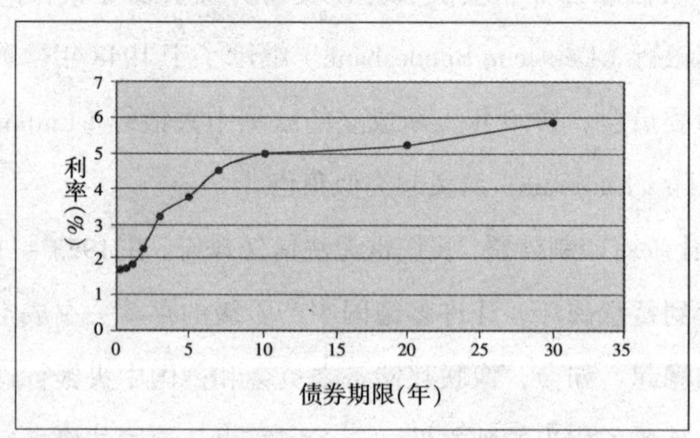

资料来源：美国公债网站

银行撮合借款人与放款人，让放款人在借款人还款前就把钱拿回来。债券是另一种处理同样问题的方式。债券市场是一种次级市场（secondary market），让收取贷款还款的权利可卖给他人。在这种次级市场中，债券价格未必跟原始贷款额一样。信用风险可能已经改变。当我撰写这段内容时，市场上有许多电信公司的债务，用不到一半的还款额（repayment value）就能买到这些企业无限制的借款，现在许多人质疑他们的还款能力。

债券到期时间随着时间流逝而缩短。20 年期的债券经过 15 年后再出售，就等同于 5 年期债券，价格将跟新发行的 5 年期债券差不多。如果不是这样的话，两种类型债券间的套利，就能让价格一致。如果利率下降，既有债券就变得更有价值；如果利率上升，既有债券价格下跌。

如果彭博财经台在19世纪就播出，其节目的主要内容必定是政府公债价格。从现代标准来看，除了极度不稳定的时期外，政府公债的变动非常小——彭博财经台可能会在美国南北战争的战场盖茨堡（Gettysburg）做报导，请军事策略家上节目当嘉宾。持有南军证券者可能会跟持有网络事业股票者一样，损失惨重。[①]

人们会买债券或存钱，是因为他们日后才需要用钱，现在用不到钱。但是，人们日后真正想要的并不是钱，而是用钱可以买到的东西。如果货币的价值会改变，就会影响人们购买债券的期限。债券或存款的名义报酬（nominal return），就是当你收到款项时，扣除本金后的额外金额。实际报酬（real return）是可从本金赚得的额外价值。在英国，1974年8月的利率约为12%。这个报酬率似乎蛮高的。但是，在后续12个月内，物价暴涨27%。每存款100英镑，一年后拿回112英镑，却只能买到一年前用88英镑就能买到的东西。

1982年，英国政府发行公债，提供实际报酬而非名义报酬。其他几个国家，包括法国、瑞典和美国，也陆续采取同样的做法。没有哪一个政府能确切保证它维持人民的购买力，因为人民的购买力要视人们实际认为自己想买什么而定。这些债券把利息和报酬跟一般家庭购买的商品价格结合在了一起。

风险的买卖

如果想得到风险更高的高额报酬，我们就会选择购买股票。经年累月后，放款与利息及分摊企业风险之间的区别，已经变得模糊不清。企业需要在风

---

①如同《飘》（*Gone with the Wind*）中所述，另见道格拉斯·鲍尔（Duoglas B.Ball）于1991年的著作《财务失败与南军的败北》（*Financial Failure and Conferate Defeat*）。这种状况的网络事业版本正静待出现。

险市场和资本市场中交易。企业卖掉风险，把事业投资成果加以扩大和多样化。企业购买资本资助工厂、建筑物和商品存货。

买进风险与卖掉资本，两者具有不同的功能。大家都预期任何承担事业风险的人，会在事情出差错时还清借款。赔偿帕玻尔·阿尔法事件的劳埃德保险公司，以预备金分摊承兑风险。名人无须存放太多准备金，这样做只是为了表示，这些有钱人在需要时有办法还款。

经过帕玻尔·阿尔法事件，以及劳埃德保险公司发生的其他财务重大失败后，事实证明，要集资还款是有困难的。有些名人根本没钱，其他人则迟迟不还款，或是雇用律师来解释他们为何不应还款。现在，劳埃德公司跟其他企业一样，运用事先取得的订金弥补风险：在买进风险时，就必须卖掉资金。

不过，不同人对买进风险及卖出资金的意愿并不一样。有些人可能只有些许资金，但却愿意承担高风险。有些人想卖掉资金，但却不想买进风险。金融中介机构（financial intermediaries）把证券重新包装，建立了不同的风险与报酬的组合。有些重新包装符合消费者的需求。但是，大多数只是掩人耳目，用以鼓励人们购买那些在知情之后就不会买进的东西。

原本，股东针对投资事业经费的一定比例出资，并接受一部分的报酬。股东购买风险，并提供一定比例的资金。获利是风险报酬和资金报酬。当事业变得更错综复杂，投资人就更不了解所投资的事业。随着有限责任的发明，大家就可以进行事业投机而不会破产，也为现代股票市场的发展做好了准备。

股票市场的角色

现代股东跟安东尼奥当时投资事业的伙伴大不相同——当时的合作伙伴是投入部分资金，然后得到部分营利；现在的股票市场就跟债券市场一样，是主要的次级市场。股票市场让投资人不必要求企业还款，就能从股市中取回资金。首次公开募股（Initial Public Offering, IPO，首度在股市中上市的新公司），通常能从新股筹募资金。但是，股市的主要功能是，在这些次级参与中建立一个市场。因为次级市场的存在，企业可以扩张和成长——企业在获利时，不必把资金还给投资人。他们的股东取得股利（股利是企业依据获利，定期分配的金额）。股价视预期获得的股利而定，正如同债券价值依据还款利率而定。

然而，许多企业并未发放股利，尤其是美国企业。[①]即使微软公司作为全球获利最佳、最有价值的企业，也从未发放过股利。既然这样，为什么还是有人买微软公司的股票呢？这是因为该公司有盈余和资产。即使微软公司并未发放任何股利给股东，但因为公司有盈余和资产，所以股票一样有价值。这种论点可能无法说服我们。但是，只要有一大群人相信，我们就能预期，可以把自己持有的微软公司股票卖给他们。因为人们认为可以用更高价格，把微软股票转卖给他人，所以才会购买该公司的股票。而且根据以往的记录显示，确实是这样，没错！从2000年起，情况却逐渐改观，市场将可能再次重视股利。

某些像微软这种不发放股利的企业，借由在股市中购买自家的股票来拉抬股价。这样做也让持有公司股票选择权的主管受益。如果公司发放股利，只会让股东受益。如果是股价上涨，连选择权持有人都能获利。

彭博财经台指南

出现在彭博财经台节目中的嘉宾，以及声称预测股价波动的人士，可能是股票基本面分析师或股票技术分析师。基本面分析师查看股票未来的预期

①根据法玛（Fama）与法兰奇（French）于2001年12月第34期第4号《经济文献期刊》，撰文《消失的股利》（*Disappearing Divends*）中所述，以1991年美国上市公司来看，有70%的企业从未发放过股利。

盈余和预期股利，技术分析师则确认股价走势，以协助预测未来趋势。技术分析师谈论支撑线（support level）和压力线（resistence level）。他们仔细端详图表，希望确认股价模式。例如，“头肩顶形态”（head & shoulders）或“双底形态”（double bottoms）。

效率市场假说建议，基本分析（fundamental analysis）和技术分析（technical analysis）都会失败，因为任何有关股票和企业的公开信息，已经反映到股价上。技术分析无法奏效——每个人都能仔细端详图表。唯有利用私人信息，基本分析才会奏效。但是，这样做通常是违法的。[①]图表专家（技术分析师常见的称号）是企业界的占星师：他们通常使用难懂的语言，只有同行才知道他们在说些什么，而且还用难以证实虚假的模糊措辞来表达预测。

基本面分析师的主张就比较有说服力。只是以效率市场假说的主张来看，仍存在一个问题。如果依据公开信息采取行动，这样做根本不值得，因为这类信息已经反映在股价上，没有人会再依据这类信息采取行动。因此，股价也不会受影响。在超市的结账队伍间穿梭的人，等候时间其实只比其他人少一些。由于股市规模庞大，只要发现些微优势，通常就足以产生庞大获利。

市场上确实有一些（虽然不多）投资人通过基本分析，获得了比大盘表现更好的投资报酬率。这些投资人通常以长期投资而获利，金额也非同小可，实在无法以碰巧获利来说明。我在本书第十九章中，会再审视不利于效率市场假说的证据。在第二十四章，我会说一个似乎可被视为驳斥效率市场假说的真人实例——投资巨子沃伦·巴菲特（Warren Buffett）。

---

①内线交易是利用通过与企业关系所得的资料进行交易，例如，跟企业主管或企业顾客的关系。现在，在英国、美国和其他许多国家，内线交易都属违法行为。

无形资产

投资是为了日后收益，而在目前做的牺牲。任何可能产生预期报酬的事物都可算是一种资产。我们的资产构成我们的财富或资本。我们赚取工资和薪水的能力，有时就被称为“人力资本”（human capital）。我们天生就具备人力资本。我们可以通过教育和训练来增加自己的人力资本；懒散、酗酒或年岁渐长会减少人力资本。评估人力资本报酬是可能的事——人们可以根据受教育程度或是否取得工商管理硕士学位，去预期可能获得的收入。这就是人力资本报酬。①

依据独特能力而具有竞争优势的成功企业，就比本身的工厂及存货更有价值。会计师常称此为企业的无形资产——商誉。对商店、酒吧或小型制造商来说，有一个措辞很贴切，满意顾客的忠诚度就是一种无形资产。

在现代经济中，有很多不同种类的独特能力，因此也有许多不同种类的无形资产。比如，以对不同顾客群的品牌或商誉为主的竞争优势，像专利、版权或当地专卖权等策略资产；跟供应商或员工的关系结构，“员工就是我们最大的资产”是企业报告中的陈词滥调，但却处处可见。这一切因素说明了，为什么企业的价值超过其有形资产的价值。②

最近，当代西方著名社会学家罗伯特·D. 帕特南（Robert D. Putnam）

---

①有关高等教育报酬率的估计，详见苏珊·哈克尼斯（Susan Harkness）与斯蒂芬·麦金（Stephen Machin）于1999年的合著《英国1974到1995年毕业生薪资调查》（*Graduate Earnings in Britain 1974-1955*）。

②这些“无形资产”是把竞争优势产生租用的资金化价值。这就是为什么“Tobin's q”值——企业市场价值与有形资产的比率超过1，会比较适当。

撰写了有关社会资本（social capital）方面的论述。帕特南的论述详见其著作《独自打保龄——美国社会资本的衰减》（*Bowling Alone: The Collapse and Revival of American Community*）。这项论述指出，美国的社会活动日渐衰微。几乎在两个世纪前，亚历西斯·德·托克维尔（Alexis de Tocqueville）就撰述过，渴望组合（desire to association）是美国生活的一项特质。[①]或许这种组合不只是美国公民社会的基础，也是美国经济成功的一项要素。只不过，在近几十年内，这种组合已经逐渐受到损害。

市场经济和市场社会都嵌入到社会制度里，本书第十七到第二十二章，会说明这一切。帕特南忧心，公民社会和经济社会的基础正受到损害，这一点是正确的。但是"社会资本"这个措辞带有绝望感。帕特南担心，只有以经济术语表达看法，他才会引起读者的注意。

保留"资本"一词，以作为市场中可买卖的资本，这一点还有很多可谈。有些（但不太多）无形资产会通过这种测试，不过人力资本并没有通过，社会资本当然也不符合。教育和技能是一种资产，让社会凝聚在一起的因素也是一种资产。只不过以市场买卖的资产来看，这些都不算资产。

---

① "所有年龄层、所有条件、所有心态的美国人，不断地合为一体。"详见托克维尔于2000年的著作《美国的民主》（*Democracy in America*），489页。

第十四章 一般均衡

该是回到第十章的问题的时候了。市场经济为何能比计划经济更有效地解决生产、交换和分配的协调问题？自发性秩序的概念——复杂系统可能具备自我组织的特性，确实有说服力。了解自我组织是有可能的，但却无法证明协调会自动发生，也无法解释协调为何会自动发生。

竞争市场——不论是电力市场、花市、石油市场、牛奶市场、风险市场或货币市场，都会产生自身的均衡性，以平衡供给与需求。电力持续供应，一早开市就抵达圣雷莫花市的鲜花，最后被卖出并运出花市。这些只解决部分的协调问题，只是部分而已。市场经济的卓越特性是，市场经济似乎同时解决大量各式各样的协调问题。花市把鲜花销售一空，电力的需求与供给配合一致。市场中有足够数量的卡车，但是数量并未过多；有足够的瓦斯供发电厂使用，但却不会过多。

中央计划者总是发现，处理任何特定的协调失败（co-ordination failure）是很容易的事。借由交换资源，我们总是能解决短缺或过剩的问题——我们在替家庭或事业做规划时，就是这样做的。而且，前苏联经济的管理者一直采用这种做法。问题是，这样做的后果总是不堪设想。当我们解决一个问题，几乎也在其他地方引起另一个问题。我们在协调全身肌肉，或组装在宜家家居买的家俱时，就会碰到同样的问题——要安装某个零件很简单，但把所有零件同时安装好才棘手。“一般均衡”（general equilibrium）就是让每件事同时搭配得宜的问题。

我们当然可以确信，同时装好每个零件是可能的事，宜家家居的员工已经试过此事。在传统市场未出现的社会里，生产者也确信协调问题可被解决，因为他们已经解决过这种问题。系统的一般均衡是由世世代代的经验累积而来，而每一年的经验都很相似。但是，这些答案都不适用于错综复杂的现代经济。没有设计者没关系——诱因相容问题就说明，中央计划者都无法从中央指挥一般均衡所需的信息与诱因，再加以收集与组合。富裕国家公民的经济生活正不断地改变。我们不能像传统社会那样，只凭借以往的规则来制定今日的规则。

不过，历史是重要的。今天在圣雷莫或英国国家电力供应公司控制室发生的事，跟在昨天或明天发生的事就不一样，但并非截然不同。即使机制的结果逐日改变，但是花市或电力市场运作的机制，只是很缓慢地发生改变。这些机制并非立即发生——就像其他复杂的社会有机体或生物——这些机制是从比较简单的版本演变而成的。这就是要创造出前所未有的复杂市场制度会如此困难的原因之一。

那么，市场经济的不同部分如何互相搭配？这个问题极需要一个数学方法。史上首位计量经济学家出现于19世纪的法国，萨伊·让·巴蒂斯特（Jean-Baptiste Say）把一般均衡的构想写成公式，也就是所谓的“萨伊定律”（Say's Law）——供给创造本身的需求。萨伊是法国最优秀的经济学家之一。但是，对这个理论贡献最大的，却是里昂·瓦拉斯（Leon Walras）。萨伊和瓦拉斯曾共同成立了一家经营不顺的合作金库。在合作金库经营失败后，瓦拉斯到洛桑大学（University of Lausanne）担任教职，开始着手写书《政治经济学原理》（*Principles of Political Economy*），并提出了一般均衡系统的运算。

附加于上的限制

在组装宜家家居的家俱时，我们会发现，如果我们正确组装好大部分零件，只剩最后一个零件还没装上，那么最后一个零件会自动安装好。但若事实不是这样，那通常表示我们已经组装错误。在协调系统中，最后部分的位置是由所有其他部分的位置预先决定好的。从经济学来看，这就是所谓的瓦拉斯法则（Walras' Law）。

瓦拉斯法则是簿记原则（bookkeeping principle）的经济学应用。复式簿记（double-entry bookkeeping）并不像铁路或互联网那样，是一种令人兴奋的发明。但是，对现代市场经济的发展来说，复式簿记跟这些创新一样重要。每个支出都要搭配一张收据。利用分类账掌握所有分录，就能加以管理和控制家庭活动或企业活动。复式簿记把纪律加诸到了有纪律的多元主义中。

复式簿记与经济生活和商业生活的关系，正如同热力学第二定律与物理学的关系，而且同样扮演着让空想家和幻想家的主张受挫的角色。安然公司和互联网热潮网络企业所提的主张，就跟炼金术和完全不消耗能量而永远运作的机器一样，永远不可能成真。思想混乱的人，以及把他们当猎物的骗子，都主张炼金术和机器永远运作的经济均衡。

但可悲的是，对个人或家庭而言，支出必须（或多或少）跟收入相当；对企业或机构（包括政府）来说，资产必须跟负债一致。因为经济被视为整体，所以有类似“附加于上”（adding up）的限制。最重要的限制是，生产必须（或多或少）等于消费，出口必须（或多或少）等于进口，生产总值必须（或多或少）等于消费总值。而且，企业和政府所有净资产和负债的总值，最后会等于个人或家庭所有净资产和负债的总值。

由于这些簿记限制，我们无法单凭加总立即的个别效应，就马上评量某个改变会对经济制度产生的整体后果。如果我们改变某个要素，那么为了确保复式簿记系统的必要条件仍旧有效，其他各个因素也必须做一些改变。

DIY 经济学

戴维·韩德森（David Henderson）在巴黎第16区布隆公园附近的经济合作开发组织，主管经济学和统计学等方面的事务。经济合作开发组织常被描述成富国俱乐部——其会员国多少跟第三章提到的富裕国家相符。1985年，韩德森在英国广播公司（BBC）推出里斯讲座（Reith Lectures）。[①]

因为对政治人士的经济声明感到失望，韩德森才推出这个讲座，并以他所称的“DIY 经济学”（DIY economics）为主题——“不曾念过经济学的人，直觉上的信以为真是不实的主张。”曾当过经济新闻记者而有不同经验的布里坦爵士，把这种相同现象和主张称为“企业人士的经济学”（businessman's economics）。[②]任何声称从本身开车或搭飞机经验衍生出对“应用物理学”拥有专业知识的人，马上透露出自己是一个傻瓜。

我们可以借此评估经济学家的失败——经济学家无法说服大众相信其做法的价值，大家根本对声称拥有经济学实务知识的人没有反应。DIY 的牙医学几乎不存在，DIY 的历史学或法律也很少见。DIY 的医学稍微多一些，但 DIY 的经济学却多得很。

DIY 经济学最常见的缺点是，对一般均衡问题缺乏了解。通常，这是对簿记限制缺乏了解而产生的结果。这些限制意味着，适用于个别家庭或企业

---

①韩德森于1986年的著作《天真与设计——经济构想对政策的影响》（*Innocence and Design: Influence of Economic Ideas on Policy*）。

②布里坦爵士于1996年的著作《有着人脸的资本主义》（*Capitalism with a Human Face*），276-277页。

层级上的事，未必适用于整体经济。这些误解的微妙来源，是因为经济生活受到家庭和企业的指挥：我们并不清楚一般均衡的抽象概念。这种误解就出现在英国前首相撒切尔夫人的主张上。撒切尔夫人认为，精通家庭预算让她事先做好准备，管理国家经济。[①] DIY 经济学的倡导者“知道”他们依据经验所言的真相为何。

如果企业在没有降价或增加成本的情况下，让销售额增加，就对股东和员工有利。相反的，如果企业的市场占有率不如竞争对手，所有相关人士都会受到不利影响。把这个简单的知识应用到整体经济，我们应该设法增加全国销售额——出口额，减少全国采购额——进口额，我们在这方面做得愈成功，生活就能过得愈富裕。

亚当·斯密与大多数经济学家，都相信这种理论——重商主义（mercantilism），从《英国对外贸易所获资金》（*England's Treasure by Foreign Trade*）这类书籍的书名就能说明此事。虽然这个主题跟热力学的燃素学说（The Phlogiston Theory），或是托勒密（Ptolemaeus）对太阳围绕地球转动的天动说，大致具备同样的科学地位，但目前却在 DIY 经济学中广受支持。

这项论证的缺点是，无法认清簿记的限制。长远来看，国际收支平衡表（balance of payments）必须平衡。这个论证适用于国民经济。但是，从个别企业层级来看，并没有相关限制。由某个企业所增加的出口将等于另一企业所增加的进口或所减少的出口。适用于个别企业的事项，未必适用于英国这

①撒切尔夫人在她于 1993 年的著作《我当首相的那几年》（*The Downing Street Years*）第 11 页中这样写到：“有时候，我会引用家父身为杂货商的背景，为我的经济哲学基础做证。以前是这样——现在也是这样。”不过公道地说，撒切尔继续补充：“家父是一位既实际又讲究理论的人。他喜欢把我们街角商店的发展，跟国际贸易伟大复杂的浪漫气氛联想在一起。也就是说，招募世界各地人士，确保德国家庭能享用到印度生产的白米，啜饮肯尼亚咖啡，享用西印度群岛生产的砂糖，以及五大洲种植的香料。”

个有限公司，如果把英国当成一家公司的话。

发明飞梭的凯伊被迫逃往法国，因为卢德分子（Luddites）担心凯伊发明的纺织机会让他们失业。[①]卢德分子有理由担心自己失业，因为很多这类工作后来都消失了。由于电脑负责机械式的记录保存，所以大大减少了银行办事员的就业机会。但就整体来说，工作机会并未减少。由于取代卢德分子和银行办事员的新技术，增加了对纺织品和金融服务的需求，所以这些产业的就业机会也随之增加。这种增加需求的影响，弥补了直接产生的失业问题（但这未必让个人所关切的事得到慰藉）。附加于一般均衡的限制就需要这样。

借由新技术降低成本，必须导致更低的价格或增加获利，或是这两种效果都达到。即使在直接影响产业后，产品支出并未增加，但通常在某些其他产业会出现更多的产品支出，也由此产生额外机会。从卢德分子开始破坏机器以来，生产力在经历过两个世纪后已经提高了 50 倍以上。但是，我们在这种高生产力的情况下，失业率并未高达 98%。

目前的技术变化并没有什么不同。在某些情况下，增加出口可能让国家经济获益（不只是对于真正出口国），而新技术将降低整体就业率（不只是被新技术取代的工作）。但是一般说来，这些结果并不属实，也无法从个人企业和企业主辛苦获得的经验中，推论整体经济状况。

经济理论的进展

亚当·斯密和李嘉图说明了重商主义，以及卢德分子主张的谬误。瓦拉斯详述了簿记限制对整体经济制度的含义，并陈述了一般均衡问题的结构。但是，这些说法仍不足以证明，这就是一个协调问题的解答。而且，在剑桥

①威胁凯伊的工人其实是卢德分子的前身，卢德分子意指 19 世纪初期奈德·卢德（Ned Ludd）的支持者。据说卢德是一虚构人物。在 LUDDITEw 相关网站，可找到一张凯伊当时逃难的照片。

大学经济学家阿尔弗雷德·马歇尔（Alfred Marshall）的极大影响下，一般均衡理论毫无进展。虽然马歇尔自己是一位优秀的数学家，但他依然嘲笑数学在经济学上的运用。他在1890年出版的著作《经济学原理》（*Principles of Economics*），就遵照自己"把数学给烧毁"的指示。[①]

诺贝尔经济学奖得主约翰·希克斯（John Hicks）是为经济学未来发展奠定基础的重要人士。希克斯在牛津大学、曼彻斯特大学和伦敦大学做研究与教学，但他并未在剑桥大学任教。希克斯于1936年出版的著作《价值与资本》（*Value and Capital*），成为了美国年轻经济学家萨缪尔森的博士论文著作《经济分析的基础》（*Foundations of Economic Analysis*）的参考文献。

通常，谦虚者不会把自己的论文称为《经济分析的基础》，但是萨缪尔森打算成为当代知名经济学家。《经济分析的基础》（不应与萨缪尔森另一本畅销教科书《经济学》混为一谈）跟凯恩斯的著作《就业、利息与货币的一般理论》,并称为20世纪最重要的经济学著作。虽然两本著作仅相差10年(其间还发生了第二次世界大战），但比较这两本书的论述就会发现，经济学出现了极大的改变。

《就业、利息与货币的一般理论》是推论性，内容并不明确，但因为文采过人而灿烂夺目。《经济分析的基础》采用数学方式，内容相当精准，读者是因为内容、而不是对文体感到欣喜。这个转变表现出经济学形式的一种改变，也表示经济理论的霸权从英国转移到美国。更概括地说，是从欧洲转移到美国。

希克斯和萨缪尔森为新的数理经济学打下了基础，另外两位诺贝尔经济

---

①马歇尔对其经济学方法论有如下的描述：（一）使用数学做为速记语言，而非调查工具。（二）延续此项做法直到做完为止。（三）翻译成英文。（四）然后以对现实生活具有重要性的实例加以说明。（五）把数学部分烧毁。（六）如果你无法成功完成第四项步骤，就把第三项步骤的成果也烧了。我自己就常这么做。摘自马歇尔于1925年的著作《与包利教授的往返书信》（*Correspondence with Professor A. L. Bowley*），427页。

学奖得主亚罗和德布鲁则提出了一般均衡理论的结构。此后，亚罗－德布鲁模型（Arrow–Debreu Model）一直是现代经济学的核心。亚当·斯密与其当代博学之士无法说明自发性秩序或提出正式的内容，其中一个原因就是，相关的数学运算尚未发明。这些发明一直到萨伊和瓦拉斯那个年代才出现。

20世纪发现的代数拓扑学（Algebraic Topology），提供给亚罗和德布鲁所需要的工具。不动点定理（Fixed–Point Theorem）说明“凸集合”（convex set）的特性。接下来，我们有必要解释一下凸集合的数学特性的经济含义。

凸集合

凸集合具有以下特性：包含两个项目的集合，也包含这两个项目的平均值。[①]如果这个集合是“我喜欢的事物”，那么凸集合意味的是，我也喜欢“我喜欢事物”的组合。这个平均过程似乎会让事情变得更好，而不是变得更糟。

上瘾违反凸集合的特性，并没有很多人需要一点海洛因。当物品不可分割时，凸性会面临一个问题：没有人想要半部车。但是，我们可以把病态行为视为上瘾，而我们的本能和社会态度就具有凸性。我们赞扬中庸之道，认为不偏不倚最有利。但同时，我们也佩服左右逢源的圆滑人士。

对于凸性的欲望似乎深植于人类的态度中。美国小说家罗伯特·赫里克（Robert Herrick）写道，“美丽是介于中等与极致的中庸之道。”这也是对凸性的最佳定义。现代心理学家证实，赫里克说得很对，把“我发现有魅力的脸庞”所做的集合就是凸集合。把两位美女的脸利用电脑技术合成，大多

①虽然凸性的一般构想已经为人所知，但是凸集合的数学运算一直到20世纪才完全发展出来，而且又经过一段时间才应用到经济学上。详见戈弗雷·哈迪（Godfrey Hardy）、李特尔伍德（Littlewood）及乔治·波亚（George Polya）于1934年的合著《不均》（*Inequalities*）。

数人也会喜欢这个合成影像。[①]

市场经济的行为决定其在世界的凸性，这样说或许并不夸张。为了解其中缘由，假设把弹珠丢进碗里：弹珠会打转，速度愈来愈慢，最后到达某种平衡。之所以会发生这种情况，是因为“碗里各点”的集合具有凸性。现在，把碗倒过来，整个状况就不具有凸性了：弹珠加速打转，并从无法预期的方向转出去。空间的形状控制了这个过程的变动。

在凸性环境中，些微调整、反复试验、片断的进步，似乎都能让事情变得更好。许多目标（即使部分对立）和多样性都会受到重视。在这种情况下，有纪律多样化的过程运作妥当。市场经济制度似乎无法妥善应对城市运输系统，它最好更加专注于宏观问题，而不是对每件事都插手。

如果专业化划得来，“我能做的事”所产生的集合就不是凸集合。假设花一整天时间，卢斯可以烹调 100 份餐点，或是复制 4 幅布拉克的画作。凸集合要求的是，卢斯花半天时间烹调，花半天时间复制画作，因此他可以煮出 50 份餐点，复制 2 幅画。但是，他不可能做到。凸集合透露出，从专业化中无法获益，而且这样做也没有规模经济。如果“我可以做的事”形成一个凸集合，那么大家就可能自给自足，甚至更想要自给自足。

分工是值得的，因为世界并不是完全的凸集合。不过，世界必须具有某种程度的凸性。如果“世界经济可以生产的事”所形成的集合不是凸集合，就很

---

①朱迪·兰格洛斯（Judith Langlois）、洛里·洛格曼（Lori Roggman）及利萨·穆瑟曼（Lisa Musselman）于 1994 年第 5 期《心理学期刊》（*Psychological Science*），撰文《怎样的面貌具有普通魅力和不具普通魅力？》（*What is Average and what is not Average about Attractive Faces*？）南希·艾科夫（Nancy Etcoff）于 1994 年 3 月 17 日第 368 期《自然期刊》（*Nature*），撰文《美与旁观者》（*Beauty and the Beholder*）。裴瑞特（Perrett）、梅（May）及吉川（Yoshikawa）于 1994 年 3 月 17 日第 368 期《自然期刊》，撰文《脸型与女性魅力的判断》（*Facial Shape and Judgements of Female Attractiveness*）。

可能会造成极度专业和极度不稳定。市场经济将无法生产人们所需的多样化物品与服务；计划经济也会发现，它很难找到一个适当的解决方案。我们需要与凸性保持一段适当距离：从专业中获得一些利益，而不是没有限制的利益。

这似乎是我们所看到的情况。专业是有好处的，但是这些好处却用尽了，因为每位专家的能力有限。如果毕加索（Picasso）是20世纪最伟大的画家，为什么我们看到的所有画作，并非都是毕加索的画作？

有部分是因为偏好的凸性：即使我们认为毕加索的画作是最棒的画作，我们也可能想看到一幅毕加索和布拉克的组合画作。有部分是因为，即使毕加索不眠不休地作画，全世界的画作也不可能都是他的画作。就算毕加索真的这样做，其中有很多画作也可能称不上佳作。因此，像布拉克这样天赋稍差的画家还是有工作可做，即使是天赋更差的画家一样也有工作可做，他们的画作还是能挂在公园的栏杆上的。

因为过度的延伸专业会耗尽从专业获得的利益，也因为大量的专业是让人讨厌的，所以我们几乎总能发现技术的规模经济。也正是这种平衡，提供我们所需的小规模的非凸性和大规模的凸性。

一般均衡的存在

亚罗和德布鲁已经证明，家庭与竞争企业的个别决策可能产生一致的结果。“看不见的手”这个推测就成为了一个正确的数学答案。

亚罗和德布鲁是在一个特定简化的经济模式下研究，“我喜欢的事物”和“可被生产的事物”都是凸集合。所有市场都是完全竞争市场，在市场中交易的家庭和企业，都是重商主义，并且只顾自身的利益。家庭和企业的偏好与选择是各自独立、互不相关的。每个家庭决定要消费什么，跟其他家庭的选择无关。各企业自主决定自己要生产什么，无论其他企业生产什么，该企业的生产技术和方法也不会被其他企业的作为所影响。举例来说，你买什么，并不可能影响到我要买什么，或者说，某家工厂的污染不可能影响到其他企业的产出或家庭的福利。

亚罗－德布鲁定理显示，如果这些条件成立，就会有一组价格。于是，在经济结构中，当总供给等于各种商品需求的总额时，市场就不会出现过剩或短缺。协调者不必获得协调结果。汽车制造商需要无数资源和无数人的贡献，但是，任何人都无须监看整个过程。大家只要根据所见价格，以及对本身偏好与生产可能性的了解来做决定就够了。

各个家庭都需要衣食住行，但是，在完全竞争市场中，不需要依靠整体协调来确保“家庭分配给衣食住行的预算加总起来就等于生产者生产衣食住行的总数量。”同样的，人们只要根据本身的有限知识做决定就行。如果我们并不觉得这些事有什么稀奇，那是因为我们太习惯“市场经济确实大多获得平衡”这个构想。但是，我们应该想起，在通过中央监督寻求协调结果的计划经济中，要证实能获得同样成效会有多难。

这个模型的抽象本质一定让许多人再三考虑。这个难懂的数学运算，似乎跟鼓励研究经济学的基本问题相去甚远。贺曼为什么有钱？西赛罗为什么贫穷？这个理论的假定显然不切实际。我们的偏好都会受到其他人的偏好的影响，不同的生产过程会彼此妨碍，到处都是规模经济。但是，这样的批评还不够。因为经济制度相当错综复杂，我们详述的任何模式，都牵涉到大规模的简化假定。

亚罗－德布鲁的模型，说明经济制度中自发性秩序的可能性。这类模型的结果未必是自发性秩序将会出现，也未必真的有亚罗－德布鲁模型所说的协调或自发性秩序。但是，与自发性秩序相近的事物，似乎是实际市场经济的一项特质。亚罗－德布鲁模型提供一个有条理的说明，并解说这类自发性秩序怎么可能发生。在下一章，我会审视亚罗－德布鲁模型的进一步主张——完全竞争均衡。这个主张认为，结果不仅经过协调，也会具有效率。

第十五章 效率

我们一生中，有一半时间处于黑暗中。对大部分人类历史来说，要把人工照明广泛应用在职场或社交生活中，一直是所费不赀的事。克罗马农人若没有人工照明，就不可能在拉斯科（Lascaux）洞穴作画，因此灯火的历史由来已久。但是，在18世纪结束前，蜡烛是照明技术上唯一具革命性的进步。

能源技术在19世纪有了彻底的改变。瓦斯和电力以集中生产的方式生产，再配送到各地。优良品质的室内照明成为了人们负担得起的东西。1880年，爱迪生在新泽西州曼罗公园（Menlo Park）示范电力照明，许多纽约人都驻足观看。在20世纪，照明成本比能源成本的降低更迅速。如果照明技术的效率没有出现这些改善，我们就没法过现在这样的生活，也就会面临能源不足的问题。但是，我们所说的效率改善，究竟意味着什么？而且，我们该如何衡量效率改善呢？

对物理学家而言，每单位能源产生的光量（以流明为评量单位）似乎是衡量效率的适当方式。照明技术上的许多改善也是以这个因素为主——尤其是光对热的比率。光曾经是燃烧时出现的副产品——火光。现代的低能源设备提供光，而且几乎不会产生热。

效率的改善大多源自于更好的分配能源方式。石油探勘和开发，让我们可以用石油代替鲸鱼油脂（以前用于照明的重要来源）。瓦斯沿着管线运送，房屋也有电力照明——瓦斯、石油或煤炭在中央发电厂燃烧，电力就沿着电线配送到各个家庭。

某些资源我们用得较多、某些资源我们用得较少，这种做法扩大了能源效率的改善。灯火比无遮盖火焰有更好的光对热比率，烛火比灯火有更好的光对热比率。但是，要增加这种物理效率，就必须付出代价。想找到更有效的燃料并加以处理，我们就必须付出更多心力。

表 15.1 照明的效率

年代	来源	物理效率(流明/瓦特)	经济效率 *
公元前 50 万年	无遮盖以木生火	0.002	70
公元前 3 万年	克罗马农人的灯火(动物油脂)	0.015	15
公元前 1800 年	巴比伦人的灯火(植物油)	0.06	4
公元 1800 年	蜡烛(兽脂或鲸鱼油脂)	0.01	0.7
公元 1870 年	早期瓦斯灯	0.25	0.03
公元 1890 年	早期电灯+	2.6	0.08
公元 1990 年	现代电灯	14.2	0.00006
公元 2000 年	低能源荧光灯	70	0.00001

*：使用 100 瓦特灯泡 1 小时所需的工作时数。

+：由于相对于瓦斯成本来说，电力成本较高，因此造成经济效率下降。

资料来源：提摩西·布瑞斯纳汉（*Timothy Bresnahan*）与罗伯特·戈登（Robert Gordon）于 1997 年的合著《新商品经济学》（*The Economics of New Goods*），撰文《实质输出与实际工资评量真的能掌握事实吗？》（*Do Real-Output and Real-Wage Measures Capture Reality*？）

我把目前用以产生照明的资源列在一张清单上，并把 100 年前或 1000 年前用于产生照明的资源也列在清单上。这些清单的属性不同：不论是内容，还是所包含的项目都不一样。要比较效率，最显而易见的方法是，把所有项目都改为同一单位。例如，生产照明所需的工作时数。表 15.1 显示了这个计算的结果，目前 100 瓦特的灯泡大约能产生 1400 流明。克罗马农人必须花 12

个小时搜集燃料，才能维持 10 分钟这种程度的照明。相比于在拉斯科洞穴作画的人，布拉克能够画出更多画作，这是可想而知的事。

向量

向量（vector）只是数字清单的数学用语。如果某个清单上的所有数字都大于另一个清单上的数字，那么前者的对应向量就比较大。如果某个清单上的某些数字大于另一个清单上的某些数字，我们就必须加以具体判断。只有一种加权方式能让我们排列这两个向量。

我们每次选购替代商品时，就会面临这个问题。消费者报导协助我们用系统化的方式处理这一问题。所以，英国著名消费者杂志《选择》（*Which*）在查看多家宽屏幕电视时，把这些电视做出了表 15.2 的评比。那么，哪家的电视比较好呢？

答案并没有那么显而易见。不过，答案不可能是索尼或汤姆逊（Thomson）。原因是，如果你喜欢索尼，那么松下跟索尼一样好，而且还有更多功能；如果你喜欢汤姆逊，那么飞利浦（Philips）跟汤姆逊一样好，而且还有更多功能。

但是，松下比飞利浦更好吗？这就要看，你想要功能众多，还是想要高画质和高音质。这方面我没办法提建议，不过读者还是希望《选择》杂志提出一些建议。所以《选择》杂志针对不同特性做加权，音质和画质占 43% 的权重，功能占 20% 的权重，使用方便占 20% 的权重。这样一来，《选择》杂志就能排列出所有电视的优先次序。结果，松下名列第一。根据这个加权系统，索尼比飞利浦更好。一旦使用权重，你不但能挑选最好的，也能把所有替代品都排列好。

权重反映出消费者协会（Consumers' Association）的工作人员认为我们应该如何评价电视。他们消息灵通，也具客观性，这一点毋庸置疑。不过，你或许认为画质比消费者协会认为的更重要。我们每个人会把各自的加权系统应用到特性向量上。这就说明了，即使消费者协会建议我们买哪一款电视，我们也不会都买那一款。这也解释了，为何连消费者协会也会对确认哪款电视是最佳选择，感到犹豫不决。

表 15.2 选购电视

特性	制造商			
	松下	飞利浦	索尼	汤姆逊
功能	许多	最多	最少	相当多
画质	好	好	好	好
音质	好	可接受	好	可接受
使用方便	好	差	好	差

资料来源：2002 年 2 月《选择》杂志，篇名《宽屏幕电视》（*Widescreen TVs*）

但是，并非所有事情都可以用同一标准衡量。当达尔文这位最理性的男士在考虑结婚时，他仔细编制了一张利弊清单。清单上列出的弊端可能是：妻小会占据他大部分时间，而且他们会强烈表达意见。但是，达尔文还是结婚了，而且生了 10 个小孩。他忽视这张清单，并决定不要单身一辈子。[①]

古斯纳特的某个夜晚

海蒂：贺曼，你坚持用财务观点看每件事情。你难道不知道，有些事情比钱还重要？健康、环境、生活本身，都比钱更重要。你怎么能在人或人种上标价？

贺曼：没错，有些事情比钱更重要。生活、小孩、关系都比钱更重要。而且在瑞士，大多数人拥有许多物资，这些物资已超过任何人的合理要求。正因为如此，我们才能关切环境，并认为保护环境很重要。

---

①约翰·鲍比（John Bowlby）于 1991 年的著作《达尔文传》（*Charles Darwin*）。阿德里安·戴斯蒙（Adrain Desmond）与詹姆斯·莫尔（James Moore）于 1991 年的著作《达尔文——备受折磨的进化论者的一生》（*Darwin:The Life of a Tormented Evolutionist*）。

海蒂：那么，你干嘛把每件事都简化到用钱来表示？

贺曼：当我“把事情简化到用钱来表示”，并不表示钱就是目标。我只是把钱当成一种比较的方法。你记得吗？我们在温布利亚买度假小屋时，曾算过这样做要花多少钱，也算过这样做能节省多少旅馆费用。

海蒂：嗯，贺曼，我们曾这么做，没错！

贺曼：没错！但是，我们一起讨论过总金额。这并不表示，我们度假是为了省钱。钱只是衡量成本与利益的标准。

海蒂：但是，你不能把这种计算应用到环境或人类的生活啊！

贺曼：为什么不行？以回收方案来看，就可以保护一些资源，而少使用其他资源。除了使用财务观点，你如何在两者间做比较？

海蒂：你理解错我的意思了。我是说，环境太重要了，不能简化成财务观点。

贺曼：但是，你并不是真的这样想。我们都厌恶湖边斜坡森林里的高压电铁塔，但是，即使在瑞士，完全利用地下电缆的成本太高。生活总是牵涉到选择——把稀少资源分配给不同的竞争意图，而且没有哪一个社会能避免选择。

海蒂：但是，你不能用这种方式做所有选择。有些事情比钱更重要，比如，你怎么评价人的生命？

贺曼：我们每天用钱换取安全。花费最少的拯救生命的方法是，投资改善道路状况。你记得我们去达沃斯时的那个弯道吧，我们差一点就出车祸。前10年内，就有5个人在那里丧命。现在，那里正在兴建隧道，减少弯道和坡度。而且你也知道，如果你花更多钱，就能拥有一部安全性能比Micra更好的汽车。

海蒂：贺曼，你真是无药可救。我想，只有经济学家才会用这种方式思考吧！

贺曼：事实是，经济学家必须这样思考，政策制定者也该这样思考。你在诺华提斯药厂工作的朋友米克来家里吃晚饭时曾说，我们推迟新药上市而造成的死亡率，比新药的副作用可能致人于死地的机率更大。而且米克的朋友弗瑞兹在瑞士核能安全视察团工作。瑞士并未发生任何核能事件，这当然是一件好事。但是，弗瑞兹认为，我们在采取预防措施和安全上花费过多。如果我们把这些钱花在健身房设备，推广勿暴饮暴食的宣传活动上，我们可能更健康、更长命百岁。

海蒂：那好，我去看看晚餐吃什么，你去使用健身器材吧！

单一的评量标准

贺曼和海蒂的讨论提出两个不同的问题——不同目标可以用单一标准来评量吗？如果可以用单一标准来评量，要评量的单一标准是什么？金钱、成本、燃料效率，或其他标准？这些问题常常混为一谈，因为想要对单一标准评量提出全面主张的人，通常会以金钱为评量单位，而希望否定单一标准评量的人，常会选择抨击以金钱为评量标准的人。

对某些经济学家来说，所有目标都能依据单一标准做评量。美国知名法律兼经济学者理查德·波斯纳（Richard Posner），就把贺曼的立场做了极致延伸。波斯纳主张，正义和经济效率并无差别——“当人们在未经审判，就评述某人‘不公不义’，在没有给予公平补偿，就拿走别人的财产时……他们就能被解释为，比质疑浪费资源的行为更自负、更虚伪。”即使较为感性的陶德·布希霍兹（Todd Buchholz），也把这种情况描述成“聪明人的模糊观察”。布希霍兹还指出，波斯纳的第三版论文只是斟酌叙述这种现象。[①]

免于种族歧视或性骚扰的权利，并不是一种财产权。从这类权利中获益的人，根本没办法把这种选择出售或转移——要放弃不被性骚扰或不被歧视等权利，以换取一笔钱，这种意图是不可能实现的。相反的，如果有人遭到性骚扰或歧视，并不能依据不被骚扰或不被歧视等权利，取得大笔金钱。以美国当代

①布希霍兹于1999年的著作《经济大师不死——因为被你搞懂了》（*New Ideas form Dead Economist*），199页。波斯纳于1998年的著作《法律的经济分析》（*Economic Analysis of Law*）。

杰出法学家罗纳德·德沃金（Ronald Dworkin）的惊人措辞来说——“权利就是王牌”（Rights are trumps），王牌的本质就是“无法以单一标准来评量”。[1]

社会中的有些价值是无法单凭财务观点衡量的，而且可能根本无法衡量。根据伊萨·柏林（Isaiah Berlin）的价值多元性主张，对社会有益的观念，几乎常包含矛盾的目标。[2]这并不是相对论——柏林并不认为，所有对社会有益的观念都同样有效。他的见解具妥协性，这也正是贺曼和海蒂寻求的平衡点。用放弃录像机的角度，拒绝评量人类生活，这样做是不合理的。这种拒绝可能导致明显矛盾的选择，就如同我们花太多钱拯救海难者，却没有花这么多钱改善道路状况以拯救生命。以世上任何常理来看，这种做法令人不安，但未必不理性。

如果把海蒂的观点发挥到极致，主张无法以单一标准评量的人，通常希望否决把稀有资源分配给不同竞争意图所需的选择，或者他们只是主张本身价值最重要——你认为重要的事，绝不可能跟我认为重要的事，都用单一标准来评量。只要有更多无法以单一标准评量的主张存在，像贺曼和海蒂之间的这类争议就会愈多，而且这些争议当然都没有结论。“生活权利”和“选择权利”的矛盾主张，找不到共同的立场，而这些矛盾权利的支持者只能借由彼此叫嚣，甚或彼此杀害，才能切实管理他们的争辩。

如果权利是王牌，那么只有几组牌才算王牌。因此，拒绝把理想成果（比如产假或无障碍通道）滥用，拒绝把理想成果当成必须不计代价落实的“权利”，这一点就很重要。我们必须做出选择，把稀有资源分配给不同的竞争意图。

回收玻璃或回收纸张，本身并不是一个值得去做的目标。但要求提议的人会用特定成本效益的观点，去辩护这样做是合理的。环境保护者特别容易把“无法以单一标准做评量”这个主张发挥到极致。以柏林的观点来看，可

①德沃金于 1977 年的著作《认真对待权利》（*Taking Rights Seriously*）第四章。杰里米·沃尔德伦（Jeremy Waldron）于 1984 年的著作《权利的理论》（*Theories of Rights*），153-167 页。

②柏林于 2000 年的著作《构想的力量》（*The Power of Ideas*）。

能有一些环境目标无法用单一标准和唯物论者的目标一起评量，但这并不表示，环境政策不该以结果论的观点去评量。主张应该不计代价维持生物多样性的人士，无法借由论述其经济利益来证明生物多样性的合理性。

幸福指数

要衡量效率，就必须比较输入向量和产出向量。从相同输入获得更多产出，就表示更有效率。正因为这样，我们先前才能做出选购电视的结论，认为松下比索尼好，飞利浦比汤姆逊好。但是，这并不能让我们比较松下与飞利浦，甚或认为现代的低能源电灯泡比克罗马农人使用的灯火更有效率。

《选择》杂志决定利用一组加权特性，比较不同品牌的电视。权重是他们认为买家对这些不同特性的重视程度。在完全竞争市场中，物品的价格和特性与买家认定的价值有关。

问题在于，人们认定物品或服务的价值，不仅依据人们想要这些物品或服务的迫切程度，也依据人们本身拥有多少钱而定。齐藤先生并不是因为他对杰出艺术作品有独特的热爱，才花 8250 万美元的高价购买《嘉舍医生的画像》。他是因为特别有钱才能这么做的。以市场价值做为权重的正当性，视其所增加的收入分配之正当性而异。

直接解决问题，就是处理这种问题的另一种方式。经济制度的意图不是要产生实质产出，而是要让生活在此经济制度中的家庭的福利得以增加。我们应该以经济制度对其公民福利的贡献，来衡量经济制度的效率吗？但是，我们如何衡量福利？对于 19 世纪的博学之士约翰·斯图加特·密尔（John Stuart Mill），以及首位英国计量经济学家弗朗西斯·埃奇沃思（Francis Edgeworth）来说，社会福利是以对个别成员的福利（效用）为基础的。这两位人士受到杰里米·边沁（Jeremy Bentham）的启发，他们寻找到一种“衡量幸福的指数”（felicific calculus），以客观方式评量目标进展和最大数量的最大幸福。

“衡量幸福的指数”的设计宗旨，是为了解决“单一标准衡量”这个难题，即如何把我的效益和你的效益做比较，如何决定是否达到更大的集体幸福。遗憾的是，“衡量幸福的指数”这方面的进展依旧难以捉摸，而功利主义（utilitarianism）在许多年前，已在哲学家之间成为过时之物。

帕累托效率

意大利经济学家维尔弗雷多·帕累托（Vilfredo Pareto）跟功利主义者一样，认为可以用个别公民或家庭的个别效益来定义社会福利。帕累托对于把达成的效益列成向量一事，感到十分满意。因此，帕累托提出的向量说明了自利主义者的福利、中产阶级的福利，以及经济制度中所有家庭的福利。

有时候，就算不把向量的分量做加权，我们还是可能对不同品牌的电视做比较。松下比索尼更好，是因为松下的功能较多，而且其他特性都一样好。如果我们能在不让他人的经济生活变差的情况下，让自利主义者和中产阶级更富裕，我们就能有更好的政策或把资源做更适当的分配，这就是所谓的帕累托改善（Pareto Improvement）。

在其他情况下，不可能出现这类向量的比较。松下是否比飞利浦好（或坏），只是判断和意见的问题。飞利浦在某些方面比较好，因为飞利浦具有较多功能，但是松下的音质却好一些。同样地，如果中产阶级变得比较富裕，而自利主义者变得比较贫困，要进行评估就必须对中产阶级和自利主义者的福利做加权。我们必须判断，中产阶级的收益是否超过自利主义者的损失。理论上，我们需要一个衡量幸福的指数。如果我们以金钱做比较，那我们就是用一个不明说的幸福指数——以我们家庭拥有的金钱对家庭考察的福利做加权。

帕累托的主张是，我们通常（未必总是）能避免这些判断。帕累托为这个主张做出了更进一步的解释。如果帕累托改善不可能存在——如果不可能在不让自利主义者变穷的情况下让中产阶级变富有，或是不可能在不让中产阶级者变穷的情况下让自利主义者变富有，那么结果就可说成帕累托效率（Pareto Efficient）。如果不可能在不让其他家庭变穷的情况下让某个家庭变富有，那么所有稀有资源在不同竞争意图间的分配，都是帕累托效率。

我们很难不支持帕累托效率。帕累托改善是政治家的梦想——只有赢家的政策。如果我们能在不让任何人变穷的情况下，让某人变富有，我们为什么不做呢？而且，你可能已经意识到，帕累托即将带领我们到我们或许不希望前往的地方。问题一大堆的国家，也可能是帕累托效率——可悲的是，虐待狂正在折磨他的受害者，但这种结果依旧是帕累托效率——我们只能借由让虐待狂的生活过得更糟，才能停止这种折磨。

福利经济学基本定理

让双方受益又对他人没有不利影响的任何交换，就是帕累托改善。因此，唯有在每种可能互利交易都已出现的情况下，经济制度才算是帕累托效率。这似乎把帕累托效率跟自由竞争市场扯上关系。允许市场经济自由运作，将具备这种成效——人们彼此交易直到达成帕累托效率。对市场经济的许多支持者来说，这个主张就跟我常听 DIY 经济学实践者说的一样简单。

但事实上，这个主张并没有那么简单。两个个体间的自愿交易让双方受益，但是，唯有在这个交易不会对他人造成不利后果时，才算是帕累托改善。如果我的购买或你的生产影响到别人，就不可能产生帕累托改善。事实上，我的购买或你的生产通常会影响到别人，因为别人也会想买我买的物品。或者，你的产出会是第三方的成本。

此外，这个问题后来变成了基本问题，有一个诱因相容的问题要考虑。让相关团体受益的交易，如果影响到别人交易的条件，就会对别人产生影响。这是相当常见的事。即将起飞的飞机若有一个空位，如果有乘客愿意以较低的价格递补机位，就可能出现帕累托改善。但是，航空公司不会这么做，因为一旦定期廉价出售飞机上的空座位，就会影响到全额票价乘客的行为。

航空公司采用第十一章提到的复杂收益管理系统，精准地处理这个问题。航空公司不是以航班客满为目标，而是补满机位与为机位取得最佳价格之间取得平衡为目标。如果航空公司有读心术，能精准地判断出每位乘客愿意支付的票价，他们就能用“完全差别定价”（perfect price discrimination）达到帕累托效率。[①]但事实上，航空公司并无法做到这一点。

因此，唯有在完全竞争市场中，自由贸易才能产生帕累托效率。因为唯有完全竞争市场，才能避免这些诱因相容的问题。具竞争性、但不是完全竞争的市场，也为帕累托改善提供了许多机会。

我们从亚罗－德布鲁模型所描述的完全竞争市场中，得到了福利经济学的基本定理：[②]

◎每种竞争均衡都是帕累托效率。

◎借由竞争均衡，稀有资源在不同竞争意图间的任何分配，都能达到帕累托效率。

别担心，这本书自此以后就简单得多。不过，如果我们要审视“竞争市场必定会产生效率的结果”这种主张，就一定要了解福利经济学的基本定理。提出这些主张的不是理论经济学家，而是讲究实际的政治家。美国前总统里根对代数拓扑不太感兴趣，但是，对里根产生影响的知识，最后却能追溯到不动点定理。

①完全差别定价——第一级的价格，意指精准地调整各种销售给使用者的物品价格，这样就能得到所有消费者剩余。

②亚罗于 1915 年的著作《古典福利经济学基本定理的延伸》（*An Extension of the Basic Theorems of Classical Welfare Economics*），507-532 页。

第四部　市场的真相

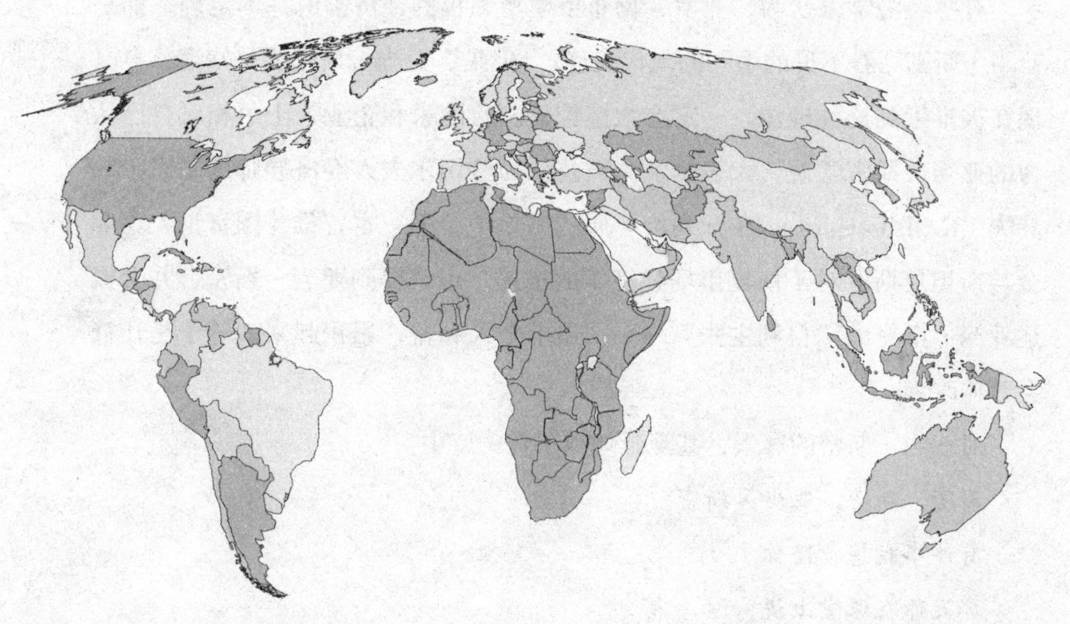

第十六章 经济学的近代发展

有些经济学家认为，亚罗－德布鲁模型和福利经济学的基本定理，都是亚当·斯密“看不见的手”的现代表述。[①]但是，亚当·斯密要是知道，自己现在被推崇到这种地位，一定会大感惊讶。政治家和企业人士争相对自己认为的亚当·斯密学说，大表赞赏。被公认为撒切尔夫人经济导师的基思·约瑟夫（Keith Joseph），在开列给下属的书单中，第一本首推《国富论》。耶金与斯坦尼斯罗对于恢复市场经济学的描述，也常提到亚当·斯密，并会概述亚当·斯密的“自利主张”——“追求个人利益，累积起来就等于是让社会整体改善。”[②]

对亚当·斯密的尊崇，甚至延伸到了赞美诗中。

斯密、斯密，亚当·斯密，
有件事我想责怪你。
那天你在课堂上说，
自私乃是天经地义。

①举例来说，对詹姆斯·托宾（James Tobin）而言，“看不见的手”就是“史上最伟大的构想之一，也是最有影响力的构想之一”，详见托宾、迈克尔·弗瑞（Michael Fry）于1992年的著作《亚当·斯密的遗物》（*Adam Smith's Legacy*），撰文《现代个体经济学中那只看不见的手》（*The Invisible Hand in Modern Microeconomics*），117页。

②耶金与斯坦尼斯罗于1998年的合著《制高点——世界经济之战》，398页。相同的文句也出现在这本书第24页。

这是不是你的理论精华?

斯密、斯密,请回答。①

这真的是亚当·斯密学说的精华吗?如果你仔细阅读亚当·斯密的著作,就会发现,亚当·斯密并未表示自私的行为是值得赞赏、是天经地义,或一定能增进社会最佳利益。当我们在超市加入人数最少的结账队伍时,我们只是想节省自己的时间,但这并不能断定,我们的行为被自利的物质主义所支配,也不能断定这类行为会导致社会的整体改善。

"看不见的手"的隐喻跟一般均衡理论无关——它的目的是要解释,即使去除关税,商人为何还会继续购买英国产品。这个隐喻出自莎士比亚的苏格兰名剧《麦克白》(*Macbeth*),而且似乎引起了亚当·斯密的好奇心。亚当·斯密在其另一本重要著作《道德情操论》(*The Theory of Moral Sentiments*)中提到,同情心扮演着一个重要角色。他写道:"富人被一只'看不见的手'指引,做出生活必需品的分配,这种分配就像是依据总居住人数,把地球平均划分一样。"

只是去臆测亚当·斯密究竟在想什么,这样做对了解市场的真相并没有帮助。我们现在的目的是,解释亚当·斯密无法想象到的经济制度。基于这个原因,对于英国贸易工业部的公务员来说,《国富论》在他们的日常工作中根本不可能派上用场,就像对当代物理学家或工程师而言,牛顿学说已经派不上用场一样。

在现代经济思想中,诺贝尔经济学奖得主弗里德里希·冯·哈耶克(Friedrich Von Hayek)一直被忽略。直到他在1974年意外获得诺贝尔奖后,才备受瞩目。哈耶克在世的最后几年,被企业领袖和政界领袖当成名人。"哈耶克"的名字也出现在约瑟夫开列给下属的书单上。约瑟夫推荐哈耶克在1944年的著作《通往奴役之路》(*The Road to Serfdom*),他认为,这本书可做为英国在战

---

①斯蒂芬·李科克(Stephen Leacock)于1936年的著作《*Hellements of Hickonomicks in Hiccoughs of Verse Done in our Social Planning-mill*》。但这并非李科克本人的观点。

后时期推动福利发展的评论。如同这本书怪异的书名所暗示，哈耶克的作风是独断的。哈耶克认为，他的对手不但想法错误，连精神上和道德上也有缺陷。事实上，哈耶克比20世纪其他经济学家更清楚地说明了自发性秩序的概念。

哈耶克跟奥地利籍同事路德维希·冯·米塞斯（Ludwig Von Mises），率先发现计划经济的信息问题难以处理。对许多了解前苏联内幕的人士来说，只有在拥有足够超强电脑的情况下，计划经济才会奏效。哈耶克知道，实际情况根本不是这么一回事。计划经济面临的诱因相容问题，外加上缺乏有纪律多元主义创造的集体知识，结果必定会导致失败。

哈耶克、米塞斯和20世纪中期的一些中欧经济学家，有时被称为“奥地利学派”（Austrian School）。其实，哈耶克是独行侠，而纳粹不但破坏中欧的知识生活，也妨碍任何延续传统的发展。后来，这股保守势力就转移到了芝加哥。

芝加哥学派

几乎从创办人洛克菲勒开始，芝加哥大学就是保守派经济思想的中心。诺贝尔经济学奖得主加里·贝克尔（Gary Becker）对这种哲学进行了概括：“把行为极大化、市场均衡，以及稳定偏好的假定加以组合，并坚定不疑地予以应用，形成经济方法的核心。”和贝克尔与米尔顿·弗里德曼（Milton Friedman）一样，约瑟夫·斯蒂格利茨（Joseph Stiglitz，2001年诺贝尔经济学奖得主）和波斯纳等芝加哥学派人士，也在政策辩论上扮演着主动积极的角色。芝加哥学派也要对南美洲和新西兰进行的各式各样的新自由实验负责。

芝加哥经济学最重要的部分，就是贝克尔在其论述中强调的理性。贝克尔最著名的著作是对家庭行为的经济分析，正如他的诺贝尔奖贺词中提到的，他是“把微观经济学领域延伸到宽广的人类行为范围中”的人 。

贝克尔发现，这种延伸的限制很少，可能就没有限制。他在获得诺贝尔奖的论述中写道："在我早期对犯罪的研究中，有关窃盗为何对社会有害一事，让我深感困惑。因为窃盗似乎只是重新分配资源，通常是把资源从较富有者身上分配给较贫穷者。后来，我指出犯罪者花钱购买武器、花时间规划并执行犯罪。但是，对社会来说，这些花费并没有生产力。我也借此解决掉了这个困惑。"

芝加哥也是战后抨击凯恩斯学派的货币与财政政策的基地。米尔顿·弗里德曼在其反革命运动中强调，中央银行控制货币供需的角色，就跟政府调整课税水平和公共支出水平的重要性有关。另一位芝加哥经济学家兼诺贝尔经济学奖得主罗伯特·卢卡斯（Robert Lucas），就把"行为极大化、市场均衡，以及稳定偏好的假定加以组合"，坚定不疑地应用在总体经济的问题上。

经济景气循环（Business Cycle）的许多理论，就是以企业或家庭的错误，或市场不完全性（market imperfection）做解释的。或是投机泡沫现象，或是存货过剩，或是价格和工资无法回应供给与需求。但是，芝加哥学派不愿意相信市场会犯错，或无法顺利地平衡供需。

"实质景气循环理论"（real businesss-cycle theory）摒弃市场不完全性，并假定"理性预期"（rational expectation）——消费者与企业都表现出，他们能取得所有可用知识，以及拥有庞大复杂的计算力量。实质景气循环理论把理性假定运用到企业决策上，并发挥到极致，就像贝克尔对家庭生活的描述一样。

芝加哥学派也把市场制度的优点，视为是实验与发现的多元过程。本书第八章与第九章提到的一些令人赞赏的论点的公式化，就是由弗兰克·奈特（Frank Knight）和阿尔马·阿尔奇安（Almar Alchian）等芝加哥经济学家提出的。但是，芝加哥学派更强烈的主张是，竞争市场具有的效率特性，是任何其他形态的经济组织所无法达到的。芝加哥学派这个主张的知识基础，是把贝克尔的理性假定、亚罗·德布鲁的一般均衡结构、福利经济学的基本定理，以及个人主义的政治哲学加以组合。现在是把最后一片拼图拼上的时候了。

诺齐克与罗尔斯

约翰·罗尔斯（John Rawls）于 1972 年的著作《正义论》（*A Theory of Justice*），与罗伯特·诺齐克（Robert Nozick）于 1974 年的著作《无政府、国家与乌托邦》（*Anarchy, State and Utopia*），是现代政治理论最具影响力的巨作。这两位哈佛哲学家都不是芝加哥学派经济学家的变节人士。事实上，政治哲学家与实务政治家之间的分歧，从未像现在这么大。然而，罗尔斯和诺齐克在经济学家中都具有影响力，其中罗尔斯影响左派政治倾向者，诺齐克影响右派政治倾向人士。两人对福利经济学的理论与基本定理的看法，在结构上有类似之处。

对诺齐克来说，利用国家权威牺牲某些人，让另一些人富有，这样做并不合逻辑。诺齐克的正义概念要求保障所有人的合法财产权或转移财产权。诺齐克认为，政府必须达到帕累托效率，但是政府可能无法在帕累托效率的替代分配中做选择。福利经济学的第一基本定理是，每种竞争均衡都是帕累托效率，这可能就是由诺齐克提出的。这项经济政策建议，要创造一个允许达到不多不少竞争均衡的结构。

世界经济制度包含不同的经济生活，海蒂、斯凡、拉维和西赛罗都身处其中。但是，我们并不知道，我们会跟这些人中的哪一个人一样。罗尔斯让人联想到他提出的“最大化最小值原则”（maximin principle）——既然我们担心自己可能跟西赛罗一样，我们就会支持那些能让西赛罗尽可能变得富有的政策。罗尔斯的做法不仅证明了资产再分配的合理性，也证实了其必要性。

如果福利经济学的第一基本定理是为诺齐克而写，那么第二定理就是为罗尔斯而写。我们站在无知之幕（Veil of ignorance）之后，为在不同竞争意图间分配稀有资源寻求公平的机制。我们必定会选择一种帕累托效率的结果——

在帕累托效率的结果间做选择，将由“最大化最小值原则”所决定。福利经济学的第二定理——借由资源的适当分配就能得到任何具有帕累托效率的结果。这个定理告诉我们，我们需要做的就是，把最初的分配做好。之后，就由竞争均衡负责处理。利用所得再分配的自由市场经济，就符合罗尔斯《正义论》的条件。

诺齐克与福利经济学的第一基本定理，为美国经营模式的正当性和效率性做辩护；罗尔斯与福利经济学的第二基本定理，则为政治经济提出了更温和的版本——再分配市场自由主义（redistributive market liberalism）——我会在本书第二十七章对此再做详述。利用适当的重分配，竞争市场制度就能产生一个既公正又有效率的结果。罗尔斯提到的正义，不需要牵涉到经济如何运作的讨论，只要我们对完全竞争市场感到满意即可。如果社会最后是以这种机制收场，那么市场将引导我们走向理想的结果。

旅途只走到一半

福利经济学的基本定理靠亚罗 - 德布鲁模型的假定支持，如果这个模型已对市场的运作做出正确的说明，这本书就不必再写下去。在第六章，我说明了生产与交换的机制——通过专业和竞争及比较利益，从交易中获益。这些机制让现代经济制度比“自然经济”（subsistence economy）更有生产力。在第七章和第八章，我说明了诱因相容问题，并解释为何市场经济至少有时候能发展出解决方案，而计划经济制度却一筹莫展。在第八章和第九章，我说明了计划经济——“统一口径”如何遏止创新，也证明了有纪律多元主义的机制会让市场经济变得更创新。这些机制已经驱动制度和技术的共同演变——这正是富裕国家出现的特质，如我们在第四章和第五章中所见。

协调问题依旧存在。分权的市场经济如何顺利地组织分工、专业和竞争优势？为何未经协调的个人行为，最后不会引发混乱？第十章考虑过这个问题，可能也隐约透露出解答，但最后却没有结论。在本书第三部，我道出了最明确的回应——完全竞争市场的理论。第十一章说明了竞争市场的一般运作，第十二章与第十三章说明了在现代经济中，两个重要商品的市场运作——风险市场与资金市场。在第十四章，我解释了一般均衡理论，说明了一般均衡理论如何一体适用。第十五章则说明了，一般均衡理论如何为“竞争市场的结果既具协调性又有效率性”奠定基础。

亚罗－德布鲁模型就是经济学传统的顶点，这项传统强调供给与需求、完全竞争市场，以及追求市场均衡，并由讲究自利的个别行动者管理。这项结构就是目前所说的“新古典经济学”（neoclassical economics）。

“新古典经济学”一词曾引起过不利的回应。新古典经济学注重个人利益，其支持者被认为是讲究自利的唯物论者。新古典经济学就像帝国主义者，因为许多新古典经济学支持者公然蔑视其他社会科学家，认为经济学家能把工作做得更好。新古典经济学讲究数理，而且很难。学生们都喜欢简单一点的课程，况且秉持“难以理解的事就不值得理解”这种说法的人，总是能产生共鸣。20世纪70年代，经济学成为了学校最广受欢迎的课程之一，但是声势却逐渐衰退。学生期望课程对个人事业有所帮助，但他们却无法从经济学课程中满足这种期望。

新古典理论是优雅的，而且从某方面来看是包罗万象的。但是，新古典理论并不是我们追求市场真相的终点。这并不表示新古典理论是错误的，甚或不相关的。其实，有关市场运作的许多实务见解，都是从个别市场的分析和一般均衡理论中获得的。只是，这样还不够。有些市场是完全竞争市场，但是大多数市场并不是完全竞争市场——在讨论易捷航空时做的调整，即使是小调整，似乎也会引起很大的改变。没有人会相信，所有的假定都需要亚罗－德布鲁理论的验证。

针对风险和资金的完全竞争市场所做的分析是有益的，但是风险市场与资金市场在最近10年的异常表现，仍需要解说清楚——如果只是说这类行为必须一直是理性的，否则不可能出现，这样的说法是无趣的。

仔细想一想，贝克尔的主张——把行为极大化、市场均衡，以及稳定偏好的假定加以组合，并坚定不疑地予以应用，形成经济方法的核心——有点奇怪。为什么“经济方法”应该依据与行为有关的特定经验假定，尤其是这些假定至多只有部分属实？考虑周到的经济学家跟训练有素的物理学家或老练的医师一样，会使用适当的技术和假定来处理手边的工作，并期望不同技术和假定适用于处理不同的工作。经济学不是神学，而是了解海蒂和拉维的经济生活的一种方法。

这就是为什么你只看完这本书的一半。市场真相变得更错综复杂、更有趣，也更难以理解。

启蒙与现代性

东欧社会主义制度的失败，让知识分子备感困惑。这种不确定性威胁到亚当·斯密和佛格森发起的“启蒙计划”（Enlightenment project）。这些18世纪的学者不只说明自发性秩序在社会事务和经济事务的出现，也为更好的社会做出处方。《国富论》于1776年出版，当时移民到马萨诸塞州的拓荒者刚把茶叶运到波士顿的港口。美国和法国的共和党希望依据科学主张，设计出理想的社会制度和政治制度。此后，这种理性主义的愿景就一直支配社会科学。

启蒙运动即将成为现代性（Wodernity）的运动，也将影响到经济学、政治学和社会学，就连文化和知识生产的所有领域都受到影响。现代性意指，用理性主义基础的首要原则重新评估知识。在建筑中，就能找到说明现代性盛衰的最清楚的例证。从20世纪20年代起，现代主义建筑师因为建筑技术的进步，而摆脱了传统建筑设计的限制，舍弃了古典传统。这使得现代主义建筑师可以重新思考建筑物与功能之间的关系。建筑大师勒·柯布西耶（Le Corbusier）就说过这样一句名言：“住宅是居家生活的机器。”1952 年，柯布西耶依据这一精神，在马赛设计出第一个塔状建筑物。此后，现代主义建筑横扫全球。

建筑评论家查尔斯·詹克斯（Charles Jencks）宣布，1972 年 7 月 15 日圣路易市布鲁特－伊果（Pruitt–Igoe）住宅区被炸毁时，现代主义建筑的时代也随之结束。这个住宅区兴建于十几年前，曾经获得无数奖项，被视为现代主义成市生活的一个指标。但是，住宅并不是居家生活的机器。这个住宅计划无法满足居民的社交需求，让受害者开始做出一些犯罪行为或蓄意破坏行为。原本这个住宅计划强调的功能性，最后被证明是不具功能的。后现代建筑是折中的，它利用许多历史传统，并提供功能与外观的多重解析。在过去这个世纪，艺术、文学、音乐、戏剧和电影都经历过从现代性到后现代主义（postmodernism）的转变。

知名后现代主义者让·弗朗索瓦·利奥塔（Jean–Francois Lyotard），把后现代的折中主义与社会工程师的机能主义设计之间的对照，说成是“小故事”和“伟大故事”之间的对照。马克思主义就是最伟大的故事。马克思主义声称，借由与历史必然性的主张产生关联，对人类历史提出统一的解释，对社会的公正结构提出一种规范观点。

1989 年，柏林墙倒塌，在经济制度上具有的象征性意义，就跟炸毁布鲁特－伊果住宅区在建筑学上具有的象征意义一样。而且，这两个事件提出了类似的问题。布鲁特－伊果住宅区计划之所以失败，是因为特殊建筑设计不当，还是因为理性主义建筑设计的任何尝试必定会失败？马克思主义之所以失败，是因为这是错误的远大构想，还是因为所有经济制度的远大构想都考虑欠周？

对于相信“历史终结”观念的人来说，马克思主义是在跟更优秀的“伟大故事”——美国经营模式——竞争时被打败的。把温和管制的资本主义与自由民主主义加以组合，这种组合适合20世纪后期的美国，也适合所有国家与所有时代。美国经营模式到处都适用，而经济组织的其他方式——即使是相当成功的欧洲经济——也只是迈向美国经营模式的过渡措施。

在一种异常逆转中，曾由政治左派分子提出的历史必然性和经济决定论等主张，却由右派分子接手。如同马克思主义所说的，经济演变与技术演变有关。马克思主义的历史发展应与工业化密切相关。美国经营模式的胜利，应该跟信息技术的发展密切相关。

在本书的前半部分，我探究了许多构成美国经营模式的知识基础的假定。在本书的后半部分，我将逐一审视这些假定。

经济模型与小故事

书有作者、建筑物有建筑师、体制也有制定者，我们可以设法看穿这些创造者的意图。相信并了解这类意图，可能帮助我们了解他们的书、他们的建筑物，以及他们的体制。这正是我们研究作者也研究其著作的原因，并借此抗拒后现代主义认为的只有著作的主张。但经济制度没有创造者，只有可让人研读的著作。

如同我在第十章所述，经济学家大多放弃设计一个能说明全部经济制度的模型的企图。因为这些努力并未产生正确的预测或许多其他的精辟见解。但是，许多经济学家仍旧想成为物理学家。虽然这一点难以置信，不过贝克尔的罪与罚模式，似乎就是根据这种假定——这类社会行为，就像某些自然科学现象一样，都是一种简单系统，可借由少数变量与方程式加以说明。这类简单的经济模型或许具有价值，但却不是依据这种方式而具有价值。

大规模模型化的工作，最近已经由企业顾问接手，这些人提出了企业和市场的数量化说明、核电厂的可行性估计，以及移动电话执照的价值。他们相信，借由把更多现实世界的特性放入模型中，就能改善说明的品质。目前，试算表（trial balance，译注：定期地加计分类账各账户的借贷方发生及余额的合计数，用以检查借贷方是否平衡和账户记录有无错误的一种表式）软件的功能已远超过资料品质，才智之士也设计出一些能了解他们想法的模型。

阿根廷无神论作家博尔赫斯所写的地图绘制师的故事，就是原则错误的最佳诠释——也就是这些经济模型从不实用的原因。地图绘制师争相设计一张最能被广为接受的地图。他们最后才领悟到，最精准的地图只是复制世界。对现实主义的追求，破坏了地图的目的。地图之所以有价值，完全是因为地图要做到简化与省略的功能。

经济模型就是市场经济的地图。地图可以有误，但绝不可能正确。我们挑选地图的标准是，选出有用的地图。而且，地图可以相当仔细或不够仔细。我们依据用途选出最简单的地图，开车或走路时用的地图就不一样——这并没有好坏区别，只不过依据用途使用更适合的地图罢了。就用途来说，伦敦地铁地图就是绝佳设计，但对行人而言就没有用。我们也该依据同样的方式，来判断本书提到的“小故事”或经济模型。

有一次，我跟一些人类学家辩论社会科学之间的关系。我们转往一家酒吧讨论，当时有人请我们喝一杯酒，大家自然而然就开始讨论“这个人请喝酒的原因”。对经济学家来说，要说明此事很简单——请大家喝酒把交易成本最小化，也减少顾客与酒吧员工间的接触次数。人类学家则把此事视为礼物交换仪式的例子，并说明许多部落已经发展出类似惯例。

我提议在这两种互相竞争的假说之间做测试：如果你请客比被请的次数多，你是觉得被骗了，还是觉得胜利了？遗憾的是，经济学家和人类学家对这个问题的回答并不一样。

我现在明白了，这种测试毫无意义，因为它是把那些从物理学衍生的、有说服力的方法论，加以错误地应用。我们不能因为证实了一种说法，就去说另一种说法是错的。交易成本理论和礼物交换分类学都有贡献，都让我们对人类为何如此表现有了部分了解，但是，这两种理论都无法提供全面解释。

我们必须从许多层面、许多层级来了解社交行为。吉尔伯特·赖尔（Gilbert Ryle）之后，人类学家克利福德·格尔茨（Clifford Geertz）撰述“稠密描述”（thick description）。[①]眨眼是眼部肌肉收缩，但也是一种社交信号。门铃响时，电子连系已经完成，并让金属盒中的小锤子敲击出声。陌生人试图获准进入；一位警察进来，要告诉家长小孩出意外了……这些叙述都是正确的，但只是同一现象的不完整描述。稠密描述就包含全部。

天才儿童杰迪戴亚·巴顿（Jedediah Barton）跟爸妈一起去观赏莎士比亚名剧《理查三世》（*Richard III*），发现此剧一共有 12445 个字。[②]如同后现代主义者所见，巴顿跟爸妈看的是同一出剧，但对他而言却不一样。贝克尔把家庭生活当成获得规模经济的一种方式，进化论生物学家把家庭视为协助家长投资后代的一种方式，以互爱观点描述家庭的人则提出了更进一步的解说。

这些解说之间并没有互斥性存在，我们也无须从稠密描述的这些要素间做选择。试图借由与理性选择产生关联，解释所有行为的经济帝国主义（economic imperialism）是荒谬的。但是，只以人类学的说明，但否定或忽视社会实务的经济功能，这样做也一样荒谬。

亚罗－德布鲁模型并不是对世界提出真实描述的“伟大故事”，而是一个为了阐述复杂经济制度中的自发性秩序，而特别精心制作且错综复杂的“小故事”。事实上，亚罗和德布鲁清楚得很，他们的分析的主要目的在于，详细说明要让自发性秩序的解释前后连贯，需要复杂且范围广大的假定。[③]

亚罗和德布鲁以后的经济研究，让博弈理论（Game Theory）、制度经济学和新近的行为经济学（Behavioural Economics）成为了经济理论的主流。在

①格尔茨于 1973 年的著作《文化解析》（*The Interpretation of Cultures*）。

②波伊于 2000 年的著作《数字的暴政》（*The Tyranny of Numbers*）。

③“在试图回答‘这可能是真的吗？’这项问题时，我们学列为何此事不可能为真的众多相关事项”，详见亚罗与汉恩于 1971 年的合著《一般竞争分析》，ⅶ页。

亚罗－德布鲁的框架中，互动是匿名的，每个市场中有许多买家和卖家。在博弈理论中，参赛者并未匿名，而且参赛者人数有限。在亚罗－德布鲁的框架中，制度并不存在，或者是以简化方式处理制度。制度经济学认为，经济生活是生活在经济制度中，或是通过经济制度生活。行为经济学仔细考虑了有关经济行为的动机与本质的替代假定。我稍后会再介绍博弈理论与制度经济学，在下一章说明行为经济学。

亚罗与德布鲁之后的经济理论

1944年，约翰·冯·诺依曼（John Von Neumann）与奥斯卡·摩根斯特恩（Oskar Morgenstern）出版合著《博弈理论与经济行为》（*The Theory of Games and Economic Behavior*）。经过一段时间后，这一著作彻底改革了经济理论。竞争市场分析假定，在许多买家与许多卖家之间出现匿名互动。这些市场的分裂与非个人性，导致诱因相容——不必考虑其他市场参与者的行为和反应。本书第三部的内容大多与这些匿名互动有关。第四部就说明，当这些互动不具匿名性时，市场运作有何不同。博弈理论为讨论小团体中相互策略的关系，建立了数学工具，而且这个工具对博弈理论的分析是不可或缺的。

对大众来说，博弈理论具有一种不动点定理永远达不到的魅力。有部分原因要归功于那些令人印象深刻的例子。囚徒困境是对博弈理论最有贡献，却也最不合常理的名例，本书第二十章会再做说明。博弈理论的特性也令人印象深刻。

出生于匈牙利的冯·诺依曼，本身就是一位天才。冯·诺依曼在18岁的时候，就在不同国家、不同大学，修读了三个不同学位。在对数学和量子物理学做出重要贡献后，冯·诺依曼把注意力转移到经济学，他发现，“经济学跟先进科学相差甚远”。[①]冯·诺依曼在54岁辞世，生前曾掌管美国原子

①引述自保罗·史特拉森（Paul Strathern）于2001年的著作《奇爱博士的游戏》（*Dr. Stangelove's Game:A Brief History of Economic Genius*），300页。

能委员会，对斯坦利·库布里克（Stanley Kubrick）拍的电影《奇爱博士》（*Dr. Strangelove*）赞誉有加。

约翰·纳什（John Nash）是博弈理论的主要解答概念——纳什均衡（Nash equilibrium）的作者，但是他的事业生涯却因为精神分裂症而告终。后来，纳什的健康状况好转，在1994年获得诺贝尔奖。男星罗素·克洛（Russell Crowe）在电影《美丽心灵》（*A Beautiful Mind*）中饰演纳什，这部影片也获得了奥斯卡最佳影片奖。

罗纳德·寇斯（Ronald Coase）被视为制度（或交易成本）经济学的开山鼻祖。这位一生中的大部分时间都在芝加哥大学做研究的英国经济学家，后来也获得了诺贝尔经济学奖。寇斯主要是以两篇论述闻名，这两篇论述的出版时间相差25年。

第一篇论述跟企业理论有关。在本书第三部所说的完全竞争市场中，企业几乎没有扮演任何角色。每种商品都有许多类似的生产者。在本书的第二部与第四部中，则时常提及个别企业——在第三部中，却几乎没有提及企业。由常理可知，企业是现代经济中的一个重要组成部分，这也是对亚罗－德布鲁框架的限制提出的一个既强烈又清楚的警告。

第二篇论述关于企业的范围——在众多市场中的组织岛——是由替代制度成本间的均衡来决定的。[①]市场交易成本必须解决组织内诱因相容的问题。雇用某人并告诉他们做什么，或是跟可能的供应商协商签约，这两种做法的成本哪一种较低？对每个企业来说，自制或外购的决定就是一个重要问题。

20世纪70年代，寇斯的研究方法有很大的进展。经济历史学家兼诺贝尔经济学奖得主诺斯说明了经济制度的演变，尤其是财产权的演变如何为市场

---

① “以前我习惯告诉学生，可以把企业想象成众多市场中规划协调的岛屿。”乔治·理察森（George Richardson）于1972年第82期《经济期刊》撰文《产业组织》（*The Organization of Industry*），883页。李察森继续说到：“现在，这似乎是相当误导的说法。”

经济的历史发展提供基础。奥利弗·威廉姆森（Oliver Williamson）主张，企业之间的合约，以及企业本身的内部结构，也取决于替代制度的成本。20年后，这些构想发展成了一种了解经济组织结构的全面性经济方法。

经济学的演变

博弈理论与交易成本经济学，让经济学家得以解决被亚罗－德布鲁框架排除在外的问题。后辈经济学家特别注意风险和信息等问题。他们提出这些问题："如果信息不对称，如何还能达成协调？""风险市场为何无法像亚罗－德布鲁模型所要求的方式运作？"

斯蒂格利茨是当时的知名人物，也是当时最多产的经济学家。斯蒂格利茨和其他经济学家的研究显示，要处理风险与信息，就必须了解市场更复杂的真相。在1990年维克塞尔讲座（Wicksell Lectures）中，斯蒂格利茨陈述了自己修正主义的托辞：

> 过去半世纪以来，一项简单典范支配着经济学……这项典范最明确的陈述是由亚罗与德布鲁的模型所提供的。这项典范假定，为数庞大的要把获利最大化的企业，会与效用极大化的理性消费者产生互动……我要在这些演说中主张，竞争典范不但没有对经济制度选择的重要问题提供太多指导，而其所提供的"建言"也常令人误解。这项分析所依据的市场概念，低估了市场经济的优点和缺点。

1995年，斯蒂格利茨成为克林顿总统经济顾问委员会（Council of Economic Advisers）的成员。1997年，斯蒂格利茨出任世界银行首席经济学家。即使身处华盛顿共识的核心，斯蒂格利茨并未改变自己的看法，也没有抑制自己表达看法。并且，他还找到一位认同他的倾听者——试图扩大世界银行职权范围的世界银行总裁詹姆斯·沃尔芬森（James Wolfensohn）。

不过，对华尔街股市来说，斯蒂格利茨的坦率观点太过火了，尤其对于正沉浸于美国胜利主义喜悦中的美国财政部来说，这些观点真是太过分了。1999 年，斯蒂格利茨回到斯坦福大学任教并从事研究。2001 年，斯蒂格利茨与阿克尔洛夫和迈克尔·斯宾塞（Michael Spence）以对市场不完全与信息不对称的研究，获得了诺贝尔经济学奖。这个奖项正式肯定了，现代经济学已经不再是亚罗－德布鲁的简化理论结构，也不是芝加哥学派的简化政策规定。

在本书第四部的后续章节内，我会继续审视亚罗－德布鲁框架中明确或暗含的各种假定——如果个人并不是只顾自利的效用极大化者，会发生什么事？（第十七章）；如果有关复杂市场的信息不对称，会发生什么事？（第十八章）；如果我们对风险的态度不一致也不理性，会发生什么事？（第十九章）；市场经济如何在家庭、团队和企业中获得协调，但不是出于自利？（第二十章）；是什么事情造成技术相依性所需的协调，例如，网络和标准？（第二十一章）；市场经济如何产生新知识？（第二十二章）。

把这些问题列出来，似乎是对亚罗－德布鲁模型提出一个重要批评。这个批评所提出的问题——不对称信息、技术协调问题、知识的产生，通常被经济学家说成“市场失灵”（market failures）。如果亚罗－德布鲁模型打算解释市场的日常运作——告诉我们圣雷莫花市、电力交易制度或预定飞机座位时所发生的事，这个模型才能切实地描述市场制度的失灵。

但是，这从来不是亚罗－德布鲁模型的意图。这个模型是更清楚地了解竞争市场本质的一项结构，而不是对复杂现代经济的说明。为解决上述问题而发展出的许多社会制度、政治制度与经济制度，我会针对其中某些规定做说明。这些制度证明了市场制度的成功，而非失灵。从完全竞争模式出现的有限市场真相，为进一步探讨提供了适当的基础。

第十七章 理性与适应性

经济生活因为人而存在，比如海蒂就过着经济生活。海蒂的工作所得未必能供应全家的生活支出。有时候，海蒂不免怀疑，扣掉花在保姆、交通和饮食等方面的费用后，她的家庭能否再创造出任何财务利益。不过，海蒂热爱教书、热爱小孩。她知道，如果每天待在家里会很无聊。

裴德洛身为非法移民的经济生活，就跟理性经济人的生活一样。虽然他几乎为工作牺牲了大部分的自己，但他还是痛恨自己的工作。他的行为是图利的，他的主要渴望就是要赚到足够多的钱，不要当一个理性的经济人，要再度成为一个正常的社会人。拉奥也想追随裴德洛，但是，他认为家庭比物质生活标准更重要。

艾文的工作让他感到兴奋不已。以俄罗斯的标准来看，这是一份既有保障、薪水又高的工作，也是他这辈子第一次在颇具规模的正式单位中工作。就算薪水少一点，艾文还是乐意做这份工作。欧嘉的薪水比例就比较特殊。她偶尔接翻译工作所赚的钱，比每月的教学工资加上奖金的金额还多。但是，后者才是她的成就感来源，况且艾文赚的钱已足够提供他们过着自认为极佳的生活水平。

花几分钟时间跟拉维谈一谈就知道，他最重视自己在知名国营机构担任官员的地位。西赛罗的哥哥派崔克遵守理性经济人的要求，在矿场工作，只是他想把收入最大化的动机，并不是为他自己，而是为他的家庭。尽管跟哥哥谈过，西赛罗还是很难想象，村落以外的生活会是什么样子，因为他这辈子都在村落里生活。无论如何，家庭情况也让他不可能到矿场或德尔班工作。

这些人不是怪人或圣人，他们通常是自私的。他们就和你我一样，发现无法把个人经济生活和其他生活层面区分开来。虽然裴德洛和派崔克在一定程度上已经做到了这种区分，但他们都是不快乐的人。他们的生活被社会价值与经济价值之间的冲突撕裂——当具有不同生活标准的社会相当邻近时，就会引发这些冲突。例如，墨西哥邻近美国，或者是南非的双重经济。

经济学家与理性

芝加哥学派不计代价地强调理性。但是，为理性行为或自利行为寻求解释，几乎是主流经济学家彼此间的荣誉象征。通常，借由把理性的意义做不当的引申，就能做到这样。诺贝尔经济学奖得主萨缪尔森，就曾作画讽刺这种做法。家里失火了，负责教导幼儿的女家庭教师被救出后，想再冲进屋里救出小孩，但却没发觉这是没有希望的救援。诡辩学家可能会说：“她这么做只是想让自己心理好过些。不然的话，她根本不必这么做。”萨缪尔森发现，这种解说一点意义也没有，“甚至连错误都算不上”。①

理性通常被经济学家用在这些方面——理性是一致的，而且理性就是自利的唯物论。这些都跟“理性”一词的常用意义无关。我可以一直冒犯朋友，或是一直暴饮暴食，但是很少有人会把这类行为称为理性。而且，理性行为未必是唯物论的和自利的。我们或许无法理解拉维对工作地位的重视，或学习派崔克把所有收入寄回家。但是，这些事也不算不理性。

---

①萨缪尔森于 1993 年 5 月第 83 期第 2 号《美国经济评论》，撰文《利他主义是涉及经济学与生物学上，团体选择与个人选择的问题》（*Altruism as a Problem Involving Group versus Individual Selection in Economics and biology*），143 页。

说明：幸福与福利

有人告诉我们，我们所做的事，必须让自己幸福。但很显然，我们在这方面并没有学到太多，否则，我们就不会做让自己不开心的事。目前至少有三方面的研究，让我们对令人幸福的事有了更多了解。

与幸福描述或生活满意等评量标准有关的统计分析，不是把个人居住的社会特质化，就是把个人本身特质化。如同本书第三章所述，富裕国家的人民更有可能认为自己比较幸福，不过这个倾向并没有很强烈。而且，当社会愈来愈富裕，自认为幸福者的比例并未上升很多。一项有力证据显示，在同一个国家中，有钱人自认为比贫困者更幸福。不过，其他变量——例如婚姻状态和就业状态——也很重要。*

神经生理学研究开始确认与人们描述幸福经验有关的脑部活动。血清素（Serotonin）在这方面扮演着重要角色。像摇头丸（Ecstasy）这类药物，会马上让血清素激增。百忧解（Prozac）这类抗忧郁剂所产生的效用，只是影响血清素被神经传导素吸收的速度。行为与血清素吸收之间的关系，都在动物和人类身上出现。+

经验抽样要求受试者描述对一段较长时间的感受。通常，人们在顺利执行极有趣又有挑战性的工作时，就会感到很幸福。工作通常比看电视这类被动的休闲活动更有意义。这些心流（flow）经验似乎造成与活动本身价值无关的幸福状态。因此，喜悦与痛苦的奇怪组合就出现在登山或其他艰难的运动之中。#

*：理查德·伊斯特林（Richard Easterlin）、保罗·戴维（Paul David）和梅尔文·瑞德（Melvin Reder）于1974年的著作《国家与家庭及经济增长》（*Nations and Households and Economic Growth*）；罗伯特·弗兰克（Robert Frank）于1985年的著作《选对池塘》（*Choosing the Right Pond*）；史达特

（Stadt）、卡皮提（Kapetyn）与吉尔（Geer）于 1985 年第 67 期《经济学与统计学评论》（*Review of Economics and Statistics*）中撰文《效用的相对性》（*The Relativity of Utility*），179–187 页；兰恩于 1991 年的著作《市场经验》；安德鲁·克拉克（Andrew Clark）与安德鲁·奥斯华（Andrew Oswald）于 2000 年《华威大学专题研究》（*Working Paper, University of Warwick*）中撰文《评量生活事件如何影响幸福的简单统计方法》（*A Simple Statistical Method for Measuring How Life Events Affect Happiness*）。

+：理查德·戴维森（Richard Davidson）于 2000 年 11 月《美国心理学家期刊》（*American Psychologist*）中撰文《情感风格，精神病理学与恢复力》（*Affective Style, Psychopathology and Resilience*），1196–1214 页；布瑞特（Breiter）于 2001 年 5 月第 30 期《神经元》（*Neuron*）中撰文《神经反应对于金钱盈亏预期与经验的功能性造影》（*Functional Imaging of Neural Responses to Expectancy and Experience of Monetary Gains and Losses*），619–639 页；苏珊·格林菲尔德（Susan Greenfield）于 2000 年的著作《大脑的私生活》（*The Private Life of the Brain*）。

#：米哈里·契克森米哈（Mihaly Csikszentmihalyi）于 1992 年的著作《生命的心流——追求专注的圆融生活》（*Flow : The Psychology of Happiness*）；乔治·鲁文斯坦（George Loewenstein）于 1999 年第 52 期《Kyklos》中撰文《因为幸福就在那里——登山挑战的效用理论》（*Because it is There : The Challenge of Mountaineering for Utility Theory*），315–344 页。

最常见的是，经济学家把理性说成是自利的唯物论。在写这段内容时，我刚放下由经济学家威廉·伊斯特利（William Easterly）写的一本好书。伊斯特利是一位对贫穷国家的经济问题进行审慎观察的经济学家，本书第二十三章的内容就受惠于他。不过，伊斯特利以“经济学的基本原理为何”这个问题做开场。如同一位年长的智者曾对我说：“人们拿多少钱，就做多少事。

在这个范围以外的事，他们就不做。”

伊斯特利似乎不可能真的相信此事，其书中所列的个案研究就否定此事。话说有一位印度寡妇，为了让小孩受教育而牺牲了自己的健康；苏丹因为回教法令纷争而分裂，国内的年轻人因此没饭吃；某位埃及农夫为了娶小老婆而卖掉了自己的牧草地。

经济学家坚持理性，因为他们不喜欢替代方案。跟利他主义（altruism）相比，自利的唯物论是比较好的行为预报者。伊斯特利的讥讽，就是与贫穷国家官员共事受挫经验的产物。但是，把放诸四海皆准的自利与利他发挥到极致，并不是一个与行为有关的唯一可能假定。我们从日常生活（包括经济生活）中得知，事实存在于自利与利他之间。

让人们出现理性行为的方式不多，但是让人们出现不理性行为的方式却很多。自利的唯物论是可预期的，想平衡多重目标者的行为较难分析，这就是为什么经济学家采用理性概念，把所有事情简化成自利。这似乎在众多不可预期的人类行为中，提供一种依靠。理性的假定提供经济学一个精确的方法，让经济学有别于社会科学，而能完全以优先顺序推论，衍生出结论。

这件事更进一步吸引了许多经济学家，因为不需要实验调查。一个有关经济学家的笑话是这样说的：“如果你请一位经济学家研究马匹的行为，经济学家会坐在书桌前并提问：‘如果我是一匹马，我会做什么？’”经济行为的分析，要求我们查看企业和家庭的实际选择，而不是只把假定加诸在企业和家庭的行为上。现在，该是实际研究“马匹”的时候了。

适应性

行为是人们所属环境的产物。伊斯特利真正要表达的是，人们对自己认定的诱因做出回应。伊斯特利对巴基斯坦拉合尔举办的一场婚礼提出说明，并生动描述了巴基斯坦人的矛盾：创意、智慧与美丽，腐败、独裁主义和贫穷并排着。为什么巴基斯坦科学家能制造原子弹，却不能筹划一个疫苗接种方案？为什么受过教育的巴基斯坦人，待在硅谷会比待在拉合尔更有生产力？为什么世界银行的官僚比巴基斯坦人更诚实？

“人们拿多少钱，做多少事，”这只是答案的一部分，也是肤浅的回应。如果人性不论在何处都是自利的，为什么巴基斯坦的公职是腐败的，世界银行却没有贪官污吏？世界银行总裁沃尔芬森若是巴基斯坦的公务员，他会贪污吗？在世界银行中，贪污者会被解雇。但是，巴基斯坦的贪污公务员却不会被解雇。不过，这一点也突显出问题，而不是说明问题。

在路径依赖和适应性中，我们才发现对此问题的说明。贪污和诚实的行为都是自动生效的。拥有诚信声誉的组织，其成员就会想揭发不诚实的事；腐败组织的成员则会发现，要诚实很难——他无法管理自己的薪水，同时他也不被期望要这么做。

同样的人，在腐败的环境中可能贪污，在诚实的环境中可能诚实。但是，这只是说明的一部分——他们不是同一个人。我们会寻找适合自己的环境。巴基斯坦的核子科学家，会在巴基斯坦找到比美国更好的工作，但对巴基斯坦的医生或软件工程师来说，情况却刚好相反。而且，这就是巴基斯坦人能制造核子武器，却不能筹划疫苗方案的原因所在。

致力于贫穷国家的经济发展的巴基斯坦经济学家，宁可在世界银行工作，也不要在巴基斯坦政府中担任公职，这就是世界银行雇用这么多巴基斯坦人的原因所在。沃尔芬森先生在巴基斯坦能做什么？这个问题很荒谬。沃尔芬森先生会调整自己的个性和经验，去适应担任美国资深银行家的职务。他不是、也根本不可能是巴基斯坦的公务员。

经济行为的所有层面都具有适应性。适应性意味着，我们观察到的行为特质，就是在所观察的环境中最可能被复制的行为。在修道院和交易所，适应行为相当不同。而且，修道院和交易所都适应本身的目的，即便有些人可能会质疑他们的目的。进化是对擅长复制，而不是对优秀者有利。这其中的区别是了解任何演变中的系统所不可或缺的。

全球工作者，团结吧

适应行为与最优行为（optimal behavior）之间的区别，就是韦尔奇在通用电气公司面临的问题。组织发展流程与惯例，以及建立本身的价值观，这些是组织该做的重要事情——组织就是借由这种方式，把经验和能力传承给新成员的。但是，这些价值观和流程，最后可能成为目的，而不是组织达成目标的手段。组织开始借由成员对组织内部凝聚的贡献，而非成员对组织目的的贡献来评量成员的成就。这是“主动帮忙”和“表面一致”的本质。

在英国电力产业、福特后期掌控的福特汽车公司，我们就会发现这种现象。我个人在牛津大学的经验，也是发人深省又具教育意义的例子。这些组织重视的价值观，都是内部产生的价值观。以“统一口径”对部长和大众表达意见的公务员，就能获得晋升。经理人因为对福特构想的支持与否，而被雇用或被解雇。牛津大学委员会的惯例也跟奥斯曼帝国的惯例一样，其实大家很清楚这些惯例根本没有用，但仍为了自身缘故，而继续推行沿续着。

在这些制度中，组织特性是自动生效的。在重视“主动帮忙”的组织里，如果人们主动帮忙，就比较容易获得提拔，因此大家都学会了主动帮忙，并开始模仿主动帮忙的行为。此外，那些天生就有“主动帮忙”特质的人，就会被这样的职场环境所吸引。具备其他做法和特质的人，就会找其他职场。因此，“主动帮忙”就成为了该组织根深蒂固的主流价值观。

“主动帮忙”，这种在组织内部适应的行为，其实对组织的运作有害。

气冷式反应器的计划花费预算超过 10 亿美元，而且进度还落后多年；通用汽车在市场占有率上超越福特汽车。另外，牛津大学也逐渐失去了国际大学的地位。这些事都不打紧，因为，就连说这些事都是不被允许的。这就是韦尔奇在通用电气公司发现的“表面一致”，也就是无法面对现实。

最后，如果这些结构持续时间够久，就会与奥地利小说家卡夫卡（Kafka）的《审判》（*The Trial*）所描述的组织相似。没有人负责，大家都是制度的一部分，而且大家都知道这个制度效率不彰，也无力去改变。

原为诗人，后来成为捷克共和国总统的瓦茨拉夫·哈维尔（Vaclav Havel），在说明此事时写道，“有位水果店老板在窗口挂了一个牌子，牌子上写着‘全球工作者，团结吧！’”哈维尔当然观察到，水果店老板并不是受到全球工作者应团结一致的欲望所促使。但有谁是这样的呢？答案是，没有任何人是这样。大家都被困在具适应性的世界中，大家都知道印制、分发和展示这些告示牌，根本就没有意义。

这种讲究自利且永远续存的选择机制，在国营事业中很常见，但在一些私营企业中，也能发现这种现象。要求全球工作者团结起来的告示牌，同样可以在西方大企业无意义的标语和使命声明中发现。这些表征有时是极权主义企业独裁的产物，有时则如同哈维尔的例子所述，是在没有人敢笑的自律文化中所产生的结果。IBM 的市场主导地位，就让该公司维持着与组织对外目标不一致的内部文化。

这种现象会存在一段时间，但并不会永远存在。如果有个能查看产出而非程序的外部选择层级，就必须面对现实。在通用电气公司，新管理阶层文化就把不同的绩效标准应用到不同的事业单位。福特最后不得不对竞争压力做出回应。不想面对竞争的组织，或是没有机制回应竞争的组织，就可能拖延时间，并继续这种行为。奥斯曼帝国的官僚制度就持续了好几个世纪。

适应机制

以任何常理来看，适应行为未必是最有效率或最适合的。在英文中，“好”（good）这个字眼可用于双方面，当我们描述“一位优秀的集中营警卫”时，这种暧昧的措辞就很明显。同样地，好的决定或政策可被定义为“未必导致好的成果”，而是符合组织不同利益团体的共识需求。

具有适应性未必就具有效率。但是，具有效率的适应等式是抗拒在社会科学上使用进化模式的来源。在达尔文的构想被适度了解的一个世纪前，当时“适者生存”一词所引起的困惑，造成一个错误的信念——进化是持续改善的过程，是具有道德权威，并证明了优秀种族与优生政策的正当性。后续出现的非难，则跟爱德华·威尔逊（Edward Wilson）这类科学家于20世纪70年代所发展的、更为审慎的社会生物学理论有关。

我们不想认为，人类制度与想法的发展是一种随机过程。事实上，它本来就不是一种随机过程。虽然达尔文在偶然的情况下，推演出物种进化论——基因突变是意外出现的，但是社会制度、政治制度和文化制度的演变，却是许多不同选择机制的结果，其中包括学习、模仿和奖励。

学习让演变能更迅速地进行。基因选择最后养育出一个不会在街道上鬼混，但会学习模仿，并更迅速产生相同结果的孩童。而且，倾听家长建议的基因倾向就是适应性。奖励是一种经济选择机制，在生物学上找不到类似的说法。拥有符合所属市场竞争优势的企业，其特质就具有适应性，因此能成长到相当规模。竞争市场经济就是用这种方式来挑选企业的独特能力的。

适应行为

1953 年，米尔顿·弗里德曼出版《实证经济学论文集》（*Essays in Positive Economics*）。米尔顿·弗里德曼在书中提出的主张，不仅定义了芝加哥学派的方法，也对经济学的发展具有更广泛的影响。

米尔顿·弗里德曼声称，理性不是一种跟动机有关的假定，而是对行为的预测。即使个人并非自利，自利行为却会驱走利他主义。企业可能不会寻求获利最大化，但只有把获利最大化的企业，才能在竞争市场中幸存。自利的唯物论行为可能变成标准，因为其他行为都无法在市场经济中持续存在。这个主张把米尔顿·弗里德曼和反资本主义的异议人士结合在了一起。不过，这两派人士都错了。这种论点并未说明行为将是理性的，只是显示行为将具有适应性。然而理性行为和适应行为有可能相同，但未必相同。

1998 年 12 月，在一家小型商业银行谋得“网络分析师”一职的新闻记者布洛杰宣布，亚马逊网络书店的股价至少值 400 美元。后来，亚马逊网络书店的股价飙涨到 250 美元。但知名券商美林证券的分析师乔纳森·柯恩（Jonathan Cohen）却持反对意见（后来事实证明，柯恩说的没错），他认为更切合实际的评价应为每股 50 美元。但是，亚马逊网络书店的股价在一个月内就超过了 400 美元，布洛杰的身价也跟着水涨船高——他到美林证券接替了柯恩的工作。布洛杰继续为新东家拉抬网络股，结果这些股票大多变得一文不值。布洛杰是否相信这些夸大的评价，或者他是否有意夸大评价，以加速自己事业生涯的发展与增加可能获得的奖金——这些问题可能永远找不到答案。

2002 年，纽约首席检察官艾略特·斯皮策（Elliot Spitzer）透露了布洛杰写的内部备忘录，内容显示出布洛杰本人并不像他对公众的声明那样看好网络股。在其中一份备忘录上，布洛杰提到美林证券推荐的一档股票“毫无价值”。

但是网络分析师对网络股的热情，不论凭借的是什么基础，必定都具适应性。1999 年接任布洛杰职位的人，一定相当看好网络股的前景。以柯恩的经验显示，没有人能继续秉持他那种看法。究竟是布洛杰个人考察不当，还是他的想法太过天真，这跟我们应该觉得多么生气，以及法律行动应如何决定都有关。但是，我们不需要知道这个问题的答案，就能说明已经发生的事。

通过布洛杰这个案例，我们能发现一个类似的历史人物。在美国知名剧作家阿瑟·米勒（Arthur Miller）的舞台剧《熔炉》（*The Crucible*）中，海尔牧师就扮演了布洛杰的角色：“被召唤到这里的巫师，他为自己的职业感到骄傲，因为至少大众需要他的独特知识。”海尔和布洛杰最后都意识到，他们助长了疯狂行为的解放，而且其状况也超过任何人的控制。在 1999 ~ 2000 年的市场参与者，虽然具有适应性，但却不理性。这种情况就如同 1691 年时，相信马萨诸塞州赛伦市被女巫围困一样，这种想法具适应性，但却不理性。

以定义来说，适应行为是自给自足的，也是自动生效的。诚实在世界银行是一种适应行为；“表面一致”在通用电气公司策略规划全盛时期是一种适应行为；贪污在巴基斯坦政府机关是一种适应行为；股价看涨在美林证券也是一种适应行为。

适应行为与理性行为的差异

一位精通博弈论的经济学家与朋友到了野外，他们看到一只熊向他们走近。经济学家拿起手提电脑，开始计算最优策略。朋友则大叫警告他：“快跑，没时间浪费了。”经济学家自以为是地笑着说：“别担心，熊也必须想办法。”

这个笑话并不是特别有趣，但却包含一个事实。经济学家在使用博弈理论时，假定所有参与者都是理性的——会出现自利、唯物论的行为。在纳什均衡中，在其他参赛者都采用策略的情况下，各个参赛者都会采用最佳策略。

生物学家也采用博弈理论，但他们不会——也不能假定，被实验主体可取得手提电脑。他们发展出一项概念——进化的稳定策略。在面临经济学家的不同逃跑行为时，熊应该如何进攻才能逮到猎物，进而允许它们继续存活和繁殖？

听起来这好像是同一个问题，但事实却不然。这正好说明了适应行为与理性行为的差异。具适应行为的熊会抓住理性的经济学家。在本书第二十章，这项区别将解释，为何具适应性的合作者会比理性的自利最大化的人，表现得更好。

我会在本书最后一章，说明新古典经济学如何通过博弈论和交易成本经济学而产生变化。但是，两者都被加诸了新古典的理性假定。以交易成本经济学处理野外遇到熊一事，解决办法是，经济学家应把限制最优化，他应该只做最佳策略所需的计算量。因为据他所知，每多花一秒在运算上，他被熊抓到的概率就增加一些。威廉姆森把这种限制下的最优性称为“有限理性”（bounded rationality）。

在这种情况下，交易成本经济学家通常会变得对世界过于乐观——存在的制度必须对某些有条件的最优化问题提供解答。经济学家甚至使用“可回复性”（recoverability）一词，把最大化问题追溯到观察行为即是解答。

但这种有限理性的说明会面对一个基本问题。当经济学家无法知道继续计算的利益时，他怎么知道何时该停止计算？如果我们很清楚要表现有限理性，我们当然也知道要完全理性，进化才是最好的答案。但是，这类解答带领我们产生具适应性的直觉反应——跟熊的反应一样，这正是我们的行为：当熊接近时，我们转身逃跑。

行为经济学

但是，这种反应是错误的。从危险中逃跑是一种本能。我们在面临火灾、洪水、抢劫或危险情况时，转身逃跑是明智之举。但是，当你碰到一只熊时，转身逃跑可不聪明（你在买这本书时，可能没有预期到会从书里学到此事，不过这可能是本书中最宝贵的信息）。本质上，适应行为在一般情况下都能奏效，但是在特殊情况下，可能并不适当。许多有限理性的决定都是错误的，有些甚至错得离谱。

假设你有一张价值20英镑的戏票，在抵达戏院时，你发现票不见了，你会再买一张票吗？你已经决定花20英镑看戏，但是在到达戏院这段路上，你弄丢了一张20英镑的钞票，你会买票看戏吗？这是由以色列心理学家丹尼尔·卡尼曼（Daniel Kahneman）与阿莫斯·特沃斯基（Amos Tversky）于20世纪70年代提出的一组问题。这两人被称为“行为经济学”的开山鼻祖。卡尼曼与特沃斯基发现，所有受试者在弄丢20英镑钞票的情况下，仍会买票看戏。但是，如果已经花20英镑买了票却把票弄丢的人，还会再买票看戏的人数不到一半。

卡尼曼和特沃斯基不只挑战理性的标准的经济假定，也开始确认“非理性”的模式。在这两种情况下，我们面临的选择是一样的——花20英镑看戏，或是回家看电视。但是，问题描述的方式会影响我们的答案。

这些超越理性的探讨，开始描述我们实际上是如何思考的。我们在做决策时会用到那些对我们有效的惯例和经验法则。这些惯例和经验法则，有些可能是遗传而来，有些可能是学习、模仿和奖励的产物；有些是放诸四海而皆准的，有些则具文化特性。我们偶尔也会把这些法则应用到对我们无法奏效的情况下——许多所谓的“非理性模式”就属于这一种。跟我们交涉的人，可能企图利用我们的这些非理性思考——他们所采取的一些方式，后续两章会有详述。

我们在经济生活中表现出适应行为，我们在一些制度中生活，这些制度本身也具有适应性。本书第四部的后续章节会说明个人适应行为与适应制度，已经在各个不同领域共同演变。在下一章中，我会考虑到家庭与企业如何建立机制，以处理信息不对称的问题。

第十八章 信息

在完全竞争市场中，每种商品（例如，苹果）都有许多可能的买家和卖家。所有苹果都一样；或者，所有格莱尼·史密斯苹果都一样；又或者，我们可以轻易区别每个格莱尼·史密斯苹果的品质，指出每种等级的产地。连苹果这种简单的商品都如此复杂，可见在现代市场经济中出售的物品和服务，就更为复杂了。当我们不太确定自己正在买什么东西时，会发生什么事呢？

拍卖皮夹

我从口袋里拿出皮夹，摆在面前的书桌上。请问，你会出价多少钱来交换皮夹里的钱？这本书你已经看到这里，或许能对我的日常习惯做一些推测。但是，你并不知道我平日的花费，不知道我去银行的频率，不知道我常用现金还是用信用卡付款。你可能推测，我的皮夹里有50英镑。但是，出价50英镑并非明智之举。皮夹里的金额和你出价金额的差额，就是你可能赚到的获利。如果你出价30英镑，而且你认为皮夹里有50英镑（事实也是如此），那么你就能赚进20英镑。但是，这种情况不会发生。如果我皮夹里的钱超过30英镑，我会拒绝你的出价；如果我皮夹里的钱少于30英镑，我就会接受你的出价，而你就亏钱了。这个交易并不合理——我唯一会接受的出价，是你不应该做出的出价。

问题是，我知道自己的葫芦里卖的什么药，但你却不知道自己要买的是什么东西。在买家与卖家之间，存在着信息不对称（information asymmetry）。其实，在现代经济中，几乎每种交易都是如此。汽车制造商比购买者更清楚汽车的品质；服装零售商更熟知目前的流行款式和材质；超市经营者知道莴笋的产地和出产日期，也知道你不知道的事……拍卖皮夹的例子是一个特例，因为除了信息差异外，并没有交易动机存在，所以无法通过专业或能力差别，从交易中获利。

即使可从交易中获利，交易过程中信息差异的问题依旧存在。在二手车市场，消息灵通的卖家面对的就是一无所知的买家。以阿克尔洛夫在1970年提出的知名模型——柠檬市场（lemon market）为例。假如二手车市场中只有两种车：一种是质量较好的“好车”，一种是质量较差的“坏车”。卖家（经销商或原车主）知道自己的车是好车或坏车，但买家在买卖交易时无法分辨。

二手车的平均价格会因为市场中“坏车”的数目而受到影响。对“坏车”卖主来说，这个平均价格是不错的价格；但对“好车”车主来说，这却是一个很糟糕的价格。所以，“坏车”车主会想把车子卖掉，但“好车”车主就不想把车子卖掉。当买家发现这种情况之后，就会尽量压低二手车的价格。

但是，这个问题是累积的。二手车价格愈低，“好车”车主就愈不想把车子卖掉，宁愿留下自用，也不愿忍痛割爱，因此“好车”逐渐退出市场。当部分“好车”退出市场后，二手车的交易情况就变得更加糟糕，买主就愈有理由对车子的质量进行质疑，二手车的平均价格就会更低。这又迫使更多的“好车”车主退出买卖，到最后，二手车市场中只剩下“坏车”在交易。买卖双方有一方信息不完全，因而形成了一种市场的无效率性（“好车”全部退出市场）。

如果信息不完全，有些人在买了东西后，就会后悔不已。但是，还有一个较不明显的问题，而它对竞争市场的效率影响甚大。差劲的交易已经发生，但许多好交易却没有发生。我需要卖掉自己那部又棒又可靠的车子，但你却因为无法确切相信这部车的品质，而不愿意开出合理的价格。那么，市场就不具备帕累托效率。因此，任何可让双方受益的分配就不能在竞争市场中实现。

卖车者试图克服这类“柠檬”问题，他们不希望你认为，他们把车子卖掉，是因为你的出价高出汽车价值。个人买家登的小广告上总是这样写着：“真心交易”、“只有一位车主”……“只有一位车主”意味的是汽车经过精心保养，或是意指汽车坚固耐用。社会关联性——包括买家对车况的了解、或是对卖家的了解——让交易成为了可能。建构这种关联性的最重要机制就是名声。

名声

霍尔斯伯里（Lord Halsbury）爵士是19世纪英国杰出的法律学者，他所撰述的《霍尔斯伯里英国法律大全》（*Halsbury's Laws of England*）更是备受同侪的重视。霍尔斯伯里在学术精准性方面的名声，也为此书的畅销提供了保证。霍尔斯伯里的名声已经变成了这本书的名声，而非个人名声。贝特沃斯公司知道，他们拥有一项宝贵资产，而且他们的顾客也知道，因为对法律正确记录的需求会一直存在，贝特沃斯公司会投资金钱与心力来维持这本著作的价值。

名声是市场经济处理消费者无知的主要手段。我们生病时，不只承受病痛之苦，也因为信息不对称而受苦。我们对医生的信任，能帮我们解决信息不对称的问题——我们希望医生的处方能解决我们的病痛。在这个交易中，名声被分成了几个不同的层面。我们去某医院看病，是因为我们信赖该医院的名声，我们还可能特别相信该医院的某位医生，比方说，史密斯医生。如果史密斯医生不在，我们也会接受其他医生的治疗。我们之所以会同意其他医生给我们治病，是因为对方是一名治病救人的医生，并且是自己信赖的史密斯医生的同事。我们期望史密斯医生不会结交能力不佳的医生，而让个人名声受损。我们可能需要依靠史密斯医生所推荐的医生的名声，也需要仰赖医院的名声或特定药品的名声。

史密斯医生和贝特沃斯公司这类已确立声望的个人和企业，具有继续维持声望的诱因。我们在生活中信赖医生、超市、报纸、汽车制造商和银行的名声。我们之所以信赖他们，是因为我们不希望自己长时间忍受病痛的折磨；我们不希望为了察看食物是否在干净的环境中生产，而去参观食品工厂；我们不希望到阿富汗亲眼视察国家大事；我们自己无法判断所购买汽车的可靠性，也无法判断我们委托资金银行的偿付能力。认为市场经济确实依靠或仰赖个别消费者费尽心血来处理这些问题，这种想法根本不对。人生太短暂，有许多比研究银行资产负债表更有趣的事情等着我们去做。我们绝不可能拥有足够信息去评估医生的能力，因为如果我们拥有足够信息的话，就不必向医生请教了。个人经验是企业与医生的名声产生的结果。但是，这些个人经验与商业经验唯有成为社会共享知识的一部分，才能发挥作用。

当名声具有传播力时，效果最好。备受敬重的企业人士会跟其他受敬重的企业人士来往，而他们的声望就靠这种方式继续维持下去——在企业交易中，这是加强信任的最重要机制。但是，这个机制常会发生故障。比如，自认为维持大众对其专业信任很重要的医生，却因为一直对无能同事太晚采取抵制行动，而落得声名狼藉。

广告

我舅舅是一位耿直诚信的苏格兰药剂师，当顾客请他推荐高级护肤霜品牌时，他在自己的良心和销售欲望之间挣扎不已。“这位太大，”他说，“广告已经说得很清楚了。”

广告是“廉价的口头宣示”（cheap talk）。[①]我们希望广告业者表示，他们的产品很好，但他们真的这样说时，我们却不觉得是明智之举。因此，广告业者也大多停止了这种做法。广告创意设计师绞尽脑汁，会尽量获取工作所需的所有信息。一个世纪前，可口可乐的广告告诉消费者，这种饮料是健康的、提神的，也是女性爱喝的饮品，而且在任何杂货店都买得到。现在，可口可乐的广告只告诉你，“这就是可口可乐”（Coke is it）。有很多广告，如果你看不懂的话，你根本无法区别究竟在广告什么东西。

不只企业会做广告，我们也会刻意打扮自己，给可能的雇主或合作伙伴留下深刻的印象。服饰、汽车或香水这类商业广告所销售的物品，后来被我们用来帮自己打广告。许多其他物种比人类花费更多资源，为自己打广告。它们跟我们一样努力打扮自己，也跟我们一样花费资源，夸示自己美丽的躯体。鸟和花的颜色与花瓣都让人印象深刻，自然界拥有许多惊人的广告实例。公松鸡会争相向母松鸡示好，母松鸡会从中选出最有魅力的公松鸡，并与其交配；园丁鸟（Bower bird）会建造一个比自己的体积大好几倍的藤架，以吸引可能的伴侣。人类有时也会有类似的表现。20世纪70年代，经济学家就不知该如何解释，那些在市场经济中出现的昂贵却无内容的广告，竟然逐渐普及；生物学家也不知该如何解释，自然界中无所不在、既昂贵又无意义的夸示行为。结果，这两项个别事件却有类似的答案。现在，经济学和生物学已有一个通用的广告理论。

广告业者能够也愿意投入资源，让可能伙伴——配偶或顾客——印象深刻，这个信息就是这些夸示行为所包含的唯一信息。但是，对这些可能伙伴来说，这个信息很重要，因为它告诉他们，广告业者愿意付出、也愿意为建

① “廉价的口头宣示”是一种不可靠的威胁或承诺。在做了承诺或威胁后，但却不去执行，这样做当然很划算。

立关系而投入资源。对园丁鸟与配偶、可口可乐公司与其顾客之间的关系来说，都是这样，没错！园丁鸟和孔雀展翅这类由大自然示范的极端实例，说明了一种矛盾——为证明事实，不经济的沟通是必要的。廉价的口头宣示是没有意义的，因为这种宣示是廉价的，所以传统上女生会被教导要重视婚戒，而不是重视男人每天说依旧爱你的承诺。

耗费庞大又浪费的广告证明，广告业者也要花钱投资产品品质、花钱与顾客建立持续的关系——不然的话，昂贵又浪费的广告就没有意义。而且，如同孔雀和园丁鸟，广告竞争愈激烈，就要做出更大规模的展示。

褐煤

有时，企业也必须以不完全信息进行交易。能源企业的许多资深主管，从墨尔本搭小型飞机到拉特罗布山谷（Latrobe Valley）参观。在抵达目的地机场前，主管们就已经看到拉特罗布山谷这个地区上方有热气聚集。拉特罗布山谷是全球褐煤存量最大的矿区之一，其经济效用在于为发电厂提供燃料。庞大的机械挖土机把丰沛却品质不佳的褐煤铲进发电厂。澳大利亚东南部的电力大多是由这里的发电厂供应的。缺乏现金的维多利亚州政府（译者注：位于澳大利亚大陆东南端）决定卖掉三家电厂：黑兹尔伍德（Hazelwood）、洛伊杨（Loy Yang）和雅洛恩（Yallourn）。维多利亚州政府邀请业者参加竞标。结果，两家英国公司和一家美国集团成功得标，或者说，这三家外国企业认为这是一场成功的交易。出售电力资产也让维多利亚州政府还清了大部分债务。

然而现在，这项竞标的得标者却正在治疗他们的伤口。得标的英国企业PowerGen公司，已经把这次购买金额当成坏账注销掉；美国买家则仍在奋力经营中；另一家得标的英国公司——国家电力公司，绝口不提澳大利亚投资事业的表现。这些企业在付出昂贵的代价后，发现了“赢家的诅咒”（winner's curse）。

澳大利亚能源市场自由化的结果无法预测。当初政府顾问以能源高价格和能源需求渐增为出发点，为竞标者描绘出电厂的美好前景。但是，这一切就跟二手车销售员的说辞一样，可靠不到哪儿去——审慎的竞标者会委托专家进行研究。各竞标者对于拉特罗布山谷未来电价的估计，出现很大的差异。但是，成功得标者预期电价会高居不下，于是就根据这个预期出价。这就是他们成功得标的原因。如果电力价格位于竞标者估计的中间价位内，得标厂商仍旧会亏大钱。

“赢家的诅咒”是在美国政府拍卖近海油区时被发现的。石油公司知道，他们之所以得标，是因为自己委请的地质学家认为这些油区有利可图。然而受过类似训练、替竞争对手做评估的地质学家，却不这么认为。油田公司之所以得标，是因为他委请的顾问把事情搞糟了。

决定哪家企业应该经营洛伊杨电厂，或在墨西哥湾钻油，这似乎跟决定谁应该拥有《嘉舍医生的画像》这个问题很像。在所有情况下，这个问题就是把一种稀有资源在不同竞争意图间做分配。但是，《嘉舍医生的画像》这种“私人评价”的拍卖，跟洛伊杨电厂这类“公众评价”的拍卖，两者之间有个关键差异。

在《嘉舍医生的画像》这种“私人评价”的拍卖中，大家对画作外观和出处的相关信息，都拥有同样准确的信息。如果不同人做出不同出价，是因为他们有不同的偏好，或因为有些人比其他人更有钱。这些不同的出价，就是不同个人价值观的结果。在洛伊杨电厂这种“公众评价”的拍卖中，所有竞标者有类似的财务资源，大家在偏好上并无差异——没有涉及主观或审美问题。之所以出价不同，只是因为不同企业对所要购买的竞标物做出了不同（且大多为不正确）的评估。

大企业都清楚地知道，拍卖是一个复杂的过程，也会聘请计量经济学家帮忙设计策略。因此，维多利亚州政府雇用自己的计量经济学家，以机智胜过了竞标者，就如同欧洲在2000年第三代移动电话执照竞标一样。

移动电话执照的竞标

英国政府拍卖移动电话执照的时间，刚好是2000年的互联网泡沫到达顶点之际。最后获得英国第三代移动电话服务执照的五家公司，总共付了225亿英镑。事后，这些公司冷静地想了想，不禁怀疑，他们究竟做了什么事——他们根本不可能从提供通信服务中赚得将近225亿英镑的获利。在考察推出网络的成本下，根本不确定这些执照是否有价值可言。2002年7月，在竞标中得标的一家德国公司，放弃标得的执照，并注销了该笔支出。虽然这次拍卖经过精心设计,借由确保所有竞标者都熟知标案,以避免出现“赢家的诅咒”。但是，如果信息不完全，适应行为就会引发非理性结果，如同当初布洛杰给美林证券的推荐一样。

适应行为的许多层面会促成这种整体非理性。电信股持有人相信这类股票的夸大价值，他们在比理性投资人付出更高的价格后，就承受了“赢家的诅咒”。电信企业的资深主管对企业前景也过度乐观——就像布洛杰一样，如果不看好前景，就不可能保住工作“饭碗”。参与竞标流程的顾问，希望在其他欧洲国家进行的后续标案中，继续担任顾问。在股价基本非理性的情况下，许多其他类型的非理性行为就具有了适应性。如果无法获得执照，企业就无法维持股价。

如同布洛杰和美林证券，成功标得英国第三代移动电话服务执照的德国沃达丰公司（Vodafone）CEO克里斯托弗·根特爵士（Christopher Gent）和英国电信董事长伊恩·瓦兰斯爵士（Iain Vallance）也做出了不当决定。从某方面来说，这些决定对于其所代表的投资大众来说，要付出的代价实在太大。

但是，他们的决定是具适应性的——如果布洛杰、根特和瓦兰斯做出不同的决定，他们可能会发现，自己很难保住职位。但是，他们不久也会发现，即便像现在这样已经做出决定，一样很难保住职位。

出租办公室的经验

广告和名声都是市场经济演变，处理不完全信息问题的机制。这些机制是交易员用以沟通的信号。有时候，信号本身就是价格。

在英国，出租办公室的方式一般是签定长期租约，而且租约可长达25年。因为某些原因，租房者可能在租约未到期就想搬迁，但是在搬出前必须找到另一位房客，原房客继续依据原租约缴交租金。新租金跟协议有关，由新房客缴交租金给原先的房客。

几年前，我的公司打算搬到更大的办公室，目前的办公室就必须转租出去。当时伦敦的房地产市场并不景气，我咨询的房地产经纪人也备感受挫。他建议我把租金定为每平方英尺27英镑，但是他并不看好能很快找到房客。这位房地产经纪人的看法没错。过了两个月，只有几个人来看过房子，但是都没有出价。

我再次拜访这位房地产经纪人，并告诉他，我对此事感到不满。我是专业经济学家，供给与需求是我的第二本能。如果没有人想用每平方英尺27英镑的租金租我的房子，我就应该降低价格。“租金改为每平方英尺22英镑如何？”那位房地产经纪人建议我不要这么做，但我坚持要这样做。他重新刊登了租金价格，改为了每平方英尺22英镑。事实证明，那位房地产经纪人又对了。整整一个月，几乎没有人来看房子，更没有人出价。

最后，那位房地产经纪人依据实际状况和经验建议我，把租金调回原先的价格。我心不甘、情不愿地勉强答应了。接下来的一周，房地产经纪人打电话给我，用得意洋洋的语气跟我说，有一位可能租房的房客，愿意以每平方英尺 27 英镑的租金租我的房子。但是有一个条件：我必须免收他 6 个月的租金，并资助他进行房屋整修。我很快就同意了。

我拿这次的经验跟同事辩论。这次经验似乎违反了市场供需法则，但是，其中有一个完全合理的说明存在——房地产是复杂的，也是与众不同的。我们很难从文字叙述中区别房地产的长相，所有的建筑物都不一样。参观刚踏进去就觉得不合适的房子，很容易浪费时间。特定价格也无法平衡供需，只是提供信息。

当房地产经纪人以每平方英尺 27 英镑的租金打广告时，他会跟可能的房客说："这房子跟我推荐的其他每平方英尺 27 英镑租金的房子差不多，甚至比其他同价位的房子更好。"但是，当我坚持把租金调为每平方英尺 22 英镑时，我就可能提供了一个让房客和房地产经纪人困惑的信号。我表示，"虽然这房子看起来像是每平方英尺 27 英镑租金的房子，但现在每平方英尺的租金却只要 22 英镑。"听到这一声明的人未必认为"这是一个好价格。"他们可能心想："这房子一定有什么问题。可是，我如果要搞清楚真相，就得花钱请人调查这栋建筑物，还要请律师过目一下租约。"

市场供需理论认为，房客有权质疑。如果我们在找房子时，能找到跟其他房子的条件类似，但价格却更便宜的房子，就是一件很幸运的事。因为我们很可能找到完全符合我们特定要求，但价格一点也杀不下来的房子。优秀的房地产经纪人应该试图为卖方卖到最高价。效率市场假说应该适用于房地产市场，而且在效率市场中，廉价的买卖少之又少。

房地产经纪人对实务的了解，是他结合个人经验对房地产市场形成的客观知识。否则，他就不会待在这个行业。这并不表示，他能说明市场为何这样运作，事实上他也无法说明此事。只不过，房地产经纪人是具适应性的人，而且他以前也是这样的人。

复杂产品的价格会传达出产品的相关信息，而经纪人的功能之一就是证实这个信息。当供给超过需求时，如同伦敦在 20 世纪 90 年代初期的情况，价格并没有为了平衡供需而立刻下跌，因为这样会产生令人困惑的信号。市场可以通过其他附带条件，比如免租金期限、补偿整修费用等，对房价进行适度调整。

失业

在完全竞争市场中，工资应该降低到个别劳力市场供需平衡之下的水平。我偶尔会问大企业经理人，如果企业内部某竞聘者提议，要以比原职务者薪水低 10% 的工资标准接任该职务，你们会做何反应？当我把租金价格调低到每平方英尺 22 英镑时，就是把令人困惑的信号传到了市场上；而提议要比现任员工薪水低一成的人，也是把令人困惑的信号传到了市场上。潜在的租房客对我的这一做法的自然解读是："他不顾一切，一定是房子哪里出了问题。"而接受提议的企业管理者会认为："企业比较关注成本，比较不在乎员工素质。"

在注重品质，但却难以判断品质好坏的市场中，价格竞争很少发挥功效，价格竞争的情况也不太激烈。在劳力市场中，雇员品质对劳资双方都很重要。雇主担心员工的能力和承诺，员工想要愉悦的工作环境和意气相投又能干的同事。

对雇主和员工的决定来说，"现行汇率"（going rate）的概念很重要。因为价格具有信息功能，也具有市场结清（market-cleaning）功能。但结果是，劳力市场就跟房地产市场一样，价格只会缓慢调整，以应对变迁中的经济情况。因此，景气不好时会出现失业问题，景气好时人力短缺。

所以，亚罗 – 德布鲁模型只能对市场经济如何解决协调问题，做出部分说明。在亚罗 – 德布鲁模型的世界里，价格的唯一功用就是平衡供需，短缺或过剩的情况绝不会出现，因为价格变动会消除这些情况。但是，“合理价格”（fair prices）概念并不是社会主义的迹象，或是意大利哲学家托马斯·阿奎奈（Thomas Aquinas）所遗留的想法。合理价格的概念是经济生活的必要环节。“现行汇率”是传递信息，并且让市场经济奏效的必要工具。价格不稳定常对经济不利，忽视“现行汇率”的人（我们就会设法这样做），可能会阻碍市场运作，而不是让市场顺利运作。

不完全信息无所不在

在完全竞争市场中，产品具有同质性。但是，具有不完全信息的市场依旧存在，因为产品具有差异性。在完全竞争市场中，交易是匿名的。但是，在具有不完全信息的市场中，交易员的身份就是交易的一个关键要素。在完全竞争市场中，价格平衡供需。但是，在具有不完全信息的市场中，价格是卖方与买方沟通的一种方式。因为价格要满足双方需求的功能，所以可能无法平衡供需。在完全竞争市场中，所有交易都具有效率，也唯有效率交易才会出现。但是，在具有不完全信息的市场中，会出现让买家后悔的交易，让买卖双方都获利的交易却不会出现。

不过，市场经济在发展机制以处理不完全信息的问题时，一直具有弹性，甚至具有独创性。要认清不完全信息的无所不在，就不要对市场经济加以批评，而是要对那些以完全竞争模式说明市场经济如何运作的适当性加以批判。市场的真相是更加错综复杂的。

第十九章 风 险

在完全竞争市场中，有计划的自利行为导致效率市场假说的出现，并形成了现代财务理论的基础。这个曾是复杂且实际的财务理论提供的一套方法，应能让我们在个人生活和企业生活中，管理风险并降低风险。

不过，现实状况更加错综复杂。我们已经知道，在出现适应行为而非理性行为，以及在信息不对称时，完全竞争市场的运作将截然不同。风险市场特别容易受制于不完全信息，也容易受到“非理性”行为的影响。

我们对不确定的态度，是以直觉和社会条件为基础的，是从希望和担忧中衍生出的混合物。我们通常依据直觉，对风险做出反应。有些神经生理学家主张，我们有一种语言本能——小孩可以迅速且容易地处理学习“语言”这种复杂工作。相反的情况似乎就能证明概率理论——复杂的成人发现，简单的运算很难。风险市场最有说服力的理性主张是，设计策略来赚行为不理性者的钱，是一件很容易的事，也是目前所发生的事。

诺贝尔经济学奖得主莫里斯·阿莱斯（Maurice Allais）是少数获得诺贝尔奖的欧洲经济学家之一。阿莱斯对风险的经济理论做出了有影响力的抨击，并以“对美国学院派假设理论的批判”做为著作的副标题。卡尼曼与特沃斯基采用阿莱斯的做法，在实验室里观察受试者在高风险替代方案间的选择。

这三个人发现，说服受试者做出矛盾的选择很容易，而且这些矛盾并不是没有规则的。受试者更关注的是避免小损失，而不是确保相同金额的获利。他们愿意接受低概率的大损失，但却不愿意接受高概率的小损失。他们喜欢高概率的小利得，但却对概率较低的庞大获利较不感兴趣。总而言之，他们过分相信让自己觉得很放心的判断。

对矛盾的风险行为的进一步证据，源自于“市场异常现象”（market anomalies）——意指违反效率市场假说的证券市场行为。举例来说，美国股市有一种倾向，1月份的股价通常会上涨，周一的股价常会下挫。这种股价走势不需要内线消息也能知道。这些市场异常现象，让大家对风险资产价格结合所有公开可用信息的主张感到怀疑。1987年10月19日，美国股市指数下挫20%。2002年7月15日，早上开盘时下挫5%，下午却上涨5%。这些趋势不可能依靠关于企业前景的新信息来解释。

最重要的市场异常现象是，“股票溢价”（equity premium）似乎过高——股票溢价意指，股票和股权报酬与无风险资产报酬两者之间的真实差异。如同财务经济学家对“股票溢价矛盾”（equity premium paradox）所做的争辩，溢价大小的估计值已经下跌。[①]即使如此，安全资产的平均投资报酬率约介于4%~5%，似乎远超过弥补额外风险所需的报酬。事实上，如果股票投资报酬率很高，就整体来说，股票几乎会比债券表现得更好。但是，这种情况只出现在极短时间内（当然，卖股票的人都是这样打广告的）。

当人们知道英国国家发行的彩票，只有半数金额回馈给买彩票的人时，为什么还有人要买彩票呢？彩票经过精密估计后，把一个数目极少、金额庞大的彩票奖金，跟数目极多、金额很小的彩票成本加以结合。累积赌注可以凝聚买气，10英镑奖项的数目激增，可以扩大下注者对风险的困惑。

①股票溢价矛盾最先是由吉希尼·梅赫拉（Rajnish Mehra）与爱德华·普雷史科特（Edward C. Prescott）在1985年3月第15期《货币经济期刊》（*Journal of Monetary Economics*），撰文《股票溢价》（*The Equity Premium:A Puzzle*）提出的。后来，什洛莫·贝纳兹（Shlomo Benartzi）和理查德·泰勒（Richard Thaler）在1995年2月《经济季刊》，撰文《缺乏远见的损失嫌恶与股票溢价》（*Myopic Loss Aversion and the Equity Premium*），73-92页。

市场有效率吗

如果效率市场假说未必属实，就会让大家对效率市场有更大程度的怀疑。在 1999 ~ 2000 年间，全球证券市场因为杂讯交易而陷入混乱——杂讯交易是指那些不清楚或不关心股票基本价值，而进行股票买卖的人。保险市场并未把帕玻尔 · 阿尔法这类事件不可避免的成本最小化。结果，这类事件造成的损失集中在几个个人身上，他们根本不知道自己承担的风险大小和风险本质。

霸菱银行（Barings）曾经是伦敦最老字号、也最受敬重的银行之一，却因为新加坡分行交易员尼克 · 李森（Nick Leeson）在衍生性商品市场的损失，在 1995 年宣告倒闭。李森既没念过大学，也不具任何资格，更没受过什么训练，他利用谎报交易成功的权宜之计，掩饰了所有不成功的交易来获利。李森的主管并不了解李森操作的衍生性商品市场，但是他知道他们的奖金都跟李森呈报的获利有关。他们既没有意愿、也没有能力去质疑李森炒作衍生性商品的行动。霸菱银行的倒闭，象征着伦敦特有的绅士风度、但却贪婪的资本主义的灭亡。①

如果李森的行动是阅历过浅，那么长期资本管理公司（Long-Term Capital Management）的行动就是老练世故。大多数投资基金只是购买股票和债券的投资组合。像长期资本管理公司这类避险基金，主要是买卖衍生性商品，并

①有关霸菱银行破产事件，详见卢克·亨特（Luke Hunt）与凯伦·海因里希（Karen Heinrich）于 1996 年的著作《霸菱输了——李森与霸菱的倒闭》（*Barings Lost:Nick Leeson and the Collapse of Barings*）；斯蒂芬·费伊（Stephen Fay）于 1996 年的著作《霸菱银行倒闭事件》（*The Collapse of Barings*）；英国银行（Bank of England）于 1995 年的出版品《银行管理委员会报告——对霸菱银行倒闭后果的调查》（*Report of the Board of Banking Supervision:Inquiry into the Circumstances of the Collapse of Barings*）；李森与爱德华·惠特利（Edward Whitley）于 1996 年的著作《A 钱大玩家》（*Rogue Trader*）；菲利普·欧格（Philip Augar）于 2000 年的著作《绅士资本主义之死》（*The Death of Gentlemanly Capitalism: The Rise and Fall of London's Investment Banks*）。

在不同市场买卖股票套利。长期资本管理公司的合伙人包括诺贝尔经济学奖得主莫顿和休斯，这两人在1997年因对财务经济学的贡献而获奖。莫顿和休斯，加上经验老到的华尔街交易员，共同经营着长期资本管理公司。

精明老练的投资人会利用衍生性商品市场，为自己的投资组合做保险。借由购买低于市场10%的卖权，把最大损失控制在10%——选择权费用就等于保险费。经过亚洲金融危机，还有俄罗斯于1998年的不履行债务等事件后，投资人特别不安。长期资本管理公司卖出保险，以免价格大幅波动——不管是下跌还是上涨。以市场专业术语来说，他们买卖交换（swap）契约和股票波动性。长期资本管理公司管理的40亿美元资产，看似金额庞大，但对全球所有股票市场和债券市场来说，这笔钱并不算什么。长期资本管理公司利用这笔资金，持有价值约1250亿美元的衍生性商品契约。这些衍生性商品契约所依据的股票价值，其金额就更为庞大。长期资本管理公司并没有足够资金提供市场试图获得的保险。该公司的行动可以转移风险，但却无法消除风险——唯有通过一场风险转移策略，股市崩盘的风险才能在市场中四处移动。[①]长期资本管理公司断定，基金卖出的保险价格会迅速下跌，并足以让公司再购买保险获利。但是，实际价格并未如预期那样下跌，而其所管理的基金也无法这样做，长期资本管理公司被逼到濒临破产。联邦储备委员会在基金崩盘造成的后果影响甚大的考虑下，于是出面援助。

帕玻皮·阿尔法事件的参与者——海上保险承保人——是不清楚自身承担风险的无知傻子。长期资本管理公司的参与者——经理人和投资人——却是被经验老到蒙骗，不知道自己承担多少风险的聪明傻子。在这两个例子中，风险的再流通和再包装，把一个有限问题变成了一种系统性的问题。单一失误危害到整个劳埃德保险市场（以帕玻尔·阿尔法事件为例）和美国股票市

①这是无法多样化的风险，因为在资金资产定价模式中，股票的风险溢价即为报酬。

场（以长期资本管理公司为例）。他们不但没有分摊风险并降低成本，还让风险市场倾注全力在他们身上，更让他们威胁到参与者的偿付能力，甚至威胁到参与者的性命。

不对称信息与逆向选择

"龙香"没有在阿斯科特赛马场5点钟的比赛中夺得第一；货币政策委员会意外降低利率；气爆破坏了北海钻油塔……这些都是在现代市场经济中，在专门的风险市场四处流通的风险。不过，这些风险却不是人们每天要面临的主要风险。人们每天要面临的是离婚、关系破裂、失业与职业生涯受挫，以及慢性疾病等风险。我们不能用保险来预防意外怀孕或单亲抚养小孩。保险市场中预防失业的保险也有限。不过，虽然人们无法购买保险来预防这些威胁事件的发生，但还是可以通过买保险来预防一些较琐碎的风险。举例来说，买保险预防挡风玻璃破损；度假时为行李购买失窃险；购买保修险预防洗衣机故障。我们可以为这些不太重要的事买保险，但却不能为重要的事买保险。

为什么无法通过购买保险来预防离婚？现在，保险业者已经掌握了结婚与离婚的统计数字，并能借此定出合理的保险费。但是，会买这种保险的新婚夫妻少之又少。大多数新婚夫妇认为，他们的关系会长长久久，不可能像统计数字那样悲观，否则他们当初就不会结婚。只以统计数字为依据的保险公司却持不同看法，所以保险费似乎很高。

但是，信息不对称并未出现。婚姻关系或许发展得很好，或许不好。幸福的已婚夫妇不会有兴趣购买离婚保险，因为他们的婚姻很稳固。而找保险员购买离婚保险的比例，就跟找婚姻咨询师的比例一样。这是个逆向选择（adverse selection）的问题——想购买离婚保险者都是比较可能离婚的人。"公平的"保险费是依据平均离婚率来计算的，如果投保离婚保险者都是比较可能离婚的人，那么这种费率就会让保险公司无利可图。

信息不对称的问题遍布风险市场。保险业者会明智地调高保险费，以符合想购买保单者的特性。但是这样做，会让离婚保险只吸引那些婚姻真正触礁的人。谨慎的保险业者必须更进一步调高保费。离婚保险市场将会跟二手车市场一样，就如同我们先前提到的拍卖皮夹的例子，并没有哪一个价格是卖家想卖、买家想买的价格。所以，市场就无法存在。同样地，对离婚保险来说，也没有市场可言。

离婚是一种极端现象——可能承保的保险业者和被承保人之间的认知差异是无法克服的。要提供婚姻保险和离婚保险，保险公司就必须对个人私事做出令人无法忍受的干涉。基于类似原因，目前市场上并没有有效预防失业的保险，因为有可能保险的人比保险公司更清楚自己的失业风险。

医疗保险与养老保险市场就运作得更好。个人不太清楚自己会罹患什么疾病或可以活多久。保险费用不高，并且通过一些非侵入性的检查，例如，量身高、体重和血压，就能让保险业者大致清楚被保险人的健康状态。即使如此，逆向选择还是一个问题。由雇主购买团体医疗保险比较便宜。之所以团体医疗保险的保费较便宜，主要并非因为团体有更多的议价能力，而是保险业者认为，雇主提供所有员工医疗保障，这样就能降低或去除逆向选择的问题。购买医疗保险的个人就比一般在职员工更可能生病，或患有忧郁症。

养老保险和医疗保险的市场是可能存在的，因为医疗知识仍旧处于初期阶段。不过，有些致病和造成精神疾病的生物因素与环境因素已被确认出来。举例来说，基因缺陷造成亨丁顿氏舞蹈症（Huntington's chorea），抽烟者容易罹患肺癌。这只是冰山的一角，其在保险市场所引发的问题，无法借由保险业者限制使用遗传信息来解决。这样做只会让逆向选择的问题恶化。针对潜在的信息不对称，唯一的解决办法是停止这类信息的收集——即使这样做有必要，但却不可能做到。在未来 50 年内，个人医疗保险和养老保险可能跟离婚保险和失业保险一样，会基于同样的理由，而很难买到。

道德风险

我们环境中的大多数风险，视我们所采取的行动而定。如果我们花钱预防风险，就把自己暴露在更多风险中。这就是道德风险的问题。人们不会只因为投保了火险，而允许自己的房子被烧毁；年轻女性并不会因为单亲妈妈可享有社会福利，而打算未婚先孕或离婚带子。但是，社会习惯和经济制度的共同演变，使得她们的行为具有了适应性。在火险不存在时，有瑕疵的炒锅和烧柴火的情况就少些；当社会严格对待单亲妈妈时，单亲妈妈的人数就少些。因为调适行为总会出现，从两种方向来看，因果关系一样奏效。

我们从这些参差不齐的证据中可知，在英国暴力致死或意外致死的风险，跟13世纪几乎差不多。“酒伴拿斧头闹事和邻居的楼梯井，这些都已有妥善规定，取而代之的是难以管束的马车和无法架桥的河川。当这些事情都在控制中，接下来出现的是无防备的产业机器，以及没有信号的火车头。现在，我们则是要对抗喝酒闹事的驾驶。”①在经济与自然环境的变迁下，外加上这段期间的法令与规定，暴力致死或意外致死的风险仍维持不变，倒是令人惊讶。风险不变的隐喻极具说服力。我们对风险有一定的忍受度，我们会调整行为来应对环境中的危险。我们在山径中行走，会比在人行道上行走更加小心谨慎。跟8年前相比，现在的小孩在马路上发生意外身亡的情况较少。因为马路已经变得更加危险，小孩与家长会更加小心，因此抵销了重大交通事故的危险。

道德风险让受到保险控制的风险，变得更加危险。1982年，美国国会解除对美国抵押银行的管制——储蓄贷款协会（Savings and Loans

①海尔（Hair）于1971年第25期第1号《人口调查期刊》（*Population Studies*），撰文《英国暴力致死的试验性调查》（*Deaths from Violence in Britain:A Tentative Survey*），5-24页。

Associations）。但是，美国仍旧为存款人维持一个保险制度。事实也证明，这种组合备受愚人与骗子的青睐。美国政府要蒙受损失，而储蓄贷款协会的主管却仍然获利。当那些被保险事项可以影响所涵盖的风险时，被保险事项就必须被加以监督。

个人风险的社会保险

如果人们在做某件事情时可以选择退出，逆向选择就是一个问题；如果人们正在做的事是无法轻易被监视的事，道德风险就是一个问题。逆向选择与道德风险的组合意味着，风险可借由具有共同关系的团体来妥善管理，这些团体通常是家庭、社区、职场和国家。日常风险的管理最好通过社会制度负责，而且主要也是由社会制度负责的。在这方面，保险公司和证券市场这类纯经济机构，只扮演较不重要的角色。

把风险分摊给社会团体的做法很有效，因为个人参与这些团体就能获得许多不同的好处，同时休戚与共和义务感就开始起作用。举例来说，传统的婚姻誓约这样说：不论富有或贫穷，不论是好是坏，都要相守在一起。这种誓约根本无法清楚地确认，风险分摊就是婚姻关系的一种特质。直到20世纪，婚姻才成为卖权，双方都有权依照事先协商好的价格，提前终止婚约。然而，分摊社会风险，就把风险分摊的对象扩及到了家庭团体之外。生病和意外的风险应由社区共同承担，这一观念可追溯到几千年前。如同美国知名女作家乔治·艾略特（George Eliot）在其所写的小说《米德镇的春天》（*Middlemarch*）中描述的，在铁路和国家医疗保健服务（National Health Service）出现前，当地的富裕人士有义务依据病人的收入，调整医院和医生的收费，社区也会成为医疗保险的有效提供者。雇主是失业保险的有效提供者，相比于保险公司或国家，他们更不会受到道德风险的影响——还有谁能比雇主更清楚地判断出员工对工作的承诺呢？而且，这样做根本不会引起逆向选择的问题。

在20世纪的大多数时间里，大企业确实提供这类保险。大企业所提供的并不是一个正式合约，而是一个相互期望。银行或类似机构的员工会认为，只要自己没有不当行为，就能保住工作“饭碗”。结果，技术或需求方面的改变的风险，大多由雇主承担。当然，员工也必须为此付出代价——薪水跟年资有关，将报酬当做未来的退休金都强调合约的长期本质。在20世纪的最后20年内，这些暗示性合约大多未被遵守，这样做更让企业立即增加每股盈余。长远的影响则是，政府现在是失业保险唯一可靠的提供者。

“社会保险”（social insurance）一词源自于19世纪末期的德国。社会保险说明职场、社区和国家分摊风险步入了正式化。政府接管了非营利组织的保险功能——互助团体和工会。因为政府能强迫参与，所以政府可以减少逆向选择的出现。但是，在减少道德风险方面，政府却不像当地社群承受社会压力那样地发挥效用。正式的社会保险体制借由限制所提供的利益范围与受益期限，外加上利益附带条件。例如，测试是否真正想找工作，借此解决道德风险问题。

营业风险

有些经济风险是无法避免的：农作物可能歉收的风险、移动电话需求增长的不确定性。其他风险则是市场经济本身的产物。农作物收成多寡本身就具有的不确定性，会因为市场波动而更加恶化。没有人知道，移动电话的需求将多迅速地增长，但是个别企业及其员工和股东面临的是，事业在市场中运作妥当的额外不确定性。

营业风险会引发信息不对称的问题和道德风险的问题。投资人应该随时牢记拍卖皮夹的故事。如果有人比我更清楚这个投资，就更具有影响结果的能力。为什么他们要把可能的获利跟我分享？为什么当他们卖出股票时，我要买呢？如果有人在5年前问过这个问题，他们现在的生活就会更富裕。

对个人或机构而言，风险太大是出让部分可能获得高收益的好理由。安东尼奥可以处理一艘船的损失，但却不能应付三艘船的损失。海洋保险让他能把海上风暴的风险分散掉，但是与本身营运判断的相关风险依旧存在。发现美洲新大陆的克里斯托弗·哥伦布（Christopher Columbus），无法筹资去探寻前往印度群岛找香料的较短路线。但卡斯蒂利亚女王伊莎贝拉（Queen Isabella of Castile）比哥伦布更有钱，就能筹资进行此事。西赛罗的经济生活不安定，因为某种农作物的歉收就会让他用尽资产和预备金。

不过，安东尼奥投资事业的伙伴，当然会对信息不对称和道德风险感到紧张。即使安东尼奥彻底坦诚，据实以告，当他对交易前景感到紧张时，更可能邀请大家参与合伙。安东尼奥并不承担所有风险，但毫无疑问，他会承担更多风险。这并不完全是一件坏事。乐观和风险分摊，让更多新事业得以创始，也对市场经济多元主义有所贡献。

信息不对称扩及到更广的层面。安东尼奥的投资者并不是随机抽样出来的，而是了解安东尼奥或相信自己所做无误的人。就跟电信企业股东一样，这些人比一般人更看好安东尼奥的投资事业的前景。在所有投资荣景中——从南海泡沫事件到网络企业狂潮——企业毫不费力地向这些怀抱高期望报酬的人筹资，但是这些人最后并未获得预期报酬。投资银行已经精通如何管理发行新股的过程，他们知道如何迎合潜在投资人的非理性心态——“获利前景”的吸引力，以及即使是小亏损，都会让潜在投资人反感。

我在第十三章说明了股票市场如何发展，股票市场不但是为新事业筹资的主要工具，也是次级参与者销售与再销售的市场。最出名的英国网络事业lastminute.com在创立时，所赚的总营业收入不到100万英镑。当公司出售股票向投资人筹资7000万英镑时，整个公司的市值（包括创办人所拥有的股票）

理论上为 4 亿英镑。该公司向投资人筹资的 7000 万英镑，有 700 万英镑付给了与此次股票销售有关的顾问，其余金额则用于并未明确表示的“一般企业用途”。对小型的新创事业来说，这笔金额相当庞大。一年后，投资人血本无归。该公司股价重挫到反映公司实际价值的水平上，更重要的是，在股市中筹集的 7000 万英镑究竟还剩下多少钱。

股票市场不是、也绝不曾是产业资金的重要来源。股票市场让营业风险被分摊且分散掉，但是股票市场的波动也创造本身更大的风险。大多数交易员都是投机的：有些交易员相信或被告知，买进思科的股票会比买进 IBM 的股票更好，而其他交易员则相信 IBM 的股票比思科好。于是双方开始进行交易。谈话性节目的专家则鼓励投资人做出这些判断。

投机有用吗

米尔顿·弗里德曼在《实证经济学的方法论》（*The Methodology of Positive Economics*）一文中，提出一个投机交易的例子，以说明竞争市场的过程把不理性强加于上的理论。米尔顿·弗里德曼声称，市场投机一定能稳定市场。投机者唯有在买低卖高时，才能赚到钱。而且，只有赚到钱的投机者才会一直待在市场中。所以，具有积极投机市场的价格波动，就会比不具有积极投机的市场更小。

不过，美国股票市场泡沫化的投机，显然是让市场不稳定，让价格暴涨到离谱的程度，后来就开始崩盘。如果所有交易员是完全理性的（具有一致性、自利、把获利最大化且消息灵通），那么不论有利可图或无利可图的投机，都没有存在的余地。为了让米尔顿·弗里德曼的论点有机会成真，就必须有一点、但不致于过多的不理性——杂讯交易。

杂讯交易者把钱亏给聪明的投机者。但是，如果杂讯交易者占大多数，根据基本价值交易的投机者就要承担被湮灭的风险——因为杂讯交易者彼此以更高的价格交易。这就是1999年发生的事。长期资本管理公司在1998年，就没有足够资金援助本身对市场非理性的正确判断。

在同一场比赛中的不同赛马赔率反映出，对这些赛马获胜评估的平均值。同样地，股价反映出投资人对企业价值所持观点的平均值。在指导新资金应否投资的决定时，这个信息可能有用，也可能没有用。银行考虑放款，而企业打算借款或再投资，双方对此事都可能消息灵通。但是，股市对企业前景就没有如此消息灵通。市场的信息功能是花费了庞大代价才取得的。对市场中的个别投资者来说，投资组合的交易一般都是无利可图的。

帕玻尔·阿尔法事件的矛盾在于，以前主要发生在保险市场的事，已经成为了主要发生在证券市场的事。参与者并没有借由把风险转移到能以更低成本管理风险的人身上，然后从交易中获利。他们只是依据不同选择的真实本质为基准来交换风险。结果，风险转移到了那些根本不知道自己在做什么，也无力承担这些风险的人身上。

可以洞察所有信息不对称且无所不知的观察者，可能建立投资的实际价值。认为这种价格就是这类投资在市场中的实际交易价格，这样想根本无凭无据。证券市场中大多数交易都跟分摊风险无关，反而更像在彩票投注站里的交易。参与交易者相信，他们正在部署最佳的投资——但是，除了极小部分参与者能做到，其他参与者的情况都不是这样。

风险市场的真相

大多数金融市场分析仍旧是以效率市场假说为基础的，而且轻视这个假说可能比相信这个假说亏更多钱。但是，这个信念应该被怀疑论加以节制。在1999 ~ 2000年间，理性的个人投资者难以抵抗杂讯交易者。金融市场中的理性行为未必具有适应性——至少对长期资本管理公司来说，并非这样。那么 lastminute.com 的股价波动呢？“当资金分配是赌场活动的副产品时，这份工作就可能做不好。”在 1929 年股市大崩盘后，凯恩斯写下了这段话，而这段话跟 2000 年股市大崩盘有关。

从某方面来看，长期资本管理公司、霸菱银行和帕玻尔·阿尔法事件的结果，或许具有适应性——不当的管理风险者无法在本业立足。（只不过时间不会太久——长期资本管理公司的约翰·梅里韦瑟在为相对价值机会基金四处寻求援助资金的 15 个月后，就再度重操旧业。）但是，以市场效率的技术面或一般面来看，这些结果都没有效率。

对于我们管理现代经济生活本身具有的不确定性来说，这个有效率风险市场的概念确实吸引人。这类市场理论在美感上很吸引人，因为这种理论是知性且可解决的挑战。就实际层面来看，也很吸引人，因为经济保障是每个家庭主要的关切事项之一。

风险市场发生的事——赌博、保险和证券市场，在这方面大多没有效率。因为风险市场的设计宗旨是，利用日常行为风险的“不理性”——就是适用于日常生活的实用规则。但是，当我们向财务顾问请教时，这些行为却不具适应性。同时，真正与我们有关的风险——跟我们的工作、关系和健康有关的风险——都不是借由风险市场来处理的。对于这些风险，我们则是仰赖朋友、社会制度和国家的协助。

第二十章 合作

“如果有只鹿被抓到，而每个猎人也都看到，为了成功抓到鹿，每个猎人必须遵守规则，待在自己的狩猎区。但是，如果刚好有只野兔在任一个猎人的面前出现，猎人当然会毫不犹豫地追捕野兔。而因为他一个人分心去追捕野兔，结果却造成同伴错失了捕捉到鹿的机会。”①

这段文章的作者让·雅克·卢梭（Jean-Jacques Rousseau）认识到，即使这类合作会让大家过得更富裕，但是讲究自利的个人未必会合作。要求社会制度强制实施合作行为，是一种经济需求。卢梭发展出社会契约论——要我们大家同意把强制权（coercive power）交予国家，这一点是合理的。因此，政府是一个适应性的机构——有权强制执行合作的社会，会比无权强制执行合作的社会，抓到更多鹿。但是，我们未必需要国家来解决集体猎鹿的问题。市场经济也会依靠团队——定期共事的团体。团体内的相互关系可以激励合作。我们合作，因为我们期望日后获得类似的支持。

不过，现代经济要求且获得更多合作，这是强制执行或相互关系无法说明的。即使在我们不期望别人会在日后帮助我们时，我们也愿意伸出援助之手。如果碰到陌生人问路，我们常会好心告知。而且，我们期望自己日后向陌生人问路时，也能获得同样的协助。我们展现出一般人都会做的特定相互关系。

---

①卢梭在1791年的著作《社会契约论》（*The Social Contract and Discourses*），于1913年的英译本，111页。

如果理性是指自利的唯物论这种行为并不理性，但是，这是具适应性的——人们帮助陌生人的社会不但比较美好，也比较繁荣。

由谁盖灯塔

埃迪斯通礁（Eddystone Reef）位于英吉利海峡入口普里茅斯南方15英里处。在涨潮时，这堆礁石只突出水面3英尺，造成许多船只在这里触礁失事。许多船只根本无法返回港口，可能就在这里沉没。其他驶往英国或法国沿岸的船只，却因为船长太过焦虑，而无法避开埃迪斯通礁。

几千年前，人类的祖先就知道如何解决这个问题——在亚历山大港的灯塔，就是古代文明世界的七大奇观之一。礁石上的独特灯光能让水手们避开礁石。要在孤立的礁石上点火或点灯，说起来容易，做起来却比较难——这并不是件容易的事。首座埃迪斯通灯塔一直到1698年才兴建，灯塔运作了五年就被停用。因为建造者和灯塔被风暴吹走，连残骸都找不到。

这些技术困难强调了一个经济问题——由谁出钱盖灯塔？目前的埃迪斯通灯塔（第四座）在1882年建造时，其造价是5.9万英镑，相当于今日的200万英镑。相较于人命、船只和船货的损失，这个费用不算什么。但是，对任何船家来说，这可是一笔庞大的金额。埃迪斯通灯塔的受益范围很广，而船难发生率又很难确定或预测。可以说，埃迪斯通灯塔属于社会公益设施，而公益设施就不会是由竞争市场中讲究自利的个人所兴建。兴建埃迪斯通灯塔的首位人士——温斯坦利先生（Winstanley），并不讲究自利。温斯坦利先生是一位离经叛道、但却有公益意识的绅士。在自己的两艘船只在埃迪斯通礁失事后，温斯坦利先生就开始着手兴建灯塔。此外，他还建造了温斯坦利水厂（Waterworks），可惜他本人后来在风暴中失踪。

如果温斯坦利先生没有兴建埃迪斯通灯塔，那么一些知名的石油公司就有可能会兴建。艾克森石油（Exxon）、英国石油和壳牌石油等知名石油公司，在英吉利海峡的货运量频繁，一次重大事件的后果可能就相当严重。但是，艾克森石油有理由质问，为什么他要兴建灯塔，而英国石油公司不必，反之亦然。关于这一点，我倒是建议一群志同道合者组成联盟。当受益人数不多或没有分歧，而且彼此间利害关系一致时，联盟的方式最为奏效。但是，当许多成员缺少共同点，就可能出现坐享其成的情况。没有人认为自己的个别贡献，会决定整体计划的实现，也没有受到强烈的社会压力而觉得必须参与。

如果自愿合作并不奏效，或是不能发挥足够的功效，政府就可以强制执行。社会公益设施可从一般课税中取得财源。不然的话，收取费用的权利可能转移给提供服务的机构。目前，英国灯塔在营运过程中就对港口使用者课税。

公益事业的市场

社会制度（主要是政府）提供一系列的公益服务——警察维持治安、街道清扫、国防、规章与法律的结构，以及强制实施国家法律与国民私人合约的机制。以灯塔为例，提供给一艘船只的灯塔也提供给所有船只使用，即便是拒绝贡献者也能受惠于灯塔。灯塔一旦建造，就会为所有水手提供指引。

或许，制定排外机制比允许全体适用更耗费不赀，所以广播、公园这些都是任何人都能使用的公益设施。或许，因为大家都能从一般供应——教育、垃圾收集——而受益，所以排外并不适宜。或许，排外会违反我们所要的社会标准——医疗、乡村交通。具生产力经济体必须提供、也必须负担这些公益设施。而且需要有一个机制来决定供应水平和费用分配。个人对公益设施有各自的偏好，就如同个人对私有财产的偏好一样。有些人认为国防支出要再高一些，有些人则认为要少些。大家对于是否应该使用国防力量，也抱持不同的看法。但是，没有哪一个经济制度能适应如此繁多的各式各样的观点。

不管提供什么，都是提供给所有人。对所有使用街道的人来说，街道不是干净就是脏。

公益设施管理的基本问题是诱因相容——如何获得计算项目成本与利益所需的信息。虽然国民需求可能受到影响，而且不只受到整体成本与利益的计算所影响，也受到个人关切成本与利益的影响，但是政府依据国民需求的相关性，决定要资助什么、不资助什么。

从环境保护人士到支持堕胎运动的人士，大多数利益团体相信（不管适当与否），他们所要的就是公众利益。但是，其他游说人士只利用政治过程，就为自己谋取了经济利益。游说人士当然会表态，他们所做的是为公众谋福利。为建造灯塔最奋力倡议的人，都希望取得建造灯塔的合约。苏格兰大多数灯塔都是由严肃认真、一丝不苟的史蒂文森家族（Stevenson）所建。其中最有名的家族成员是罗伯特·路易斯·史蒂文森（Robert Louis Stevenson），他不但没有建造灯塔，反而以创作浪漫探险小说《诱拐》（*Kidnapped*）和《金银岛》（*Treasure Island*）而闻名。史蒂文森家族是因为深信灯塔的重要性而兴建灯塔的，他们也因为兴建灯塔而深知灯塔的重要性。适应性意味着，特性要与环境做搭配。

因此，公益设施的供应水平很少是在冷静状况下决定的。当然，富裕者可能比贫困者想要更高的公益设施水平。他们可以负担得起更多公园，如同他们可以买得起更多香槟。然而，他们通常要求的是降低税率，降低公益设施的供应水平。因为他们通过评估发现，自己所付出的成本超过所获得的利益——由警察保障财产的服务则是例外，因为这类利益通常不成比例地由富裕者获得。

当讲究自利的游说人士占主导优势，投票就是以经济利益为基础。大家会因为互利而合作。评量也会具有适应性，而以大众的小成本为代价，让值得投资游说的小团体获益。例如，农民或国防武器制造业者。这种把政治当成市场的观点，是由诺贝尔经济学奖得主詹姆斯·布坎南（James Buchanan）

率先提倡的公共选择理论（Public Choice Theory）之一。

公共选择理论提供给现代美国政治学一些参考意见。国会的一个重要功能就是，保障选民与支持者的利益。公共选择也跟刚果的窃盗政权（详见第二十三章）有关，这类政府只是掌权者谋取经济利益的工具。欧洲国家的市场经济发展就不符合这些模式。兴建凡尔赛宫并宣称“朕即国家”的法国国王路易十四世，既讲究自利，又是唯物论者。但是，他一点也不是理性的典范。路易十四世、法国，以及为此付出代价的佃农，正以一种适应方式扮演传统角色。他们的世界无法以个人主义的观点加以说明。

法国法庭无法充分回应变迁的环境，导致路易十四世到了1793年才上断头台。在欧洲，如同社会契约的政府，原本应该是满足国民需求的无私机构，却跟传统权威结构重叠在一起。地点与时间都很重要。在社会制度与经济制度和共同演变中，无私政府是一个关键要素。虽然目前欧洲政府的表现常无法达到无私政府的标准，但大家都用这种说法来看待。几乎连最厚颜无耻的游说人士都声称，大众将能从他们所寻求的政策中获益。而利他主义和自利又再次提供了不适当、具适应性的政治和经济行为。

团队

我们在合作团队里工作，通常会更有生产力。众多物种——大多数灵长类动物、许多鸟类和蚂蚁——都是以团体方式生活和工作的。但是，人类是其中最会交际的物种。对我们的经济组织来说，这种交际是绝对必要的。

通过团队合作，我们可以利用分工，充分活用专业与能力差异，从中得到利益。管弦乐团需要小提琴家、长笛家、指挥家。30个人的管弦乐团听起来比30个单人乐团要好得多，所能演奏的音乐范围也更广，因为从专业能力中获得的利益相当大。

这些从专业与能力差异中的获益就是本书第二部的主题，这类利益可从第三部提到的完全竞争市场中，从不具名的互动衍生而得。大家不需要彼此认识、彼此喜欢或彼此交谈，只要利用现代技术，各自做出不同的贡献，甚至可以先个别记录，然后再拼凑起来。但是，绝佳管弦乐团就像生活中各个领域的绝佳团队一样，其表现会比个人表现更为优异。录制特价CD的演奏者，可能是不知名或水平一般的管弦乐团——一群颇有能力的音乐人，约在某个早上碰头开始录音。最佳唱片是由杰出的管弦乐团所录制的——这群人经常一起工作，发掘彼此的优势，并且互相取长补短。

卢梭描述的“集体猎鹿”，也是从一起工作、分享信息和分摊风险中获得利益。不过，诚如卢梭的解释，由讲究自利唯物论者组成的猎人团队，将会遇到问题。如果所有猎人只专注于捕鹿，那么团体表现就会比个人单独行动的表现更好。但是，个别成员很容易分心去捕捉野兔。如果大家都这么做，猎人就捕不到鹿了。

现在，卢梭的问题通常被说成“囚徒困境”。囚徒困境的故事似乎太过复杂，不过既然它是最棒的博弈故事之一，我就在此重述这个故事。

甲、乙两个人一起携枪准备作案，被警察发现抓了起来。警方怀疑，这两个人可能还犯有其他重罪，但没有证据。于是，警方分别对他们进行了提审。为了分化瓦解对方，警方告诉他们：如果其中一人招供，那么招供者就能获得自由，而另一人则入狱10年；如果两人都认罪，两人都会被从轻判刑，被判入狱7年；如果没人认罪，那么两人都会因为非法携带枪支的罪名各判刑1年。

甲不确定乙是否会招供。他发现，如果乙招供，自己也招供就会被判刑7年，自己若不招供就要被判刑10年。他还发现，如果乙不招供，自己招供就能无罪释放，自己若不招供就被判刑1年。不论甲对乙的行为的猜测为何，他的最佳选择都是招供。所以，甲招供了。当然，乙也会做出同样的推理，所以他也招供了。最后，两人都被判刑7年。

刚开始听到囚徒困境的解说时，人们常常无法了解囚徒困境的力量。他们认为，在看到合作利益之际，追求自利者会想要合作——囚徒困境之所以出现，只是因为嫌疑犯不了解自身行为的后果。但是，这个矛盾更为深奥。合作所产生的自利利益不足以说服追求自利者去获得这个利益。尽管双方清楚地知道，他们都招供的结果是均入狱 7 年，但追求自利的行动就是招供。事实上，有一些证据证明，了解囚徒困境所提问题的人，比不了解此问题者更可能招供。

囚徒困境可以说明，为什么没人会建造灯塔。我们只要以“贡献”取代“不招供”，以“不贡献”取代“招供”即可了解，最后无可避免的结果就是“没有人要贡献”。以“注意是否有鹿出现”取代“不招供”，以“捕捉野兔”取代“招供”，其最终结果就是，卢梭的集体猎鹿行为捉不到鹿。以“完全合作”取代“不招供”，以“不合作”取代“招供”，组织成员就绝不可能有效地合作，合资企业就绝不可能奏效。

上述这些病态结果确实发生了。就在我前往学校的途中，有八根矗立在卡顿山丘（Calton Hill）的柱子，以“爱丁堡之耻”闻名。富裕的乔治亚市市民同意仿效巴特农神殿，在山丘上建立神殿来纪念拿破仑战争中的牺牲者。但是，认捐过程就陷入了囚徒困境。团体合作抓不到鹿，因为成员顾着捕兔，组织也因为互相质疑成为了内部的主要价值观，而无法达成目标。

管理囚徒困境

但是，目前世上有许多灯塔，也有许多成功的团队和有生产力的组织。具适应性的社会制定了许多改变博弈的明确机制，来让它们免受囚徒困境的危害。其中改变博弈最简单的方式是，运用强制执行者惩罚任何招供者。如果惩罚力度比判刑 1 年更糟，那么最佳行动方针就会马上改变——两个嫌疑犯应该会保持沉默。这种惩罚绝对不需要执行——因为光是预期惩罚就能产生所欲成效。

许多候选人争相扮演强制执行者的角色。在原始社会中，部落领袖、宗教神祇或两者结合的权威，可能会担任强制执行者的角色。现在，我们采用了民法与刑法。发明囚徒困境的塔克，可能因为嫌疑犯无法请求法庭强制执行协议，所以才以嫌疑犯为例。但是，嫌疑犯本身通常会出现有强制执行的人。我们提到“盗亦有道”（honour among thieves）——不法之徒会创造自己的社会制度来处理囚徒困境。

不过，诚实者也有自己的应对之道。猎人的社会生活和经济生活互有关联。在森林中，规避责任意味的是在营火旁的惩罚。不过，社群强制执行本身也有囚徒困境。为了团体的最佳利益，大家应该惩罚规避责任的人，但未必是为了某个人的利益。所以，我们不但必须惩罚规避责任者，也必须惩罚无法处罚规避责任的人。社会标准的强制执行具有一个共同的经济利益。在处理信息不对称时相当重要的“名声”，也有助于保障合作。

如果博弈具重复性，囚徒困境的最佳策略就会改变。美国政治科学家罗伯特·阿克赛尔罗德（Robert Axelrod）搞了一场关于“重复囚徒困境”的游戏。阿克赛尔罗德的游戏思路非常简单：参加计算机竞赛的所有人都扮演“囚徒困境”中一个嫌疑犯的角色。他们把自己的策略编入计算机程序，然后他们的程序会被成双成对地组成不同的组合。分好组以后，参与者就开始玩“囚徒困境”的游戏。在游戏中，有两个对策者，他们可以有两个选择——合作或背叛，每个人都必须在不知道对方选择的情况下，做出自己的选择。

事实证明，一个简单的策略——“一报还一报”——相当有效。“一报还一报”策略大致是这样的：它总是以合作开局，在第一步合作，但接下来就采取“以其人之道还治其人之身”的策略，采用对方上一步的选择。“一报还一报”策略很不错，因为直到有人背叛为止，它并未忽视其他人做了什么，但却原谅、允许对方偶尔发生错误。

这一点我们已经知道。“一报还一报”是我们的本能之一，也是我们学会的行为。英国对福克兰群岛主权受到侵犯的反应，或是美国对世贸大楼被恐怖分子炸毁的反应，都不是依据任何成本和利益的计算。“一报还一报”就像碰到危险拔腿就跑一样，是一种具有适应性的反应。行为、态度和信念已经以未必对个人有利，但却对我们的经济有利的方式去发展。

合作是一种本能

囚徒困境问题被分成相当多的流派。从囚徒困境的问题被明确陈述的50年来，经济学家一直致力于解决为何世上有这么多的合作行为，但却不是追求自利的行为。有一份重要文献探讨了我们为何在绝不会再次造访的地方，还给服务生和司机小费。因为我们遵守社会规范。这个规范有部分是学习而得、有部分是直觉的、有部分是受到他人期望所强迫的。不论反对的证据为何，只有那些坚持人类行为总是以自利为主的经济学家，才会去发现任何需要解决的问题。

对大多数人和组织来说，“一报还一报”是一种直觉反应。西方社会鼓励这类行为。我们会教导孩子为自己辩护，但我们也教导他们不要怨恨。通常，我们有执行某些“一报还一报”的倾向，但是这种感觉很快就会消失。因为我们会告诉自己，这样做并不值得。其实，我们仍旧没有做出理性推断，只是发现继续怨恨的情绪代价太高而已。

我在第十八章说明了研究自然界广告行为的生物学家，与研究商界广告行为的经济学家，如何同时发现了共同的解答。对利他主义和合作来说，情况也是如此。尽管“自然界有着张开利齿血盆大口”的形象，但是自然界中仍旧有许多利他行为。不只蚂蚁的合作行为超越了人类社会所发现的任何行为，就连鸟类和动物在面临危险时，也愿意大声叫喊，以警告其他动物远离危险——即使让自己暴露于更危险的处境中也没关系。生物学家并未考虑用理性来说明这些行为。像熊、蚂蚁和鸟类，都没有推估要如何解决与重复性囚徒困境有关的博弈，它们的行为只是具适应性，而不是理性的。

这些生物模式显示，自利不是竞争演化的必然结果。这种观点把生物学的发展不当地归功于达尔文身上，就如同把经济学发展归功给亚当·斯密的情况一样。因为物竞天择的程度是在基因遗传方面，而上一代对养育后代所做的投资，即使不理性却具有适应性。我们生活在家庭中，因为我们有强烈的本能要这样做，而且进化说明了我们为何有这种本能。以这样的方式说明家庭生活，会比贝克尔在第十六章提议“婚姻是一种经济制度”的说法，更具有说服力，也更令人满意。

不过，我们也会为家人以外的人做出牺牲。当从合作行为中可以获得庞大利益时，我们就会自然而然地组成团体，并会强调合作团体占有的优势——不只对团体而言，对个别成员亦然。以无情的进化观点来说，当我们轻易做出不愿信守的承诺时，自然的合作也占有优势，我们这样做虽然紧张、羞愧，却能避免同事的眼神。这些特质让同事可能会相信我们。

这些主张都很微妙。生物学家在了解进化未必就是自利行为的过程中，有些人还发展了集体选择理论。物竞天择对有利于团体的特质有利，即使这些特质对个人不利也没关系。但是，这些生物主张是错误的。在物种进化中，个体适宜性对繁衍的影响，会比个体所属团体的适宜性更重要。这一点也为自然环境中的合作设了限。

但是，企业界和经济学中的竞争，大多发生在团体层级中。海蒂与贺曼、斯凡与英格丽等人的成功，虽然要归功于个人特质，但更要归功于所属团体。能够公然说谎、面不改色的人，就能在经济生活中做得很好——但必须在这类人占少数的情况下，才会如此。当团队合作有利可图时，由自利唯物论者组成的团体就无法成功。合作价值系统是成功企业发展的关键。我们“非理性地”合作，因为合作是一种具适应性的本能，也是后天养成的价值观。

火灾与捐血

乡下地区发生火灾时，邻居会赶去火场援助。从人类学会控制火势后，大家就一直这样做。随着城市社区的增加，这种方式愈来愈不奏效。由于住户搬来搬去，所以大家更不团结，而大楼人口的高密度也让火灾变得更危险。伦敦大火连续燃烧了四天，不断蔓延的火势烧毁了13000户房屋。愈复杂的城镇街道规划，就愈需要专业的消防人员。

消防队早期是由保险公司设立的，以期能尽可能地减少承保人财产的损失。19世纪，消防队发展成一种由当地政府提供、以课税为财源的公益事业。提供灯塔的利益很难归给特定的提供者。有谁能知道，如果没有灯塔，哪艘船会撞上埃迪斯通礁？预防火灾是一种私有财产。因为消防服务的大多数利益，由火灾被扑灭的火灾户所获得。但因为火灾而受害的企业，仍得出资支付消防队的部分费用。

但是，从更广泛的层面来看，预防火灾就像兴建灯塔一样，也是一种公益事业。我们希望邻居发生火灾时，即使邻居的保险费逾期未缴，火势也能马上被扑灭。如果某个水管爆裂，我们会惊慌失措地翻开电话簿，但我们不知道谁会来、何时会来帮我们处理这个状况。如果我们察觉失火了，就会拨打紧急火警电话，我们相信训练有素的消防队员会火速赶到。消防服务组织传达出一种社会在遭逢急难时团结一致的精神——在发生医疗灾难或金融灾难时，也会展现出同样的休戚与共，大家一起来分担责任。灭火是很紧急的事，也需要持续不断地即时作业。我们希望消防人员赶紧灭火，而不是等到协议好费用后再开始灭火。消防人员必须受到信任，而且他们必须遵照指示。

消防服务的效益取决于大众对消防服务的态度。

美国是把捐血当成商业活动的唯一的富裕国家。在美国，捐血是穷人和学生增加收入的一种方式。在欧洲，则大多由自愿捐血者捐血。只要以社会团结为诉求，捐血供应量通常是足够的。1970 年，由社会学家理查德·蒂特马斯（Richard Titmuss）所做的一个调查宣称，欧洲的捐血制度能以比较低廉的成本，产生品质较高的血液。因为根据美国的捐血制度，穷人更有可能供应受到感染或带病原的血液。而且，商业交易会带来信息不对称——捐血者可能会隐瞒本身的病历。

虽然美国是首先经历艾滋病问题普及的富裕国家，但在相互竞争的捐血单位开始对捐血者进行体检和治疗后，原本经由受感染的血液让这种疾病扩散的情况，很快就被遏止。在法国，捐血事宜由集中管理机构进行处理。公职人员和部长隐瞒了血液受感染的大批证据，而使许多接受输血者，尤其是血友病患者，后来都感染了艾滋病。

提供公益设施、从团结和竞争中获益，要让两者协调一致却未必容易。期待世上有互相竞争的消防服务——一些消防公司比其他同行更受大众敬重，而比较差劲的消防公司接到的客户来电数较少。不过，没有哪一个市场经济是用这种方式筹设消防服务的。血液有互相竞争的供应者，这种状况是存在的，这样做的结果是否比国家筹设自愿捐血供应的结果更好或更糟，答案还有待商榷。市场的复杂真相略微透露出复杂的政策选择。

现代经济中有许多公益组织和半公益组织。例如，血液、消防服务和灯塔。对这一切来说，交易的社会关联性很重要：它决定产出品质、产出数量，而且可能会影响产出的供应与否。但是，经济制度并非只仰赖公益组织供应的合作，还必须有机制去约束利己主义者的行为。长期关系的发展，以及社会关系与商业关系的结合，让团队合作持续不断。我们并不是只关注自利的唯物论者，我们还具有让自己更好、在受屈辱时要报复、但是不要怀恨太久等倾向。这种行为有相当强的适应性。因为我们这样做，结果是让个人和团体更成功。

第二十一章 协调

没有协调者的协调是市场经济的惊人特质。亚罗－德布鲁模型提供一个可能的说明，让大家知道价格如何达成协调好的分配、生产与交换，即使与此相关的所有决定都是各自分散决定的。但是，这个模型的假定把协调的许多难题都排除在外。本章将探讨那些由相容标准、网络和污染三方面所引发的协调问题的群体。这些群体都牵涉到一种“外部性”（externality），这就是某个企业或家庭的生产或消费，与另一个企业或家庭的生产或消费，两者之间存在的技术关系。如果有外部性存在，完全竞争均衡就可能不存在，福利经济学的基本定理也会不适用。

标准

在英国、日本和澳大利亚，都是采取靠左行驶的方式。在法国、德国和美国，则采用靠右行驶的方式。人们采用靠哪一边行驶都没关系，只要大家是同一边就好，而且一旦做出决定，就开始对标准进行庞大投资——配置相应的方向盘和踏板、十字路口的设计等。在1967年前靠左行驶，但现在改为靠右行驶的瑞典，是唯一一个在近代才做出改变的国家。①

靠哪边行驶是一个相当清楚的说明协调问题的实例。起初，靠哪一边行

①彼德·金凯德（Peter Kincaid）于1986年的著作《道路规则——一个国际指南的历史与实践》（*The Rule of the Road: An International Guide to History and Practice*）。

驶都一样好，也没有大众意见、意识形态或商业利益支持哪一边。

要解决协调问题，通常是靠路径依赖。英国、爱尔兰和瑞典并没有受到拿破仑军队入侵——拿破仑军队会强制执行法国的靠右行驶惯例。目前高速公路交叉点的设计，就是由拿破仑在奥斯德立兹胜仗与滑铁卢惨败所决定的。现今电脑键盘的配置，又是另一个以路径依赖解决协调问题的例子。像键盘配置这种标准到处都是。货币是一种标准、语言也是——我们跟周围人都用同样的货币，说同样的语言。

电视机必须跟电视广播一致。大多数国家用的电视信号规格是“逐行倒相”（Phase Alternating Line，译注：每行扫描线的彩色信号，会跟上一行倒相，作用是自动改正在传播中可能出现的错相），但是法国和美国则采用不同的信号规格。铁路货车车轮必须像火车车轮一样等距离，所以各地的共同标准约是 4 英尺 8 英寸半。商家接受会员人数最多的信用卡，而信用卡持有人想要最多商家接受的信用卡。因此，威士卡（Visa）就成为了主要信用卡。

标准通常是通过一个竞争流程而出现的。早期的铁路就被建造成不同规格。但是，标准在制定上有一种不稳定性。一旦某项标准（未必是最佳标准）取得决定性主导地位，大家都有诱因要遵循此标准。英语是全球第一大语言，那是因为大多数受教育者都说英语，而不是因为莎士比亚是比歌德（Goethe）更伟大的作家，也不是因为学习英语比较容易。

有些标准是被强行加诸的。几世纪以来，法兰西学院（Academie Francaise）界定法语是什么，而政府规定电视广播。相容性的优势还允许不良标准（像 QWERTY 式键盘）幸存。但是，新的不良标准却无法被引进，而且相当糟糕的标准会被取代——因为新的文字处理系统更为优异，更值得投入时间与金钱做升级，所以早期的文字处理系统就被淘汰了。许多标准是由产业协议所创的。数字多功能光盘（Digital Versatile Disc，DVD）播放机协定就是由一群硬件厂商和软件厂商决定的。由私人企业制定并控制标准，这是很罕见的事。不过，我们几乎每天都能看到这个规则有一个例外——微软公司的商标几乎出现在我们每个人的电脑屏幕上。

拥有标准的私人所有权是很难的事，因为维持控制的企图，就会让标准采用率受到限制。率先推出以确保被广泛采用，这是标准战争的一个关键。索尼公司率先推出的录像机是为广播业者以及其他专业人士设计的。索尼公司相信，凭借着公司在专业市场的名声和市场地位，就能提供一个强有力的跳板，让公司跨足到消费市场。这个策略的成功，就能让公司的 Betamax 专利技术成为市场主力。在这两件事情上，索尼公司都失算了。当时，松下公司的子公司 JVC 开发出另一套系统——VHS，而且免费授权这套系统。不久后，使用 VHS 系统录像机的家庭数目，远超过使用 Betamax 录像机的家庭数目。此外，索尼和大多数同行误判了人们会如何使用录像机。他们认为，大家会买摄像机拍摄家庭录影带。但是，消费者并未使用录像机观赏在婚礼或度假时拍摄的影片，或是观赏深夜播出的电视剧《加冕街》（*Coronation Street*）。事实上，消费者是使用录像机预录电影，而索尼的 Betamax 录像机在这方面的功能较差。由于更多人拥有 VHS 系统的录像机，所以许多录影带都做成了 VHS 格式，而且消费者也比较想购买 VHS 录像机，而不是 Betamax 录像机。

索尼公司最后放弃了 Betamax。苹果电脑因为其专属作业系统而失败——专有主义的代价就是市场占有率低。事实上，史上唯一能与微软相比拟的私人标准，是 19 世纪西屋公司（Westinghouse）的铁路刹车系统。西屋公司试图借由把专属标准强行加诸在铁路信号系统上，再度创造成功，但最终还是失败了。

有时候，标准根本无法出现。如果我们需要替换雨刷，我们就必须对厂商、款式和出厂年份有特定要求。大多数国家的政府同意，通过国际电信联盟（International Telecommunications Union）为移动电话制定一个共同标准——GSM。GSM 电话适用于全球各地——除了美国以外，因为美国本身有许多系统，彼此都不完全相容，就更别提跟 GSM 系统相容。结果，移动电话在欧洲的发展，远比在美国的发展更迅速。

在市场经济的组织中，没有什么事可以保证提供标准问题一个好的解决方案。但是，这些市场的真相是，通常都通过规定或政府支持的协议解决标准问题，而有时候则通过市场中出现的自发性秩序，或是偶尔通过某特定企业产品的成功来解决标准问题。

网络

几年前，人们还可能到骚动不安、但却风景优美的喀什米尔度假。我搭机到德里（Delhi），赶搭小飞机到斯利那加（Srinigar），再搭乘吉普车和船继续行程。当挑夫帮我把行李搬上开往目的地且满布尘土的卡车上时，我刚好碰到从伦敦来的一位朋友。“世界真是小啊，”我们这样说。但是，这其实一点也不意外。如果我随便选择到全球其他地点旅行，而且在当地巧遇熟人，那才是让人惊讶的事。因为世界上有60亿人口，每个人只能认识一小群人。但是，我到喀什米尔旅游，这件事一点都不是随机发生的。伦敦的旅行社只跟印度的少数代表交涉，由他们负责跟喀什米尔的几家旅行社联系。如果我的朋友跟我都提出类似的要求，我们最后会在同一个地方相遇，这就不会令人讶异了。因为我们处在紧密联系的网络中。

网络外部性（Network Externalities）是企业经济学的一个新流行术语。连接很重要，而且最好是跟最大的网络连接。电话是典型的网络外部性。只有一个人有电话，那就一点意义也没有。愈多人有电话，个别电话就愈有价值。这类网络外部性似乎提供初期大型参与者庞大的优势。但是，这些市场可能变成很糟的状况：其一是，我们拥有互相竞争却不相容的网络；其二是，拥有最大网络的某家公司会建立无坚不摧的独占价格。全球约有2亿只电话，拥有最多用户的电话公司最能吸引新用户。

但是，这个分析有一个问题——电信业并不是这样组成的。全球电信系统是由许多大大小小的业者组成的。大多数业者给特定地区提供服务，各业者通过协议好的拨接协定，转接彼此的电话。同样的当地网络互动现象，也出现在其他网络产业。例如，银行系统、瓦斯和电力配送，以及航空业。这些产业都有许多大大小小的业者，他们筹划彼此间的交换和存取。这些协定未必全体适用，但还是够普及到让网络得以运作。我在喀什米尔发现的现象，就说明了其中的原因。在某个知名社会学实验中，受试者奉命跟一位知道名字但却不认识的人联系，借以确认他们所认识的人当中，有谁与此人关系“较密切”。这个实验也加以确认“六度分离”（Six Degrees of Separation，译注：六度分离意指，在两个完全不认识的人之间，最多只要通过6个人的关系，就能产生关联）当中大部分的假说——少数关联就足以让人与人之间形成关系。[①]

我们的“小世界”经验显示，一群人与一群人的重叠，从不太多的直接关系产生相当高度的关联性。社会组织解决了这种显而易见的技术与经济问题。在市场经济中，网络的普及演变是社会与经济组织自发性秩序力量的另一项实例。竞争供应商之间自发性的互相联络，就是最知名的新网络——互联网——的真实状况。互联网是从极少规定、且任何单一组织都无法掌控的情况下，演变出的一种全球网络。为环球信息网（World Wide Web）发展关键协定的欧洲物理学研究机构CERN，选择把这些协定放置在公共领域中。几乎所有人都需要当地电话公司才能连上互联网，但是美国、英国和一些其他国家的法规，已停止让电话公司使用这种权力来建立互联网的独占权。尽管投资人高度乐观，但美国线上、雅虎、网景公司和微软公司都无法建立网络独占权。在市场经济中，网络外部性被独占的问题，实际上似乎没有那么严重。

污染

在现代经济中，有许多外部性是从不同的污染——空气污染、土地污染和水污染等——所引发的。事实上，目前“污染”一词被广泛用于涵盖外部

①杰弗里·特拉弗斯（Jeffrey Travers）与斯坦利·米尔格兰姆（Stanley Milgram）于1969年12月第32期第4号《社交计量学》（*Sociometry*），撰文《小世界问题的一项实验调查》（*An Experimental Study of the Small World Problem*），425-433页。“小世界”现象详见相关网站ORACLE OF BACONw，以及邓肯·瓦特（Duncan J. Watts）于1999年的著作《小世界——网络之间的秩序和随机性动态》（*Small Worlds: The Dynamics of Networks between Order and Randomness*）。

性的许多形态中。噪音很大的割草机被认为制造噪音污染，随意置放广告看板代表着视觉污染。

不过，并非所有外部性都不好，我那美丽的花园对你和我来说，都是一个资产。我们可以利用规定、双方间的协议或在外部性中创造人为市场，来处理污染问题。预防污染的规定大家都很熟悉：禁倒垃圾、禁止沿街卖艺、晚上 11 点半过后禁鸣喇叭等。

在目标明确且直接强制执行的情况下，预防外部性的规定相当奏效。但是，情况很少是这样。空气无污染是理想目标，但这样做意味着要暂停所有交通工具、所有发电厂和大多数产业。我们要的只是更少、但不要太多的空气污染。所以，我们提出了“不需要过多成本的最佳可用技术”这类处方。但这只是说明问题，却没有解决问题。

“污染者付费”听起来似乎是既简单又吸引人的规定，但却很快失效。人们应该为自己所造成的污染付费，这样做似乎很适当。但是，这个通过法律程序处理环境问题的尝试，并未运作奏效。到现在，大家已经很熟悉这个问题：权利与规则的定义并不明确，但这却是社会决定的产物。发电机原本就排出二氧化碳和二氧化硫，但我们后来才制定说明此事的明确规则。

试图回顾定义规则，反而制造出更糟的问题。一系列后果有多少，多么间接？排放物是由发电业者或出售污染燃料、资助发电厂、或使用电力、或上述这些相关人等所造成的？美国试图通过“超级基金”（Superfund）推动此事，但这样做只是确保原本要补偿污染受害者的资金，最后落入律师手中，也让个人和企业现在要为以往有理由认为无须负责的事件负责，因此造成营运的不确定性大增。①

①根据劳埃德·狄克森（Lloyd S. Dixon）于 1996 年的著作《处理超级基金》（*Fixing Superfund*）的估计，超级基金截至当时，有 36% 的支出是跟交易成本有关，而不是跟去除污染有关。

无论如何，污染是很主观的事。你可能认为我的衣着、我的音乐品味或我阅读的东西不适当，而觉得被冒犯。但是，提议我应该为这些事情补偿你，这可就不合理了。不过，我们也确实订定法规预防妨碍社会风化的暴露身体行为，也有法规预防在深更半夜喧闹地开舞会的行为，我们也明令禁止散布暴力和色情文件。为了让这个“污染者付费”政策奏效，我们必须定义预设立场：没有污染的世界究竟是怎样的光景。

这些预设立场是社会规范的产物，它们会随着时间而改变。以往，把排泄物倒到街上是被允许的事，直到最近允许工厂附近堆积产业废弃物，也是常见的事。在几十年内，贺曼和海蒂可能发现，电力铁塔穿越了一大片美丽乡间是相当奇怪的事。

外部性可能借由双方之间的交涉来处理。当外部性极大，但所影响人数相当少时，这种做法最为奏效。例如，我的土地靠近你的工厂扩建地，或者你的音乐放得太大声。通常，这种交涉在“法律的保护”下发生，而预设立场对此也很重要。[①]如果我有权利、而非欲望，能反对你扩建工厂，或者如果有告示指出“禁止播放音乐”，那么我就更有底气进行交涉。外部市场是新的市场。对于像二氧化硫、二氧化碳等许多来源的排放物的市场，这类运作最为奏效。借由把权利卖给那些成本较低的人，可买卖的许可让那些用相当低廉成本就能减少污染的人受益。竞争市场的优势——诱因相容与信息需求——允许以较低的成本，达成降低污染的目标。

市场经济通过自发性秩序和社会制度的组合，解决协调问题。没有任何事能保证，一定能找出解决方案，或是所协议出的解决方案一定有效。但是，共同演变通常就能找出解答。

---

①罗伯特·姆努金（Robert Mnookin）与刘易斯·康豪瑟（Lewis Kornhauser）于 1979 年第 88 期《耶鲁法律期刊》（*Yale Law Journal*），撰文《法律保护的议价》（*Bargaining in the Shadow of the Law*），950-997 页。

第二十二章 知识经济

我们现在生活在知识经济中，这已经是陈词滥调。乍看之下，市场经济似乎应该会有一个与知识相关的问题。知识一旦创造后，就能以些许的成本轻易移转给其他人。如果创造新知识的人无法保护新知识，就无法销售新知识。而且，如果他们可以保护新知识，他们将会限制新知识的散布。不管是哪一种方式，市场经济将无法产生并散布所需的知识。不过事实上，这种状况似乎并未发生。现代市场经济的一个显著特性是，它创造知识的速度极快——而不论知识是重要还是不重要。我们抱怨信息泛滥，而不是抱怨信息不足。那么，新知识是如何创造出来的呢？而且，人们如何付钱购买新知识呢？

阿尔伯特 · 爱因斯坦（Albert Einstein）原本是苏黎世专利局的技术员，他利用闲暇时间写出了相对论。此举让爱因斯坦获得了原本被排拒在外的大学职务——编外讲师，后来在大学任职。爱因斯坦无论到哪里都备受尊崇，但是他从未变成有钱人——以干练的投资银行家的标准来看，他更不可能是有钱人。爱因斯坦也没有享受到现代 CEO 用来让生活更轻松的特权——私人幕僚和专机。

查尔斯·巴贝奇(Charles Babbage)在19世纪打造出首台“分析机”(analytical engine)，或可称为机械计算机。但是，巴贝奇设计的机器是用于算数运算的。让计算机变成电脑的，是洞察了这种能做长串计算的机器几乎能做任何事——写信、拼字检查、记得地址并启动中央空调系统——的人。

艾伦 · 杜林（Alan Turing）最先洞察到此事，当时他是剑桥大学金恩学院的教员。在第二次世界大战爆发之际，杜林在布雷契利公园（Bletcheley Park）的解码中心服役。这个聚集了各方顶尖好手的团队，打造出第一部运算用电脑。杜林花了8年时间，替英国政府工作。后来他回到金恩学院任教，随后接受皇家学会的教授职务，在曼彻斯特大学任教。

在剑桥大学进行博士后研究的克里克和沃森，在1953年发现了去氧核糖核酸的结构。两人迅速成为当红科学家，却没有变成金融界认定的有钱人。对得奖人来说，科学界的最高荣誉——诺贝尔奖，不但象征着荣誉，也代表着物质奖励。目前奖金约为100万美元，通常由得奖的两至三位科学家平分。

相对论、计算机和去氧核糖核酸，可能对20世纪的知识有最重要的贡献，同时也是有庞大商业潜力的发现。计算的经济关联性就在我们周围。相对论不只导引出核电，也借由重新定义物理学，从而影响了太空船到电脑等设备。遗传学与生物技术学将在未来几十年内，改变医疗和营养学。

相对论、计算机和去氧核糖核酸的双螺旋分子结构都是构想，而抗生素、电视和改良种子品种才是产品。1928年，亚历山大·佛莱明（Alexander Fleming）在伦敦西区派丁顿圣玛利亚医院实验室进行的一个没有章法的实习，最后却发现特定霉菌能杀死细菌。虽然这个发现的实际重要性似乎显而易见，但也是经过10年后，才由洛克菲勒基金会出资，赞助霍华德·弗洛里（Howard Florey）和恩斯特·钱恩（Ernst Chain）于牛津大学进行实验，才制造出适合病患使用的药物。抗生素几乎让富裕国家的健康成人因感染疾病致死的情况销声匿迹，同时也为现代制药产业奠定了基础。

近50年来，在帕伦波发生的最重要的经济事件是“绿色革命”（green revolution）——引进矮生种的小麦。这类新品种是由洛克菲勒基金会赞助，在墨西哥实验室中培育而成的。①

---

①美国科学家诺曼·博朗（Norman Borlang）在墨西哥国际玉米与小麦中心进行的主要研究。他因为对“绿色革命”贡献卓著，在1970年获得诺贝尔奖。

有时候，新产品所需的所有科学和工程知识会一并出现——谁先把这些知识结合在一起，纯属碰巧，通常是几个人同时做到这件事。电视的发明就是这样。美国物理学家菲洛·法恩斯沃思（Philo Farnsworth）率先在美国发明了电视机，因此法院判定法恩斯沃思持有专利权。法恩斯沃思花了几年时间跟美国无线电公司（Radio Corporation of America）进行诉讼，该公司CEO表示："我们不要支付权利金，我们要收取权利金。"最后法恩斯沃思获得了发明电视机的荣誉，但却没有得到什么金钱报酬。因为他几乎被诉讼费用拖累，后来用微薄金额把专利卖给了美国无线电公司。

私人企业在20世纪的最重要发明是，威廉·夏克利（William Shockley）在1947年于贝尔实验室（Bell Laboratories）发明的晶体管（transistor）。硅谷并不是以硅金属为基础，而是以晶体管为基础的。不过，这是一个很特别的故事。贝尔实验室拥有技术创新的惊人纪录，贝尔实验室的所有人——AT&T——已经在美国电信产业享有独占权，但法规的限制有效地预防了该公司从贝尔实验室的发明中衍生出任何竞争优势。事实证明，晶体管的发展对索尼，以及夏克利和其所建立的事业——快捷半导体公司（Fairchild Semiconductor）——有利，而不是对AT&T有利。贝尔实验室与AT&T分家后，独自成立朗讯科技（Lucent Technologies），就不像以往那样的频频致胜。①

知识该由谁付费

对20世纪的重要创新，我所提出的实例既微不足道又具争议性。不过，计算机、去氧核糖核酸、抗生素、绿色革命农作物和电视，确实协助改变了

①朗讯科技于1996年与AT&T分家，上市股价为每股27美元。后来在股市泡沫全盛时期股价创新高，飙涨到84美元，但是在2002年跌到2美元以下。

我们的经济生活。这些创新是如何产生的呢？财务诱因只是其中极小的一部分，这类发明的金钱报酬并不多。爱因斯坦是想要获得更好的工作，至于其他人，首要动机似乎是发明过程的欣喜——社会报酬也占一部分因素，一旦有所发明，就能成为知名科学家。

制度比个人英雄更重要。爱因斯坦、杜林、克里克和沃森都是天才。法恩斯沃思虽然不是天才，却是一位精力充沛的创业家。但是，相对论、电脑、去氧核糖核酸和电视，都是偶然出现的发明。如果这些特定个人没有发现它们，其他人也可能会发现。商业赞助和预期获得的庞大金钱报酬，也没有在其中扮演任何角色。

政府在提倡创新的角色方面也平淡无奇。苏俄在推动科学研究上扮演积极的角色，但成效却不佳。俄罗斯和前苏联在 20 世纪一共赢得 11 次诺贝尔科学奖。相比之下，瑞士和荷兰各自获得 13 次。虽然苏俄的医疗设备达到了高标准，但却没有发现任何重要的新药。即使在军事用途上，电子工程学和电脑方面的演变也大幅落后西方国家——在冷战时期，美国把禁止电脑出口视为一种武器。

李森科学说（Lysenkoism）让苏俄科学蒙上一层阴影。李森科认为，进化并没有基因基础，任何适当环境都可能出现任何想得到的发展。这刚好符合社会主义哲学的现代主义唯物论——“如果你想获得特定成效，你就会得到它。”李森科学说的应用，要归功于苏俄在 20 世纪 30 年代出现的饥荒。在高度实行统一口径的原则下，反对李森科的人都遭到了迫害、入狱和射杀。[①]

在这些人当中，只有爱因斯坦在提出相对论时，是受雇于瑞士政府——他是专利局技术员，但不是负责研究相对论。私人慈善机构一直是赞助创新

---

①埃伦娜·希恩（Helena Sheehan）于 1993 年的著作《马克思主义与科学哲学》（*Maxism and the Philosophy of Science*）。

的主要来源。洛克菲勒基金会光是在盘尼西林和绿色革命这两方面的纪录，就很卓越出众。利用芝加哥大学所贡献的知识，洛克菲勒在慈善机构的经济效益可能超过创立标准石油公司的经济效益。

慈善机构是一种支持研究多元主义的工具。先前提到的 6 种创新，就有 3 种——抗生素、计算机和去氧核糖核酸——发生在英国。或许，我是因为爱国主义的作祟，而选择这些创新。但是身为英国作家，英国让我引以为傲的是以前的成就，而非现在的成就。产生这些研究的机构——圣玛利亚医院、牛津大学、剑桥大学和其他学院——在这些相关研究进行时，并不是政府机构，但现在这些机构都仰赖政府补助。在欧洲，政府对大学财务的补助渐增，掌控也渐增，欧洲原本研究重镇的地位也逐渐势微。在 1939 年以前，诺贝尔科学奖有 75% 由欧洲囊括。1969 年以后，诺贝尔科学奖有 75% 由美国囊括。在美国高度多元化的教育制度下，最容易发现新的重要知识。

微不足道的知识

并非所有知识都是相对论、计算机或生命本质这样绝妙的抽象概念，有些知识是用心记录的产物，就像电视节目时间表、股价水平或怎样找到布里斯托花园（Bristol Garden）。很少人会怀着达成像爱因斯坦、杜林、克里克和沃森一样的声名的希望去生产这类知识。

股市在 1929 年崩盘时，股价信息并非通过彭博财经台散布，而是记录在“记录带上”。交易所办事员会输入股价，再由机器打印股价，并散布到全美各地。但是，信息流通的速度会因为原始技术而受到限制——当价格因交易量大增而暴跌时，打印记录带的速度就愈受到延迟。对聚集在券商办公室打印机器旁的投机者来说，这真是一个令人恐惧的经验。他们可能在 10 分钟前就已经破产了。

像路透社(Reuters)这类通讯社,也以类似方式报导最新发生的事件。但是,利用现代电子科技能更有效率地传送这些产品。财务信息能马上出现在交易员桌上的电脑屏幕上——这让证券市场大幅改变,也让路透社大幅转型,富有想象力的经理人迅速发现了这种新活动的潜力。路透社所提供的财经信息服务,很快就让原先的新闻收集事业相形见绌。路透社的股票在伦敦证券交易所上市时,股价已超越原本报社的价值。但是,现在路透社必须跟彭博财经台这类对手竞争。两者的服务都是提供证券价格、债券收益和汇率的即时相关信息。他们试图借由增加花边新闻、体育信息,以及与市场名人(或专家)访谈,让本身的信息更有吸引力。虽然这些服务所提供的核心信息是一样的,但是这种差异性却有利于竞争对手进入市场。

对观众来说,电视节目时间表是不可或缺的。但是,电视台也希望观众拥有这个信息:因为我们如果不知道电视正在播放什么节目,我们就更不可能观看节目了。这当中有一个竞争目标存在。电视台在“想把这类信息价值最大化的商业欲望”和“把信息尽可能广泛散布的焦虑”之间做拉锯。英国广播业者直到1990年,才借由出版《广电周刊》(*Radio Times*)和《电视周刊》(*TV Times*),来平衡这些利益。这些杂志包含广播业者所播出的节目清单,但是对手的节目清单则不包含在内。此外,杂志内容还针对电视明星做八卦报导,并刊登一大堆广告。当时要获得完整的节目信息,唯一的方式就是买这两本周刊。因此,这两本周刊的获利很可观。后来,政府在修改法律时,才要求广电业者允许其他报纸杂志也刊登电视节目时间表。现在,其他报纸杂志也可以刊出电视节目时间表了。《电视周刊》和《广电周刊》仍继续出刊,只是获利减少,不过内容不仅涵盖原有频道的节目时间表,也包含所有频道的节目时间表。竞争市场再一次支持相同信息差异化的版本。

最先出现的地图是艺术和学识的产物。世界不断成长(远超过原本所知的样貌),也逐渐缩小(因为要到达很多地方都更为容易)。地图制作变成了一种生意，制图者互相竞争谁的地图比较清楚和准确。制图者的名声相当重要——地图不好用，要等到购买地图者用了地图、还迷了路才知道。

大批军队的迁移必须有审慎的后勤作业，所以必须有准确绘制的地图。于是，政府委托专门机构制作地图。英国政府地图绘制机构又称为地形测绘局（Ordnance Survey），这个名称是要认可其军事起源，而其他富裕国家也有类似的资料库。但是，军方对地图的需求似乎不再那么急迫——但需求依然存在，所以政府期望制图者为本身的资料和技能找到商业销路，发展出可满足其他地图需求的产品。军方对地图的要求，跟一般人对地图的需求不会相同。这种需求让菲利斯·皮尔索尔（Phyllis Pearsall）在试图找到布里斯托花园在哪儿时，被大雨淋成了落汤鸡——当时她为了编纂第一本伦敦街道地图，走遍伦敦，记录所有路口、门牌号码和新近建筑。

2001年3月，汽车协会(Automobile Association, AA)支付2000万英镑的和解金，以解决与地形测绘局的法律纠纷。汽车协会不被允许复制其他地图，但是法律并未保护伦敦到里兹的道路信息知识——两者间有极大的灰色地带，汽车协会似乎太过度延伸。我们花一天时间，一起查看包含许多不同实例、各式各样的地图。地形测绘局的发言人表示："有些出版商蓄意在地图上制造一些错误。"①

宝贵的知识

汽车协会已经触犯知识产权法——他们侵犯了地形测绘局的版权。这类法规由来已久。专利让发明新装置（如凯伊的飞梭）或新流程的人，在限定时间内享有制造或使用发明的独占权。版权让作家和雕刻师能预防其他人在未经其许可下，复制其作品。这种保障一直到作者过世后还继续存在。商标

① 2001年3月6日的《卫报》。

提供一种方便的工具，让可口可乐公司或玛莎百货可以禁止别人把商品命名为可口可乐，或把商店命名为玛莎百货。

现在，法律结构更为错综复杂。电视连续剧《加冕街》在晚间8点播出，这个信息不具有版权，但是晚间电视节目单却具有版权。从伦敦到里兹的道路信息知识不是版权，但绘制成图就有版权。相对论的构想不受到保护，爱因斯坦对相对论的说明也不受到保护。但是，爱因斯坦针对相对论发表的论文，依照法律是不能复制的。杜林并未把自己的电脑构想申请专利，但是如果当时有一位好律师帮忙，他可能会这么做。现在，美国法院认定经营模式也可申请专利，因此“点一下购物”（one-click ordering）就被亚马逊网络书店所独有。李嘉图的“经济租”概念被称为经济附加价值（Economic Value Added），现在是美国某家顾问公司的注册商标。目前有一个令人困惑的结构存在，那就是，法律保护新知识的程度，已经到了跟新知识的原创性或经济价值一点关系也没有的地步。

凯伊的飞梭结构专利被理查德·阿克莱特（Richard Arkwright）这位创业家所侵占，后来阿克莱特成为了英国最有钱的人之一。阿克莱特运用知识产权在相关事业建立独占权的做法，已经成为了许多产业的重要策略。第九章描述两种相当宝贵的知识，这两大知识在产业结构的发展上都扮演着重要角色。这些知识并非相对论或人类生命的结构，而是治疗溃疡的药物和微软作业系统的程序码MS-DOS。

美国著作权法允许微软公司独占MS-DOS的程序码，但却拒绝苹果电脑独占图形使用界面——这让微软公司后来取得了视窗作业系统的独占权。可以说，是美国知识产权法造成了这种独占。但后来美国法院在2001年和2002年的决定证实，就算美国反托拉斯法想控管此事，也是欲振乏力的。[①]知识产

① 2001年时，美国政府在高等法院批评首席法官杰克森的不当言行后，决定对微软公司做一些让步。美国还有一些州则继续提出诉讼。

权和反托拉斯法之间的相互影响，已经让微软公司成为了全球最有价值的公司，也让盖茨成为了全球最富有的人之一。

版权和专利可以衍生发明。布莱克为史克药厂发明泰胃美后，英国当时规模较小的葛兰素药厂，就重新界定相关研究的重点，创造出另一种治疗胃溃疡的药品——善卫得。善卫得跟泰胃美的药物特性类似，但是副作用更少。于是，善卫得成为了全球最畅销的药品——葛兰素药厂从这个药品的获利超过100亿美元，也让公司成为了全球知名药厂之一（葛兰素药厂也赞助威尔康信托基金的人类基因组研究）。善卫得和泰胃美这两种药物并未治疗根本问题，却能减少不利效果。病患需要长期治疗，有可能是终生治疗（阻断式药物通常只是减缓症状，但却无法治疗沮丧或高血压等常见的慢性疾病）。葛兰素药厂推出善卫得时，罗宾·华伦（Robin Warren）和巴里·马歇尔（Barry Marshall）这两名澳大利亚医生发现，许多胃溃疡症状是由幽门螺旋杆菌（Helicobacter pylori）这种细菌所致，可以借由密集施打抗生素来解决这种症状。化学物质可申请专利，治疗协定则不能申请专利。因此，华伦和马歇尔这项发现的报酬，一直局限在学术荣誉（华伦和马歇尔在2005年10月获得诺贝尔医学奖）和病患的感激中。

但是，不只企业从知识产权中获益，个人也可以。第一次世界大战时，加拿大某位军人在安大略省的白河（White River）火车站，向一位猎人购买了一头年幼的母黑熊，并依自己的家乡马尼托巴省的首府温尼伯（Winnipeg），为这头熊取名维尼（Winnie）。后来，这位军人把维尼寄养在伦敦动物园。维尼成了伦敦动物园最具吸引力的“明星”，深受游客们的喜爱，包括英国知名作家艾伦·米尔恩（Alan Milne）的儿子克里斯托弗·罗宾（Christopher Robin）。

罗宾1岁时，米尔恩送给他一只毛绒玩具熊作为生日礼物。罗宾以伦敦动物园那只母黑熊的名字“维尼”来命名他的那只毛绒玩具熊。在

1926 ~ 1928 年间，米尔恩根据小熊维尼为儿子写了一系列故事，后来这些故事集结为三本精简生动的插画故事书。此后，小熊维尼更受小孩子们的欢迎了。1929 年，米尔恩成立专门机构，收取从书籍和商品中所获得的权利金。受益人不只包括罗宾，也包括米尔恩所喜爱的机构——加立克俱乐部（Garrick Club）和威斯敏斯特学校（Westminster School）。小熊维尼已经让加立克俱乐部和威斯敏斯特学校成为了同类中的最佳受赞助机构。1999 年，迪士尼公司以大约 2 亿英镑的金额，买下了小熊维尼书籍、商品、电视和电影等派生产品的权利。

市场经济的知识生产并没有效率。市场上有许多不太重要、只有些微差异的产品——地图、软件和药物等行业，都有这种现象。现在，知识产权法正陷入困局，即使有时能促进创新，但通常都是遏制创新。像爱因斯坦、杜林、克里克和沃森等人对基本知识的贡献，在经济和商业的重要性无以计数。但是，目前并没有机制把重要性和报酬相结合，或许这种机制也不存在。就算有这种机制存在，也未必能加速知识的进步。但是，伴随着当今富裕国家的有纪律多元主义，一种令人惊讶且锐不可当的创新步调已经出现。①

①威廉·鲍莫尔（William Baumol）于 2002 年的著作《自由市场创新机器》（*The Free-market Innovation Machine: Analysing the Growth Miracle*）。

第五部　市场的运作成果

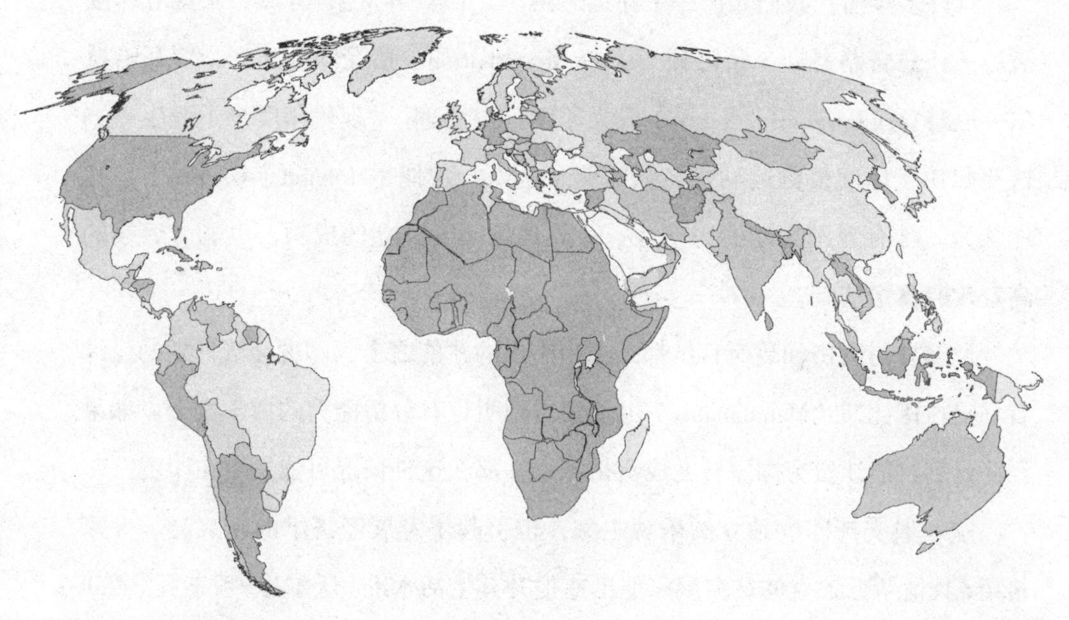

第二十三章　穷国依旧贫穷

“许多年前，我们做出一个命运之约。”1947 年 8 月 14 日，英国驻印度最后一任总督路易斯・蒙巴顿（Louis Mountbatten）接受印度独立，贾瓦哈拉尔・尼赫鲁（Jawaharlal Nehru）成为印度首位总理。[①]现代印度终于诞生——这要归功于印度爱国运动知名领袖莫罕达斯・甘地（Mohandas Gandhi）。甘地认为，唯有爱国运动的完整性，才能确保印度独立的成功，也能为后续的高效政府奠定基础。

尼赫鲁与同侪和政府官员都是相当杰出的才能之士，印度经济计划的设计者马哈拉诺比斯（Mahalanobis）也是相当聪明且有分析能力的博学之士。如果经济计划可能让贫穷国家转变成富裕国家，那么这种情况可能发生在印度。

这一股支持印度独立的乐观主义，也引起了发展经济学的新兴趣。大家希望，其他新近独立的贫穷国家能迅速提升其生活水准。沃尔特・罗斯托（Walt Rostow）以经济增长阶段的观点说明经济史，其所采用的经济增长阶段为发展工业社会，一旦顺利达到工业社会，就进入成熟期。[②]贫穷国家也能达到类似的顺利进展吗?

---

①劳伦斯・柯林斯（Larry Collins）与多米尼克・拉皮埃尔（Dominque Lapierre）于 1975 年的著作《午夜的自由》（*Freedom at Midnight*）。

②罗斯托于 1953 年的著作《经济成长的过程》（*The Process of Economic Growth*）。

发展经济学原本可能以本书第四章“富国是如何富有的”做为出发点，但事实并不然。经济史很少受到关注，或许是基于正当理由。在现代世界中，自工业革命以来的所有创新和科学知识，贫穷国家都可立即使用，而且贫穷国家可通过与发达经济体的直接联系，加速成长步伐。

技术可以被输入，但是制度却不行。现代发展的政治结构可能有很大差别。在富裕国家的演变中，政府扮演着相当有限的角色，而政府在集中协调的过程中，根本没有扮演任何角色。根据假定，虽然市场未经协调发展（并非因为政府没有扮演任何角色），但是生产力的增长已经发生，而且这种混乱过程将导致困境，并让所得与财富出现极大不均。这类国家一（例如战后印度）的发展计划，不仅加速了经济增长，也加速了分配的不公。许多人认为，前苏联早就发生过这种情况。不过，俄罗斯经济失败的严重性直到 20 世纪 80 年代才广为人知。[①]

因此，发展经济学注重的是经济理论，而非经济史。牛津大学教授罗伊·哈罗德（Roy Harrod）设计出一个具有影响力的经济增长模型。这个模型在美国学术界得到进一步探讨，并以数学方式加以说明。最初是由埃弗塞·多玛（Evsey Domar）开先锋，后来是诺贝尔经济学奖得主梭罗接棒。这代表着经济学的转变——从散文变成数学、从业余性质变成专业主义、重心从英国移到美国，这些情况在本书第十四章已有说明。哈罗德、多玛和梭罗的主张跟储蓄、投资与产出增长有关。[②]自从技术被广泛推行后，产出水准就由资金存量决定，

---

①斯蒂芬·科特金（Stephen Kotkin）于 2001 年的著作《苏联倒台 1970-2000》（*Armageddon Averted: The Soviet Collapse 1970-2000*）。

②哈罗德（Roy Harrod）于 1939 年 3 月第 49 期第 193 号《经济期刊》，撰文《论动态理论》（*An Essay in Dynamic Theory*）；多玛于 1957 年的著作《经济成长理论论文集》（*Essays in the Theory of Economic Growth*）。有关成长理论的说明，详见梭罗于 1970 年的著作《成长理论》（*Growth Theory*）。

也就是由储蓄水准所决定，而增长率就取决于技术进步率。贫穷国家可能受限于低储蓄水准，而导致低产出水准。但是，如果贫穷国家能通过外国援助脱离这种困境，强迫家庭储蓄，经济增长潜力就会跟那些具生产力的经济体相当。

阿瑟·刘易斯（Arthur Lewis）是唯一获得诺贝尔奖的黑人经济学家，他使用两部门模型说明贫穷国家的经济。[①]一个工业部门在利用了富裕国家的经济法律与规定后，可能与传统农业部门共存。规模够大的工业部门能持续吸引劳工，最后接管整体经济。刘易斯的说法再次强调了，在实现现代经济的大部分关键点的过程中，外部协助和内部协调的角色。[②]

在贫穷国家和国际机构中，与发展经济学同时期的人以及政策制定者认为，集中方向和迅速累积资金，不只能帮助不具生产力的经济体顺利发展，也能加速发展，超越富裕国家以往达到的进展。事实上，所有贫穷国家都效法印度，引进经济计划和国营事业。世界银行这类国际机构也总会填补由低储蓄水准转变到较高储蓄水准的资金缺口。

但事实却不是如此顺利。印度拥有复杂的经济计划和可观的补助。1950 ~ 1990 年间，印度的国内生产总值每年平均增长 2%，但印度和富裕国家之间的差距也愈来愈大——其他贫穷国家的情况更糟。印度是绿色革命农作物的受惠国，绿色革命对于提升农村生活水准的贡献，比德里经济计划者所做的贡献更大。拉丁美洲的经济增长比印度还低；非洲撒哈拉沙漠周边的大多数国家，现在比不依赖外援时更穷困。只有亚洲那些曾经贫穷的国家已

①刘易斯也是唯一一位来自贫穷国家的经济学家——虽然刘易斯的主要研究是在英国完成，但他当初得奖时为西印度大学的副校长。诺贝尔奖委员会认为森恩得奖，要归功于印度，但是森恩的事业生涯都在英国和美国度过。

②刘易斯与西奥多·舒尔茨（Theodore Schultz）于 1953 年的著作《农业经济组织》（*The Economic Organization of Agriculture*）。

缩小生产力与生活水准的差异。具生产力的国家的经济继续增长，变得更为富裕，而且这种增长一直很稳定。在富裕国家中，生产力很少下滑——即使经济增长从1984年以来逐渐趋缓的新西兰，生产力也并未下滑。[①]

制鞋工厂

究竟出了什么差错？上述的经济增长模型并未包含企业、产业或政府等机构。如果有了资金、劳力和技术，产出将随后而至。想象一下，把瑞典斯凡工作的农场所用的资金、技术和组织方式引进到西赛罗的村落。事实上，这样做是不会奏效的。个人所得资金的差异只是这个故事的一小部分。在土地所有权制度并未改变的情况下，社会关系又没有重新整顿，没有教育改革，也没有不同生产方式所需的道路和维修人员等基础设施，绝不可能善加利用输入的资金。虽然这种假定实验很可笑，但是这种情况跟贫穷国家进行大规模经济计划所发生的情况相去不远。在传统经济中，工业部门和产出一样，不只是资本和劳动的函数，更是制度的函数。

在一份被广为引用的发展经济学初期的研究报告中，罗森斯坦·罗丹（Rosenstein-Rodan）利用一家制鞋工厂说明“大推进”（big push）的必要性——也就是利用有组织的协调方式来展开工业化。如果贫穷国家打算借由成立制鞋工厂开始工业化，该把产品卖到哪里呢？鞋厂工人可能不想把所有收入都花在买鞋上。刘易斯的工业部门需要立即发展许多活动，除了成立制鞋工厂，还需要成立制衣工厂和自行车厂。鞋厂工人可以用收入买衣服和自行车，自行车厂工人可以用收入买鞋子。计划机构可以协调这类该同时发生的产业的发展。

①达吉尔与拉提尔于1999年的著作《新西兰宏观经济》（*The New Zealand Macroeconomy*）。

反资本主义新闻记者兼作家克莱恩曾访问过菲律宾一家制鞋厂。她并不觉得这次造访是一个愉快的经验，而且富裕国家里的人也不会认为这是一次愉快的经验。这家鞋厂的大多数员工都是年轻女性。她们都来自乡下，每天在严格的纪律下长时工作，而且薪水微薄，每4个或6个人挤在一间小宿舍。她们也会受到城市的诱惑，但因为身处于遥远的乡下苦无机会，所以她们把所赚来的微薄薪水寄回家里贴补家用。这些工人并没有购买工厂生产的鞋子——她们一双也没买。

罗丹的问题一直都是借由工厂全部产出外销的方式来解决。这些鞋子以“耐吉”的品牌销售。一双童鞋在富裕国家的售价就是菲律宾鞋厂工人一个月的工资。

在坦桑尼亚，世界银行曾资助过一家位于莫洛戈罗（Morogoro）的鞋厂。这家鞋厂拥有现代设备和制鞋技术，希望能满足坦桑尼亚人对鞋子的需求；这家鞋厂也具有外销到欧洲市场的能力。但是，由于缺乏维修且备用零件短缺，设备经常出现故障，工人和经理更会偷工厂的东西，所以莫洛戈罗鞋厂并未运作成功。莫洛戈罗鞋厂的设计与现代西方鞋厂相似，墙的材质为铝金属，但厂内没有通风设备，这对酷热的坦桑尼亚并不适合。莫洛戈罗鞋厂的产能从未超过5%，而且所生产的鞋子也从没外销过，鞋厂最后在1990年关厂。

其实，克莱恩并不需要远赴菲律宾，就能发现工业化初期阶段令人不悦的事——她只要阅读英国在工业革命时的工厂情况，或是韩国在20世纪50年代经济发展的说明，就能了解到这些事。克莱恩在菲律宾所看到的事，就是英国和韩国所发生的事，也就是罗斯托所说的“起飞”（take off）。如果富裕国家具生产力的技术、资金和设备能被转移到一个在社会、文化和政治上尚未同时发展出一套符合制度的贫穷国家，这样就太棒了——也会相当有利可图。但莫洛戈罗鞋厂的倒闭提醒我们，这样做有多么困难。

莫洛戈罗鞋厂是一件憾事，坦桑尼亚这个国家本身也是。在现代非洲腐败且恶名昭彰的政客中，朱利叶斯·尼雷尔（Julius Nyerere）因为自己的正派和诚信而出众。尼雷尔是一位深信计划发展的社会主义者。他任职总统职务21年，专心致力于人民的福利。

因为国家机关和私人捐赠者的支持，坦桑尼亚获得了相当多的补助，所以能在令人失望中进行有前途的发展。西方顾问聚集在坦桑尼亚首都达累斯萨拉姆（Dar es Salaam）的饭店里——尼雷尔无法像管理印度中央计划者那样，从国内资源中找到优秀人才，所以需要借助外援。不过，坦桑尼亚目前的国内生产总值比尼雷尔担任总统时的国内生产总值还低。尼雷尔退休后，逐渐退出政坛，他秉持着毕生遵守的诚实和谦虚等特质，勉强承认他自己和他所推行的政策都失败了。①

印度的发展也被失败的计划弄得乱七八糟。印度经济计划者的高度期望，因为基层政府人员的贪污和官僚主义而受挫。当甘地王朝扩展势力之际，这种贪污情况更往中央机关蔓延。但是，印度的可取之处在于对民主制度的专心致力。20世纪80年代，印度经济计划的失败已显而易见，国家控制的势力也逐渐瓦解。

现在，印度仍旧相当贫穷。技术改善了预期寿命，并减少了婴儿死亡率，也对经济发展有所贡献，但是人口增长并未把生活水准提升太多。印度的经济表现不佳，但是，印度人士在国外却有优异的成就。产出不仅是资本、劳动和技术的产物，制度也很重要。

政府就像小偷

在写这段内容时，我正在摩纳哥与意大利边界俯瞰开普马汀（Cap Martin）的山丘。刚果——20世纪曾一度改称为“扎伊尔（Za re）”——前

① 1999年10月21日的《经济学人》（*Economist*），刊登了一篇感人的讣闻：“尼尔雷是一位伟大的教师：有条理、追根究底、鼓舞别人、关心别人。他当初实在不该掌管经济才对。”

总统约瑟夫·莫布杜（Joseph Mobutu）的家族就住在此地的高级住宅区，拥有四栋别墅。由刚果河环绕的中非地区，富含各种矿物资源——铜、钴、锌、锡、镍、铀和钻石。但是，这些天赋资源财富并没有为这个国家的经济带来助力，反而带来了伤害。刚果一直吸引盗贼——库尔兹的诅咒（curse of Kurtz）。此地首先被比利时国王利奥波德二世（Leopold II）侵占，利奥波德二世也把大部分获利花在蔚蓝海岸的别墅上。[①]其中一栋莫布杜家族拥有的别墅所位居的巷道，更以利奥波德二世之妻命名。

刚果正式成为比利时的殖民地。当英国和法国试图以一个和平的过程，让刚果殖民地自治化时，大多数比利时人已经把行李打包好，准备回祖国去。刚果很快就被瓦解成了四个区域。大多数矿物资源位于喀坦加省，此地表面上是由西方傀儡政权莫伊兹·冲伯（Moise Tshombet）统治。第一任首相帕特里斯·卢蒙巴（Patrice Lumumba）在西方保安机构（Western Security Agencies）的默许下遭到谋杀。联合国秘书长兼瑞典政治家达格·哈马舍尔德（Dag Hammarskjold）在搭机前往刚果执行和平任务时，也因为飞机意外失事而身亡。[②]

1965年，当时任军方指挥官的约瑟夫·莫布杜，声称自己就是一国之主，直到辞世为止，他一直担任总统职务达32年。他通过恐怖主义和行贿，建立政权并持续掌控政权。莫布杜的主要同伙是众所周知的权贵。20世纪70年代，西方银行大幅放款给刚果的傀儡政府。西方银行争相提供莫布杜金钱援助。后来出版《主权的衰微》一书的花旗银行CEO里斯顿，回忆起当时

①亚当·霍斯查尔德（Adam Hochschild）于1999年的著作《利奥波德国王的鬼魂》（*King Leopold's Ghost: A Story of Greed, Terror,and Heroism in Colonial Africa*），对利奥波德（Leopold）执政下的刚果，有惊人的描述。

②有关这段历史的描述，详见隆恩于2000年的著作《跟着库兹先生——活在刚果灾难的边缘》（*In the Footsteps of Mr Kurtz: Living on the Brink of Disaster in the Congo*）。

的情况是，“这个国家不会破产”，花旗银行就是出资金援助莫布杜的放款者之一。后来，刚果债台高筑到根本无法偿还的地步，但放款者却变得相当有钱。因为当私人放款者要撤资时，就由世界银行填补资金缺口。其实，大多数借款并未流入刚果，而是直接转进莫布杜和当时一些权贵人士的海外银行账户。

莫布杜在1997年过世前，铜与钴的生产量已经减少，就连电线和设备都被偷走了。某位美国大使就这样说：“莫布杜不但杀了一只会生金蛋的金鹅，也把金鹅吃得尸骨不留。”①钻石交易大多受到恶棍的控制。莫布杜则有总统侍卫围绕在身边，后来他一直住在刚果河上的一艘船上，这是他认为的唯一安全之处。

西方世界卷入刚果政治的历史，一直是非常不名誉的事。西方国家支持实施恐怖政权的政府，也提供武器给反对势力，让罪犯当上政治家，搞得刚果政局不稳。刚果处于无政府状态，矿物的生产量已经减少，大笔金钱却经由国际机构和商业银行转交给了盗贼。令人难以相信的是，世界银行竟然连续20多年借钱给莫布杜政权。现在，刚果的外债高达150亿美元，这只是一个假设的数字，因为刚果绝不可能还清这笔债务。外债过高是经济发展的一大障碍，经济发展也不可能在这种情况下出现。刘易斯的两部门模型所描述的过程，已经逆向运作。资金在现代部门的贬值，已导致整个社会退化为靠农业维生的传统经济。

刚果可能是一个极端的例子，不过非洲撒哈拉沙漠周边国家从1960年起的经验，就更加令人毛骨悚然。其实，这些国家原本具有的自然资源可能危害到其经济发展，因为这些资源会让国家的经济制度结构走样。富含石油的尼日利亚，一直是由独裁者统治，而且独裁者严重偷窃国家财富，让整个尼

①隆恩于2000年的著作《跟着库兹先生：活在刚果灾难的边缘》，113-114页。

日利亚充斥着制度上的腐败。①澳大利亚和美国西部在19世纪的经济制度，因为开采黄金而受到曲解。沙特阿拉伯的石油财富让均衡的经济发展变成了不可能的事。②有些富裕国家——挪威和冰岛——已经开始妥善管理自身丰富的天然资源。其他像瑞士和日本这些国家，也已经从缺乏天然资源中获益。

全球化先驱托马斯·弗里德曼指出一个更重要的矛盾，那就是，在撒哈拉沙漠周边的非洲国家，可以发现不受贪婪和懦弱的政府控制的社会——“来去非洲”（come to Africa），这是共和党新进议员的乐土。没错！在利比亚，谁都不必缴税；在安哥拉，没有枪支管制；在卢旺达，政府无法干预市场——但是，许多人都希望政府能干预市场。③

这些国家的政府是贪污事业，跟黑手党比较像，不像英国、德国或美国的政府那样，是为大众提供服务的机构。“破落国家”（failed states）一词说明了出现在阿富汗或索马利亚的情况——没有哪一位将军所带领的团体有足够优势被视为政府。富裕国家通过各式各样已建立好的社会惯例和政治制度来运作。但是，在殖民占领的短期内，并无法把这些惯例和制度成功地移植过来。

依赖理论

殖民地的殖民政权为成功的市场经济奠定基石。但是，在只经历殖民占领的国家，并未发生这种情况。或许，这种占领不仅无法助长经济发展，事实上还会妨碍经济发展。

---

①卡尔·马耶尔（Karl Maier）于2000年的著作《这房子已经垮了：尼日利亚的午夜》（*This House has Fallen: Midnight in Nigeria*）。

②沙特阿拉伯有35%的国内生产总值和85%的政府营收是来自石油。

③托马斯·佛里德曼于1999年的著作《了解全球化——凌志汽车与橄榄树》，350页。

针对拉丁美洲的经济增长过程，不只一位理论家提到："现在，发达国家即使曾处于未开发状态，也从未处于开发不足的状态。"[①]这项提议认为，未开发是一种自然状态，但开发不足却是一种被加诸的状态。贫穷国家的穷困，其实是国际经济制度的受害者，是富裕国家荣景的结果——依赖论（dependencia）。为了脱离这种隶属关系，贫穷国家的经济增长途径必须与当今富裕国家的历史截然不同。虽然这种模式跟哈罗德－多玛－梭罗的经济增长理论相当不同，但其中的关联性却一样。这类主张已经吸引贫穷国家的经济学家和政治家，也受到富裕国家中为本身荣景感到愧疚的人的青睐。我们会教小孩，在有人还处于饥荒时，不要暴殄天物，食物要吃完才行。孩子们会说，他们吃剩的食物，又不能给饥荒者吃——这正反映了问题的核心。因为没有固定的食物储备（pool of food），就算我把盘内的食物吃完，或是少吃一点，也无法让几千英里外的人有食物可吃。

说明受害者状态最有条理的模式，是1947年成立的拉丁美洲经济委员会发展出来的。能言善道的阿根廷经济学家拉乌尔·普雷维什（Raoul Prebisch）是该委员会的发言人。在英国，汉斯·辛格（Hans Singer）同时也提出一个类似论点，他们对依赖的说明已经成为了著名的普雷维什－辛格命题（Prebisch–Singer Thesis）。

这个命题的主要主张是，工业化的欧洲把"周边经济"（peripheral economies）加诸在阿根廷和新西兰等国，让这些国家有义务专精生产农业产品和自然资源等主要物品。由于技术进步是以制造生产为主，导致中心国家与周边国家的所得差异扩大。周边经济唯有借由退出国际交易体系，发展本身的制造领域，才能获得增长。周边经济遵照的政策，跟印度采用的追求经

---

①安德烈·法兰克（Andre Frank）于1967年的著作《拉丁美洲的资本主义与发展不足》（*Capitalism and Underdevelopment in Latin America:Historical Studies of Chile and Brazil*）。

济增长未果的政策相当不同，不过拉丁美洲采用的政策一样无效。

“依赖理论”（Dependence Theory）存在着事实要素。资源丰富的国家可能发现自身处在不利立场——库尔兹的诅咒。企业总部创造过剩——管理训练、研发设施的需求——分公司则不需要这些。许多国家也保护新兴产业在经济增长初期免于遭受竞争的影响。最令人惊讶的特例是，第一个发达国家——英国，当初并没有这样做。

不过，英国在农业、石油生产和开矿方面的技术一直进步迅速，而一些周边经济国也蓬勃发展，包括澳大利亚、加拿大和美国。澳大利亚和阿根廷的经济经验不同，并非源自于这两个周边经济国与欧洲之间的关系不同，而是源自于周边经济国本身的经济制度、社会制度和政治制度之不同。

依赖理论无法充分说明拉丁美洲令人失望的经济表现，而且这种理论也不具全面性。巴西经济学家费尔南多·卡多索（Fernando Cardoso）是普雷维什的同事，也是依赖理论的主要提倡者。①卡多索在1993年出任巴西财务部长，隔年担任巴西总统。卡多索秉持一贯的主张，把依赖理论当做国家政策。后来，卡多索因为被群众包围，被迫撤退到公厕中，宣布货币贬值而备受羞辱。但是，他在职期间的表现仍受到相当高的评价。卡多索已从中得知一些市场的真相。

贫穷却快乐

印度经济计划者尼雷尔的顾问们和拉丁美洲经济委员会的委员们，都想让贫穷国家变成富裕国家。尼雷尔可能有不同的目标，只不过这些目标从未

①卡多索与恩佐·法兰图（Enzo Faletto）于1979年的著作《拉丁美洲的依赖与发展》（*Dependency and Development in Latin America*）。

清楚表明。莫布杜则是从不关注他的人民，而以个人获得最高财富为追求。但是，两者的共同假定是，现代经济体制的价值观放诸四海而皆准。

不过，在一些跟现代经济制度只有些微接触、或根本没有接触的地区，人们却生活得相当快乐。拉达克（Ladakh）位于喜马拉雅山丘陵区，一般人很难造访此地。所有到达这个地方的游客都会发现，这里的人无论男女老少，都神情愉悦。[①]一直到20世纪30年代，西方世界才发现新几内亚中部平原有人口密集的部落居住。他们在当地所处的环境中，已经发展出自己的农业、政治和文化，几千年来都没有受到外界的影响。这些人的生活似乎既充实又满足。但是，随着飞机与直升机搭载着携带晶体管收音机的游客抵达当地，他们的自治性就被永远地破坏掉了。一旦可以取得物质物品，人们就会想要这些东西，有些人就会为了得到物质物品而牺牲个人福利。他们这么做或许是为了自己，或许是为了家庭——这就是墨西哥人裴德洛要到洛杉矶工作，西赛罗的哥哥派崔克要到南非金矿场工作的原因。

对幸福来说，期望与成就之间的关系是很重要的事。这就是让南非和墨西哥边界的不同经济生活并存，并导致这类社会紧张与个人痛苦的原因。人类学家科林·特恩布尔（Colin Turnbull）把丛林族群跟高山族群做比较：在面临环境恶化和生活标准降低时，高山族群会退化到讲究自利的唯物论状态，这种状况可能连经济学家贝克尔都困扰不已。[②]

个人可能会受到某些职务或对其不熟悉的其他生活形态的幻想所惑，而对个人前景做出错误的判断。经济发展或许需要人们做出这类错误——或是因为别无选择而被迫进入现代部门。第一位农夫可能要忍受比此前四处游牧

---

①海伦娜·诺伯格·霍奇斯（Helena Norberg-Hodge）于1991年的著作《悠久的未来》（*Ancient Futures*）。

②特恩布尔于1961年的著作《丛林族群》（*The Forest People*），以及1973年的著作《高山族群》（*The Mountain People*）。

的日子更低的物质生活水准。英国工业革命时的工作状况奇差无比，有些人会认为生活标准下降了。最后，农业的增长和英国的工业化大幅提升了每个人的物质生活水准，不过这些影响并非立即显现。

把原始社会的生活传奇化，这是很简单的事。佃农家庭很少享有斯凡那样的健全户外生活。这种农业生活通常跟艰苦费力的长时工作有关。世外桃源的迷惑是西方思潮中一个不朽的印象，只要经过严密调查，这些叙述根本都不可信。然而不变的是，我们的经济生活并不只是源自于本身经验范围的生活和幸福，也不是家中所见物质商品的数量。

东欧的状况

在东欧，期望与成就之间的差异也很大。而且，这些国家的国民自认是幸福的人的比例特别低。20 世纪 80 年代末期，苏俄政权的瓦解影响东欧。苏联解体后，随之出现许多各式各样的新国家。斯洛文尼亚、匈牙利和捷克等国的首都建筑，都表现出欧洲遗产的优势。像爱沙尼亚和拉脱维亚等波罗的海小国，就地理位置而言，当然归属于北欧。罗马尼亚和摩尔多瓦（Moldova）这些位于欧洲边缘的国家，以及塔吉克斯坦（Tajikistan）和乌兹别克斯坦（Uzbekistan），则与其他亚洲回教共和政体处于紧张的关系中。

东欧社会主义国家在瓦解后，出现了相当不同的经历。最成功的经济体总是在地理上和文化上，与西欧富裕国家密切相关。如果捷克在第二次世界大战后就独立，现在就可能是一个富裕的欧洲国家。波兰以往一直隶属于奥地利帝国，与意大利相邻、人口只有 200 万的斯洛文尼亚，现在是前景最看好的东欧经济体。

俄罗斯是苏联解体后最大的新国家，但这里的经验并不令人振奋。俄罗斯前总统米哈伊尔·戈尔巴乔夫(Mikhail Gorbachev)试图改革苏俄的经济制度，但却没有成功。事实证明，要在不损害政治集权主义的情况下，引进经济多元主义，这根本是不可能的事。况且，所有经济结构和政治权力，都仰赖中央集权。

前苏联的资产被迅速转移到私人领域，而且是太迅速地转移。以前的国家财产落入罪犯手中。据说，俄罗斯经济改革领导人阿纳托利·丘拜斯（Anatoly Chubais）曾表示："他们正在偷窃每一样东西，根本不可能阻止他们。并且，他们到后来将成为他们偷窃并拿走的财产的所有人和正式的管理者。"[①]不过，这种情况并未发生。新俄罗斯的寡头政治独裁者更关注的是，把他们控制的资产转变为可买卖的货币，他们对开发资产没有兴趣。这些人在确保经济权力后，就利用这种权力扩展政治势力。由于所得与财富的重新分配缺乏正当性，再加上俄罗斯政治的腐败，所以使得政治和经济更不安定。阿根廷的经验应该可以作为警告。俄罗斯在分配国家资产时采用的机制和造成的结果，在阿根廷分配空地时也真实地呈现出来，而这种做法的不利成效可能永远存在。

外国投资者起初认为，他们有机会把资金和技术转移到俄罗斯，并且从中获利。但是，这些希望却因为俄罗斯不履行庞大债务而有所动摇。大家对当地政府保护投资者在俄罗斯事业利益的意愿，日渐感到失望——俄罗斯的经济也持续衰退。在俄罗斯的"资本主义"时期，产出不断下降，这几乎是大国在和平时期前所未见的事。事实再次证明，在缺乏适当的经济、政治与社会等基础设施的情况下，光是运用资本和技术是行不通的。

---

①克里斯蒂亚·弗里兰（Chrystia Freeland）于2000年的著作《世纪拍卖——俄罗斯二次革命之内幕》（*Sale of the Century: The Inside Story of the Second Russian Revolution*），67-68页。

第二十四章 谁得到什么

海蒂（＄2500）在瑞士学校担任教师，斯凡（＄1700）在瑞典的农场工作，艾文（＄900）在莫斯科担任电信工程师，而拉维（＄320）则是印度国家银行的会计。括弧中的数字是他们换算成美元的月薪。虽然1美元在印度能买到的东西，比在瑞士能买到的东西还多——这是购买力平价与官方汇率的不同——不过，他们的收入正确地代表了国家物质生活水准的排名。海蒂的生活最为富裕、其次是斯凡、接下来是艾文和拉维。为什么呢？

因为这其中存在生产理论和所得分配的“商议理论”（bargaining theories）。以生产理论来看，所得反映出个人贡献的价值——如果人们赚的钱不多，那是因为他们所做的事不值得赚很多钱。以商议理论来看，所得反映社会的权力分配——如果人们并未赚很多钱，那是因为他们无法掌控政治制度和生产方法。

生产理论引起有钱人的兴趣——他们的幸运是因为本身的能力。如果他们获得很多财富，那是因为他们付出很多。商议理论引起贫穷者的兴趣——他们可以把本身的状况归咎于社会组织的不公平。如果他们只拿到些微所得，那是因为其他人获得太多。生产理论吸引右派政治人士的注意——不均是无法避免的，甚至是公平的，那是能力差异的结果。不满意个人经济生活的人，自己应该更努力些。商议理论吸引左派政治人士的注意——不均是社会与政治不公平的结果。不满意个人经济生活的人，应该通过集体行动寻求政治权力。

在冷战时期，右派政治人士获胜、左派政治人士输了，所以生产理论目前占优势。高盛投资和可口可乐公司的获利就是胜利的果实。投资银行家和美国CEO的报酬，或许看似奇怪，但市场告诉我们，他们该获得这样的报酬。

但是，这些理论能解释海蒂、艾文、拉维和斯凡不同的经济生活吗？谁的产出比较有价值，是海蒂还是拉维？我不知道如何回答这个问题，但我确定，海蒂和拉维的雇主（或发薪水给他们的人），也没思考过这个问题。但是，海蒂赚得钱比较多，可能因为她是一位固执的协商者，或者瑞士教师是特别有影响力的政治团体，这种说法似乎更不合理。大多数人不知道自己的生产力，也不经常能商议薪水。生产理论和商议理论都不足以说明市场经济的报酬是如何决定的。不过，我们可以利用一个综合体来帮助我们找到解答。

卢梭的猎鹿寓言

卢梭集体猎鹿寓言中的猎人，如果合作猎鹿，会比个别猎野兔有更好的成效。但是，当他们真的成功猎杀了一只鹿，这些猎人究竟能得到什么？每个成员至少必须获得跟捕捉野兔一样多的鹿肉，否则团队在森林中就会逐渐势微。但是，即使后来猎人们获得那么多的鹿肉，还是会剩下一些鹿肉。这种过剩就可归因给团队的经济租——跟第十一章所述说的沙特阿拉伯石油的租金相似，这就是打猎收入和让团队合作所需的最低收入之间的差异。

鹿肉要如何分配呢？对猎人来说，最简单的解决办法是，把鹿肉平分给所有成员。或许，某位成员比其他成员更擅长捕捉野兔，他可能建议，唯有剩下的鹿肉（经济租）才该平分，而且，如果不这样做，这位成员就可能离开团队，那么大家最好同意这个做法。或者，某位成员的打猎技巧特别好，团队最好分给他比较多的鹿肉，否则，他就会投奔其他团队——这就具有了帕累托效率，而且成员可能也认为这样做很公平。这些因素会强化彼此间的关系。

说明：经济租

像沙特阿拉伯这类国家，可从本身的石油供应衍生出可观的经济租，因为石油的市场价格远高于沙特阿拉伯开发石油的成本。

经济租是一个重要的经济概念，但这个措辞却不适当。以我们日常用语来说，“租”表示我们付钱使用土地或建筑物。当我们提到石油时，用“经济租”这个措辞就会让人感到困惑。把这个措辞用到可口可乐公司、麦当娜和哈佛商学院时，这种用法就更加奇怪。其实，这种说法是具有历史性的。19世纪支持竞争比较利益原则的经济学家李嘉图，在推广经济租这个经济概念时，当时的社会是以农业为主。

李嘉图的模型说明了，土地租金是如何决定的。英国土地可以依据土地的肥沃程度加以排序：林肯郡的土地最肥沃、达特木的酸性荒野最贫瘠。玉米的价格决定“耕种界限”（margin of cultivation）——这是说明未开拓土地的形象术语。其实未开拓的土地根本没有什么生产力可言。不管谷物价格多低，还是值得在林肯郡进行耕种；不管谷物价格多高，在达特木栽种玉米都是不明智的事。但是，耕种界限可能会在这两个极端之间来回变动。拿破仑战争期间，谷物价格的变动让这个问题在1817年成真。在耕种界限以外的土地，就收不到租金。因为像达特木这种不适合栽种的土地，通常就不会栽种谷物。有生产力的土地，其租金就依据土地耕种界限和竞争优势来决定。

李嘉图的结构很有说服力，也具全面性，可适用于任何稀有因素所赚取的报酬——不仅是沙特阿拉伯的石油或林肯郡的土地，就连企业的竞争优势和个人才能都包括在内。经济租的金额和分配是现代经济所得分配的重要决定因素。但是，在完全竞争市场中，经济租很少出现，因为每种商品都有许多买家和卖家，确保市场几乎没有稀少因素的存在。

即使团队成员具有类似技能和可选择的机会，他们也可能扮演不同的角色。指挥家未必是乐团中最有才能或最重要的一员——他（她）只是执行协调功能的人。伟大的指挥家确实可以把自己的风格加诸到乐团上，差劲的指挥家也能做到这一点，但音乐的品质主要决定于乐谱和音乐家。即使所有猎人的技能都相同，团队也需要一位领导人，就如同乐团需要一位指挥家。正如同汽车靠左或靠右行驶的例子，通常更重要的是，在决策时有据可循，至于决策应该为何并没有那么重要。

领导者的角色普遍存在于人类社会中。领导者可能是最棒的猎人，但这并不是一个必要条件，甚至不是一个选择领导者的明智方式。韦伯指出，领导角色可能由传承的方式进行递补，比如现任国王、公司 CEO 或选择一位继承人。路易十六世继承路易十五世登上法国国王的宝座。杰夫·伊梅尔特（Jeff Immelt）继承杰克·韦尔奇，出任通用电气公司 CEO，也是采用这种做法。领导者可能借由个人魅力获得职务，或是通过理性过程被选出。例如，民主选举或由董事会调查委员会选出。这所有机制——王朝、遴选为王、寻找精英、选举和个人魅力——都能在经济生活中找到。

领导者几乎总会寻求更大部分的报酬，也通常有立场取得这个报酬。在全体会员自愿的情况下，领导者可能获得的最大报酬是经济租的全部。但是，如果团队成员无法脱离团队，领导者就可能设法侵吞所有猎捕成果。国民无法轻易脱离国家；企业的股东只有找到别人取代，才能撤下股东职务。法国最后几位国王设法吃光更多的动物，就像莫布杜和一些美国企业主管一样。[①]推翻领导者是唯一能限制这种个人贪婪的做法，路易十六世和一些美国企业主管的下场就是这样。

团队报酬的分配反映出许多因素的复杂平衡。成员对团队的成就有多少

---

①在 20 世纪 90 年代经济荣景即将结束之际，一些 CEO 从他们岌岌可危的企业获利几亿美元，详见 2002 年 7 月 30 日至 8 月 1 日的《金融时报》。

贡献？对他们来说，还有什么可选择的方案？政治因素、规范和惯例都很重要。要获得最终成果，生产理论和商议理论都有该扮演的角色。

团队合作的剩余

团队合力抓到鹿的价值与个别成员捉到野兔的价值，两者间的差异就是由团队创造的经济租。我在说明介绍的经济租概念，就是沙特阿拉伯的石油成本与售价之间的差异，或是肥沃土地的栽种成本与收成之间的差异。“耕种界限”说明无生产力的石油和土地的利润，只能应付成本。但是，经济租的概念具有普遍性——它是某种资源或累积资源的价值，跟这些资源在其他用途可产生价值的差异。

由可口可乐公司创造的经济租，就是该公司的营业收入，跟把公司分解、把资金、工厂和员工运用到其他地方所产生的营业收入，这两者之间的差异。一个粗略简便的评量方法是，把可口可乐公司的获利，跟把投资资金放在银行所赚的钱做比较。麦当娜的经济租是，她从登台演出和发行唱片所获得的利益，跟她从下一个最佳工作所能赚到的钱，这两者之间的差异（我当然无法臆测，她的下一个最佳工作是什么）。哈佛商学院的经济租是，学校所创造的价值，跟把教职员工和学生分散到其他地方所创造的价值，这两者之间的差异。这个概念很清楚，但要进行评量却不可能。

李嘉图的结构也适用于汽水、流行明星和大学。在汽水产业中，最不成功的企业只能赚到足够满足股东和员工的获利，就是产业的“耕种界限”。可口可乐公司拥有一个赢过其他同行的竞争优势，并以此赚取经济租。在麦当娜身处的娱乐界，有许多雄心大志的明星，其中大多数从未取得一纸唱片合约——用李嘉图的话来说，他们是在耕种界限之外。麦当娜的经济租就是，她与另一个天份足以吸引经纪人或唱片公司注意的艺人，两者在收入上的差异。像担任理发师或普通店员这类日常工作的人，就不可能关注这类经济租。

麦当娜式的高额经济租，这种可能性提供我们进一步了解在金鸽餐厅发生的事。流行音乐和绘画都是报酬分配特别不均的行业。那些相当有才能者的报酬就出奇地高。最后，布拉克不再需要用他的画作来交换食物，他可以用更高的价格卖出自己的画作。顶尖运动员、流行明星、艺人和律师可能获得高报酬，就是助长许多人进入这些行业的原因，但真正成功的人却并不多。要像麦当娜那样成功的概率很小，所以他们会跟赞助者分摊一些可能的报酬——这样做是合理的，通常也是必要的。

年轻艺术家的赞助人希望，只要有一些画作大卖，就能补偿其他不具商业价值的许多画作——这也使得画家注重特定报酬。画家对风险的态度具有一种凸性：画家宁可选择获得明星与穷人间的平均报酬，而不愿冒险成为明星或穷人。难怪当年卢斯以提供吃住所换得的画作，最后大多不值钱。金鸽餐厅的收藏说明了，尽管卢斯犯了这些错误，但他还是让自己受益，也让他支持的艺术社区受益。

麦当娜赚取个人的经济租、可口可乐公司赚取企业的经济租，这两种状况在哈佛商学院都看得到。教职人员跟麦当娜一样，由本身的杰出才能赚取个人的经济租；哈佛商学院跟可口可乐公司一样，创造本身的经济租。通过团队合作增加价值——分工让教授教导本身的专业科目，而不是所有管理课程，而学院的名声让整体成效比个别总和更有价值。

为完全竞争均衡商议

所有经济租都是源自于稀有元素。可口可乐公司有独特品牌；麦当娜有独特才能；哈佛商学院有独特的教职员工和令人羡慕的名声。在完全竞争市场中，有许多买家和卖家，但没有任何买家和卖家够强大或够独特到足以影响价格。没有稀有元素——没有独特品牌、独特才能、独特教职员工或令人羡慕的名声——在完全竞争市场中，能存在的经济租寥寥无几。

在完全竞争市场中，可口可乐公司无法赚取经济租，因为不只要跟其他可乐厂商竞争，还要跟可口可乐公司的其他产品竞争。在完全竞争市场中，麦当娜无法要求好价钱，因为其他类似艺人也能提供相同的服务。在完全竞争市场中，哈佛商学院必须跟其他同类机构竞争。在完全竞争市场中，所有大学教授都一样。在完全竞争市场中，成功的集体猎鹿行动也无法获得盈余——相互竞争的猎人团队会群聚在森林中，直到鹿都被捉完——结果是让捕鹿与捕野兔的报酬一样。

在博弈理论中，个人商议经济租的结构对自发性秩序提出一个相当不同的说明。想象一下，一大群人设法决定在不同竞争意图间分配稀有资源。他们有不同技巧与能力，这些技巧与能力也能被用到不同用途上。除非对自己有利，否则没有人会认同所提议的分配方式。个人必须从交易中获利，而且国家也必须从交易中获利。个人团体（例如企业）可以自由地组成团体，在团体间交易并跟其他团体交易。如果可以借由退出并组成自己的小型经济而做得更好，那么没有哪一个团体应该认同所提议的分配方式。

能脱离计划分配而表现更好的团体，就是所谓的“阻击联盟”（blocking coalition）。如果这类个人和企业的数目够多——如果经济中有足够的多样性，那么，只有一个联盟是无法阻击的，那就是从亚罗－德布鲁的竞争均衡模型中出现的联盟。商议理论和亚罗－德布鲁模型提供一样的结果。在没有经济租的情况下，是没有什么好商议的。如果经济中没有稀有元素存在，商议理论和生产理论就会合二为一。这是一个有趣的结果，但可能并未透露出许多市场真相。在现代经济中，有许多稀有元素存在，也有许多经济租的来源存在。经济租的取得和保障，以及对分配的商议与纷争，对实务上进行所得分配有重要的影响。

追求经济租

经济租是稀有物的报酬——个人优秀的才能、企业独特的能力。但是，并非所有个人都有稀有才能，也并非所有企业都有独特能力。如果稀有物并非自然存在，或许就可能创造稀有物，不管怎样都能获得经济租。授予独占权一直是政府数千年来奖励和收入的来源。这种情况现在仍旧在贫穷国家和腐败国家中持续。对大众来说，独占权付出的代价通常比独占者的获利来得大。因为独占权结束了有纪律的多样化，遏止了产品和技术的创新。独占权通常是由最佳说客取得，而不是最佳竞争者获得，因此交易很可能无法从专业化与能力差异中获利。

在公平政府的管理下，借由购买独占权或税额减免，很难赚到经济租。在真正基于大众福利考察，设定进入门槛的情况下，追求经济租成为了富裕国家最常见的事。例如，制定保护制度，以避免未经专业学习的医生、不安全的飞机和不诚实的财务顾问进行各自的行业。但是，不论理由为何，所有的进入门槛限制都能创造经济租。而且，那些已进入的人都扮演着强有力的游说团体，要求提高进入门槛。米尔顿·弗里德曼继恩斯特·葛尔宏（Ernst Gellhorn）之后，提出在美国某些州担任理发工作所需技能的引申清单，例如对理发历史和理发法律的认识。当监督单位更强有力地监督可能加入的人，而不是监督已加入者的标准时，这就等于通知大家，规定是朝向增加经济租、而非维持标准迈进。

许多经济资源是稀有资源，必须有机制规定资源的取用。矿物资源有限、广播频宽也有限，除非限制不加以区分的发展，否则施工地点将会受限，也使稀有资源的开发许可变得很有价值。这些限制通常会创造庞大的经济租，企业也必须花相当庞大的金额来获得这类经济租。创造或指派这些资源的政府，可以针对资源课征重税或索取高额订金——如同对油田和矿床的特殊税额，或是移动电话公司频宽的分配额。这些费用和税额所产生的收益，也让经济租的追求者受阻。

追求经济租会阻碍市场经济的运作，因为市场经济追求的是，通过专业及能力差异，从交易中获利。通过有纪律的多样化来追求经济租，会限制创新。追求经济租会损害政治过程的完整性。这些对政治和社会的不利影响，通常会互相强化。

富豪

《福布斯》（*Forbes*）杂志每年会制作一份名单，列出最有钱的美国人。有三个人的名字经常出现在首富行列中，他们是盖茨、巴菲特和罗伯森·沃尔顿（Robson Walton）。

盖茨是众所周知的名人，就不必多加介绍。沃尔顿和巴菲特在美国也比较出名，我在此稍做介绍。罗伯森·沃尔顿是沃尔玛百货创办人山姆·沃尔顿之子。沃尔玛百货迄今仍以创办人的家乡——阿肯色州拉杰斯市——为总部，目前拥有100万名员工，是全球最大私人企业兼全球最大零售业者。尽管规模庞大——是其他任何零售业者的三倍多，但沃尔玛百货在美国境外的业务并不多。在美国人口最多、游客最多的地区，例如，东北海岸一带和加利福尼亚州地区，也没有太多分店。

巴菲特是史上最成功的投资人。巴菲特与合伙人查理·芒格（Charlie Munger）共同经营伯克希尔·哈撒韦公司（Berkshire Hathaway）。这家投资公司旗下拥有一些事业——如美国最大再保险业者GEICO，同时也是其他企业的大股东，如可口可乐公司。现在该公司总投资组合约为400亿美元，这些成长完全是通过巴菲特持续成功地选择投资标的来实现的。虽然在银行交易员违法事件危害到巴菲特的投资价值后，他一度出任所罗门美邦投资的董事长，但是巴菲特从来不是华尔街股市的大人物。巴菲特最喜欢的饮料是樱桃味可口可乐（原先他喜欢喝百事可乐，后来成为可口可乐大股东后，就改喝樱桃味可口可乐）。伯克希尔·哈撒韦公司年度大会时，巴菲特会发表动人的长篇大论，吸引庞大观众前来奥马哈——许多小股东已经借由追随巴菲特而致富。其实，巴菲特并没有王朝式的野心。他过世后，巴菲特基金将会成为全球最大的慈善机构。

巴菲特和沃尔顿都是美国现代英雄，而且这样说是有凭有据的。山姆·沃尔顿的生活甚至比巴菲特更简朴，他在过世前还是开着万用卡车。两人都是通过本身的卓越能力而成为巨富的，他们过着简朴的生活，并以公开和诚信的态度经营事业。沃尔玛百货的经济租来自于超越其他美国零售业者的竞争优势。原本在美国，西尔斯百货（Sears Roebuck）是数 10 年来最大的连锁零售店，而大型连锁零售业者 Kmart 最后在 2001 年宣告歇业。沃尔顿迅速发现了郊区购物的潜力，并把沃尔玛百货的分店设在美国小城镇的郊区。沃尔玛百货也率先有效地运用信息技术，让存货与消费者需求一致。沃尔玛百货惊人的事业规模意味着，营业额 2% 的利润可以产生高达 70 亿美元的获利。

相比之下，微软公司虽然无所不在，但却是规模小很多的企业。沃尔玛百货的员工人数是微软员工人数的 24 倍，营业额是微软公司的 10 倍。盖茨之所以跟沃尔顿一样有钱，那是因为微软几乎享有独占权，但沃尔玛百货却处在竞争市场中。以销售额的比例来看，微软获得更多的经济租。

文莱的苏丹家族（Sultan of Brunei）是美国境外富豪之一（可能是全球首富）。位于婆罗洲西部海岸的小国文莱，近海原油存量每年产油约达7000万桶，以每人平均产量来看，产量超过沙特阿拉伯。苏丹王的弟弟杰佛瑞亲王（Prince Jefri）因为挥霍无度而闻名世界。皇室家族据说拥有 350 部劳斯莱斯轿车。杰佛瑞在伦敦的多彻斯特饭店（Dorchester Hotel），安排了 40 位妓女待命，而且他多年来一直是伦敦最高级精品店 Asprey's 的主顾。后来干脆把这家店买了下来。杰佛瑞的挥霍与无能，让家族财产从一兆一千亿美元，锐减到比较容易管理的 400 亿美元。

沃尔顿、盖茨和苏丹家族的富裕，都是以经济租为基础——分别是从沃尔玛百货、视窗作业系统优势、文莱的原油存量等竞争优势中衍生而出。这些经济租有大部分是由个人关系所赋予。苏丹王族通过传统和世袭；盖茨通过创办微软公司；沃尔顿则是通过这两者的结合。

苏丹王族、盖茨和沃尔顿的花费由谁支付，这是很明显的事——文莱石油的使用者、微软公司和沃尔玛百货的顾客。到沃尔玛百货购物的人和视窗作业系统使用者都愿意付钱。即使他们憎恨这些有钱人，他们还是重视这些产品——因为交易能让双方互惠。但是，巴菲特基金会的资源是由谁贡献的？巴菲特的投资策略一直是以确认持续性的经济租为主。“在巴菲特小时候，叮当作响的推车，可能让他心里出现一个想法。大家都挤到职业篮球明星罗素家，那里肯定有什么赚头。”[①]巴菲特的投资大收获——投资美国运通公司（American Express）、《华盛顿邮报》（*Washington Post*）、美国当地甘尼特报业集团（Gannett）、吉列公司（Gillette）和可口可乐公司——都跟产生持续性经济租的强势竞争优势有关。

巴菲特只是比彭博财经台谈话性节目那些专家更清楚市场的真相。不过，在沃尔玛百货创办前、盖茨创办微软公司前、苏丹家族邀集石油公司钻油前，沃尔玛百货、微软公司和文莱石油所创造的经济租并未存在。美国运通、《华盛顿邮报》和可口可乐公司，就算从未听过巴菲特这号人物，也一直是生产经济租的强势企业。巴菲特的获利是以牺牲较不成功的投资人——那些比较不清楚市场真相的顾问及其客户——为代价，巴菲特对华尔街股市的藐视极具传奇性。1986 年 12 月，巴菲特在一篇《如何驯服赌博社会》（*How to*

①鲁文斯坦于 1995 年的著作《美国资本家的特质》，4 页。

Tame the Casino Society）的文章中提道：“如果一位刚毕业的工商管理硕士问我‘如何迅速致富’，我会用一只手捏住鼻子，用另一只手指向华尔街股市。”

经济租理论

所得分配的生产理论与商议理论，被综合成经济租理论。许多经济租是个人稀有才能或企业竞争优势的产物，有些则反映出证券商的套利收益，或是成功游说人士追求经济租的活动。经济租的创造是生产力与商议相搭配的结果。

当经济租是个人稀有才能的产物时（如麦当娜），显然个人就能从经济租获益。但是，在现代经济中，大多数经济租是团队的产物，或者只能通过团队有效开发经济租。因此，在团队中分配经济租，就是个人生产力与内部商议相搭配的结果。

我们所属的团队对我们的所得有最重要的影响。许多团队与团队类别都跟全球所得分配有关。这些团队包括：瑞士苏黎世居民、石油输出国家组织、沃尔玛百货的股东和员工、沃尔顿家族、文莱的国民和统治家族，以及迪士尼公司的执行董事。

有些团队相当排外。如果某人并非出生在沃尔顿家族，或是苏丹王族的成员，婚姻就是加入这些家族的唯一方式。相反地，沃尔玛百货却主动积极地招募员工和股东。如果有人想加入，他们很可能会大方接纳。虽然瑞士苏黎世并不像沃尔顿家族那样排外，但却比沃尔玛百货的做法更加排外。苏黎世当地政府会接受瑞士其他州的居民，但对于出生于其他地方者却要经过挑选，甚至可能遭到拒绝。俱乐部的排外性愈高，会员的地位就愈有价值。

海蒂和斯凡因为也是这些团队（尽管属于不同的团队）的成员，所以拥有高物质生活水准。而且，这些团队组织已经采用了相当复杂的方式。经过几世纪的演变，这些组织不只把分工充分利用到极致，也同时管理信息、分摊风险、达成协调合作、产生知识，并在一套全面且精心发展的惯例与规则中，做到上述事项。

第二十五章　地 点

古斯纳特

海蒂因为劳务分工而受益，这种分工是当年在大头针工厂踱步思考的经济学大师亚当·斯密所无法想象的。亚当·斯密授课并向学生收费，他也是巴克卢公爵（Duke of Buccleuch）的私人家教。但是，他要是知道现代教育的分工，肯定会大感惊讶。海蒂把小孩交给保姆带，自己则去教更多小孩，这些小孩都是别人的小孩。分工让大众教育成为可能。西赛罗的小孩只能跟妈妈学习，妈妈懂什么，小孩就懂什么。

海蒂每周会看到200个学生，她的薪水由苏黎世政府支付。海蒂负责教书，经济学大师贝克尔会认为，海蒂是在开发人力资本。这样做可以从人力资本中直接产生利益，因为受更好教育的人可以赚更多钱，而且这些人能让日后的雇主受益，银行、制造业和当地政府也能因此受益。他们的教育和技能将提高社会、政治和经济的基础设施，让生活更好，也可能让海蒂有更安全的街道和更稳定的制度。

海蒂正为无数产品做贡献，许多人也协助她，让她的经济生活成真。光是海蒂所开的车，就需要几千名工人。海蒂不知道这些工人是谁，也没有人必须知道他们是谁，而这就是自发性秩序的力量。大头针工厂可能也不知道，为更小产品贡献劳力的人是谁。但是，日产（Nissan）汽车公司却能确定，海蒂所开的Micra迷你跑车，大多是由谁生产制造。现代分工让极为复杂的产品成真，但也降低了完全竞争市场中交换的匿名性。海蒂从这种相当复杂的分工中受益。在这种分工中，不同的能力和专业得到充分的发挥。西赛罗所属的团队是几乎孤立的小社群，所生产的东西大多供应社群本身使用。为什么海蒂这么富裕，西赛罗却这么贫穷，这就是最重要的原因所在。

海蒂也分配到各式各样的经济租。她的瑞士国籍很重要。在一个精心策划且具全面性的经济基础设施的支持下，海蒂从分工中获益良多。她每天从国内品牌与国际品牌的竞争优势，以及当地交易商的技术与名声中获益。她享有合作结构的优势，这类合作结构在瑞士社会的各个阶层运作。在层层协调下，提供她取得全球效率最高的铁路系统、电力配送网，到处都有提款机。海蒂的经济生活是由精心策划的规定与惯例的结构所决定，而且这个结构控制着瑞士社会，并创造出庞大且持续的经济租。

海蒂也从瑞士企业创造的经济租中获益。这些经济租源自于雀巢公司（Nestle）和诺华集团（Novarits）这类国际企业的竞争优势、瑞士银行闻名全球且小心谨慎的名声，以及分散于湖区和河谷地区化工与工程企业的专业技能。这些企业的输出品就是瑞士经济的原动力。

贺曼和海蒂通过股票投资组合，就能直接从这些经济租中获利。贺曼也分配到一些其任职的瑞士银行的经济租。银行比较喜欢雇用瑞士籍员工。结果，贺曼不必承受伦敦或曼哈顿金融服务业的压力，就能获得相当舒适的生活。由于贺曼所任职企业的竞争优势，他可能比其他地方相同能力、相同教育背景和经验的人，拿到更高的薪水。这样说并非轻视贺曼的技能和成就。贺曼精通自己的工作，而他的组织也因为每位员工都能胜任本身的职务而成功。团结的成果胜过单打独斗的成果，而且团队的报酬也会分配给个人。

不过，在国际上获得成功的瑞士企业可利用的人才库却非常有限。虽然人才库大到足以支援这些企业，但是他们的成功已经创造了压力。分工本身限制了瑞士经济在国际领域的可用资源。并不是每个人都能在银行工作、或在工程企业工作——这些企业及其员工也需要建筑师、会计师、店员、汽车技师、城市规划人员和学校教师。他们的收入是依据经济中的国际竞争部门工作者的收入来制定。要让人愿意担任汽车技师和工程工作——这样做既公平又有必要——而这正是让海蒂变成全球薪水最佳教师的原因之一。

斯凡在孟买的朋友跟海蒂一样够资格教书，但是所得薪水却只是海蒂薪水的极少部分。不过，他们不会说德文，大多也宁可待在熟悉的环境中。瑞士学校也比较喜欢雇用了解瑞士文化和社会的员工。印度教师不可能被允许在瑞士工作。牙买加的护士缓解了英国护士不足的情况，也让英国护士的薪水维持在一定水准。然而这样做却造成牙买加护士不足，薪水因而提高，但是护理技能却出现异常转移的情况。这些对流动性的阻碍保障了瑞士国民所产生的经济租，也限制了盈余在国际上均等化的可能性。

海蒂的物质生活水准是三种互为关联因素的产物。她因为国内和国际的大规模协调分工而受益。她是社会制度、政治制度与经济制度复杂组合的一份子，这些制度在富裕国家经过演变，并处理信息、风险分摊、合作与协调等问题。而且，海蒂也直接和间接从瑞士的机构和企业中，分配到许多经济租。

基维克

就人类发展史与目前的状况来说，全球大多数人口务农，斯凡和英格丽他们也是农业工作者。不过，很少人能想象如同斯凡和英格丽那样的耕种方式。

大多数农业工作者从事相当辛苦的劳力工作，但是，瑞典农场上大多数劳力工作都由机器代劳；大多数农业工作者都担心天气和疾病，斯凡和英格丽也一样，但是，他们的财务大多跟农作物生产力无关，而且他们有能力控制动物和病虫害疾病。斯凡和英格丽虽然受过良好教育，两个人都会说一点外语，但他们并不是知识分子。他们不太看书，休闲娱乐是以运动和看电视为主。他们享用乡村生活中所有浪漫事物——户外工作、接触大自然、不必受到密切监督，并能自由且机动地管理自己每天的行程。斯凡和英格丽有固定薪水，还享有许多社会福利，有许多机会和新经验，而且他们并没有特别努力工作。

斯凡和英格丽生活富裕的原因，大多跟贺曼与海蒂生活富裕的原因相同。跟贺曼和海蒂一样，斯凡和英格丽也从明确且妥善组织的分工中获益。瑞士和瑞典的社会与经济基础设施，两者间有许多差异，但都是复杂且发达的市场经济。瑞士从诺华集团和雀巢公司、从化学特制品和工程技术中赚取经济租，瑞典则是从国宝级乐团（ABBA）、沃尔沃（Volvo）汽车，以及其他精密工程中赚取经济租。

然而，斯凡的经济状况却比海蒂的经济状况更容易受到影响。在瑞典，大规模种植小麦并不经济。农场的获利能力要视瑞典政府和共同农业政策而定。这种农业赞助正面临压力。而且，虽然有些人能做海蒂的工作，但是有几百万人只要经过一些训练，就能做斯凡的工作。在某些富裕国家，斯凡从事的工作已经由低工资的移民者负责。欧盟国家中就有许多潜在的移民者。代表斯凡的工会清楚地了解到，其他瑞典人跟斯凡分享经济租的意愿，可能正在改变。而且斯凡所属的瑞典和西欧等俱乐部，可能也变得愈来愈不排外。

莫斯科

艾文和欧嘉一如往常地讨论着他们所经历的奇怪政治事件：20 世纪 80 年代改革初期的兴奋，当改变成为可能——后来苏联和苏维埃制度解体，到现在他们周遭所见的腐败与混乱、机会与创新，这些可能性让他们感到兴奋，但结果也令人沮丧。

为何前苏联的计划经济会全面失败？事实证明，有纪律的多元主义会比集中管理带来更多的创新。俄罗斯科学家与工程师都有相当出色的才能，艾文就是其中之一。但是他们所取得的成就很少——他们只在发展国家军事能力上，发挥相当大的功效。国防目标相当明确，国防资源所受到的限制很少，这也是前苏联伟大成就的一个基础——在欧洲战争打败纳粹德国。前苏联的军事技术发展令人印象深刻，不过却无法和美国的军事技术发展相比。俄罗斯率先送人到太空，但是其他领域并没有太好的表现。俄罗斯的医药水平很高，但是医学协定与药物学方面的进步却都是仿效他国。苏俄消费用品奇糟无比。1989 年 10 月，汉斯开着他那部拖笨车跨越边界，东欧社会主义国家的失败最清楚地显现在库尔菲尔斯腾（Kurfurstendamm）商店的橱窗中。西德竞争市场低效率的混乱过程，制造出奔驰品质的汽车也能有大众汽车的产量，但东德却只能生产拖笨车这种破烂车。美国电脑业毫无组织的实验，创造出了个人电脑——这种竞争性武器如此可怕，让美国国防机关设法阻止俄罗斯人了解个人电脑。前苏联的任务小组就像 IBM 的任务小组一样，什么也没做出来。

苏俄的计划经济不但不足以创新，还效率不彰。在处理分工和信息与协调等问题上，计划经济做得比市场经济还糟。苏俄政权决定退出国际分工，但是如果诱因相容的问题并未阻止有效开发，苏俄经济集团的资源和规模已经从专业及能力差异中产生庞大的利益。中央集权缺乏发展国民与企业独特能力所需的信息。国民与企业本身又缺乏开发并增加这些能力的诱因，加上中央集权的协调机制没有市场经济的自发性秩序有效。

没有哪一个经济体像解体的前苏联这样，在追求经济租时如此脆弱。俄罗斯有丰富的天然资源，俄罗斯本身的集权经济已经在生产、通信和运输方面，设置了许多独占事业。以往这些事业曾开放给西方企业，但现在想跟俄罗斯继续做生意的西方企业，必须取得政治关系和经济关系。从来没有这么多经济租是在如此短的时间内提供的。在这个过程中，受惠者就是政商关系良好的俄罗斯企业经理人及犯罪集团。布坎南模型描述的政治腐败与追求经济租的自我放大（self-amplifying）循环——公共选择，在此发展到极致。当寡头政治独裁者收买政客时，他们会要求进一步地支持。①

在俄罗斯，有很少的经济租是从稀有才能或企业竞争优势衍生而出的。才能到处都是，但能有效利用才能的组织却少之又少。有些俄罗斯企业相对于同行，拥有竞争优势没错，但在全球市场中却没有竞争优势可言。国际企业把本身的竞争优势带到俄罗斯，但是，想从俄罗斯的运作中衍生经济租，那只是未来的期望，而不是目前的现实状况。

艾文和欧嘉并未分享到俄罗斯追求经济租社会的经济租。借由替美国企业工作，艾文体验到美国企业的实际情况，根本不是以往政体所讽刺的那样。然而，AT&T 这家具有竞争优势的成功全球企业，在俄罗斯的营运并没有获利。虽然艾文的薪水很高，但是跟美国同等能力的员工相比，公司支付的薪水仍旧少很多。这就是艾文生活在一个协调效率不彰的环境中，所要付出的代价。这个环境在社会、政治和经济等方面发展出的惯例和制度，很少能当做强化市场经济的基础。

孟买

拉维跟往常一样和朋友谈论政治。他们谈论的重点是，印度有教养的年轻人对政府无法实现其潜能而感到受挫。英国在结构上仍对印度机构有着全面且肤浅的影响。拉维的会计师资格就是仿造英国的制度。对以往曾在伦敦

①弗里兰于2000年的著作《世纪拍卖——俄罗斯二次革命之内幕》。斯蒂芬·柯恩（Stephen F. Cohen）于2000年的著作《失败的改革运动——美洲与后共产主义俄罗斯的悲剧》（*Failed Crusade:America and the Tragedy of Post-Communist Russia*）。

银行工作的人来说，必定相当熟悉拉维任职银行的气氛。

拉维和朋友对结构进行无止尽的争辩，这也是由 20 世纪的大多数时间，掌控英国生活的温和社会主义所造成的（这种温和社会主义曾在英国政府成为主流，时间极短，但却涵盖印度独立的那段期间）。

然而，拉维和朋友的谈话主题，还有许多是跟印度的经济生活和社会环境有关。拉维跟朋友的争辩很激烈，但也充满笑声，这就是大家爱斗嘴的原因。他们会持续争辩到深夜。这些争辩会成为问题，而不是找出解决方案——这种事可从没发生过。

印度是自发性的，但是，瑞士和瑞典所展现的自发性秩序是，大家以能感受到的方向，接受分配到的角色——印度似乎扩大了自发性的混乱。亚罗和德布鲁的原则，以及复杂的数学运算，显示了混乱系统可能产生有秩序的结果。但是，这些原则和运算无法说明有秩序的结果确实能够出现。

相信经济制度将逐渐走向秩序化的最佳根据是，通过有纪律的多元主义的运作。印度具有多元主义的要素——多元文化是欢乐之一。但是，印度本身的多元主义通常缺乏纪律，而且在许多方面，印度社会一点也不多样化。

在帕伦波这样的村落里，个人的经济角色大多取决于种姓、宗教和性别。这种传统组织会建立分工——也就是其本身的经济功能。但是，它却是以不允许能力出现差异的方式进行，而且这样做根本无法开发能力，也无法轻易处理改变。拉维若不是出身在富裕人家，就无法保有现职。以印度的标准来看，这里所谓的富裕人家也就是孟买的中产阶级。唯有相当有才能又很幸运的人，才能在印度从卑微出身获得成就。娜汀妮会把儿子们带大，并对他们寄予厚望:但是她会逐渐明白，女儿也可能担当这些角色。

印度国家银行就其起源或意图来看，也不是一个多元主义的机构。印度国家银行通常以技术和诚信来追求目标，其目标为促进印度政府，以及国家银行董事与经理所认定的国家经济的发展。印度今日有日益竞争的银行制度，虽然竞争并非相当激烈——从莱斯特爵士以来，秉持一贯的看法并遵照群众的本能，一直是银行的本质。但是，即使孟买证券交易所也受到经济泡沫化的影响，在拉维的社交圈中，还有一些人是成功的企业家。拉维的两位朋友就受雇于加利福尼亚州的高科技公司。

在孟买，可以发现支持市场经济的制度正在萌芽。商人具有竞争优势、品牌和名声。印度充满许多合作的家族主义网络，有许多网络致力于追求经济租，许多网络则仍从事诈骗和贪污。拉维跟他的朋友都是诚实人，但也以熟知内情为傲。偶尔他们也会运用关系，好让事情顺利进行。而且，他们愈来愈明白，经济制度的成功协调并不是政府命令或个人关系的结果，而是组织制度产生的结果。

夸祖鲁纳塔尔

先前说的这一切，对于西赛罗在南非夸祖鲁纳塔尔的生活相距甚远。西赛罗以农业勉强维生，他继承父母和祖父母的生活方式，也期望自己的小孩这样做。对西赛罗来说，分工并未超越一些村民的能力范围，大家还是以栽种农作物和畜养动物为主——包括西赛罗在内的大多数村民，则是两者都做。

西赛罗通过哥哥派崔克跟国际经济产生联系。金矿会产生庞大的经济租，但是这些经济租大多落入发现者和采矿业者的口袋。这些企业并未在经济或政治上，发现任何分享经济租的必要性，所以他们并没有这么做。即使从相当自私的观点来看，这也可能不是一个明智决定。然而刚果、尼日利亚和沙特阿拉伯的经验说明了，贵重资源对贫穷国家来说，是福也是祸。

由西欧移民者带进南非的现代市场经济制度，被建立在以农业为主的传统经济上。移民者试图个别保留这两套制度，诱使无特殊技能的劳工从事简单农业，并保护低技能白人工作者的生活水准。这种不可能均衡的举动最后导致种族隔离——不仅在道德上令人厌恶，最后在政治和经济上也无法存续。但是，这对西赛罗并未造成太多影响。即使现在，西赛罗也没有从南非资源的经济租中获益。对国际经济来说，西赛罗一点也不重要，国际经济也对西赛罗不很重要。西赛罗并未从经济租或国际分工中获利，他的生活水准是以在贫瘠土地上的简单农业为主。跟撒哈拉沙漠周边非洲国家的大多数人口一样，西赛罗是全球物质生活水准最低的人之一。在西赛罗的世界里，偶尔有欢乐——对整个村落来说，办婚宴就能扩大庆祝——可是，生活还是很辛苦。

第六部　政治经济学

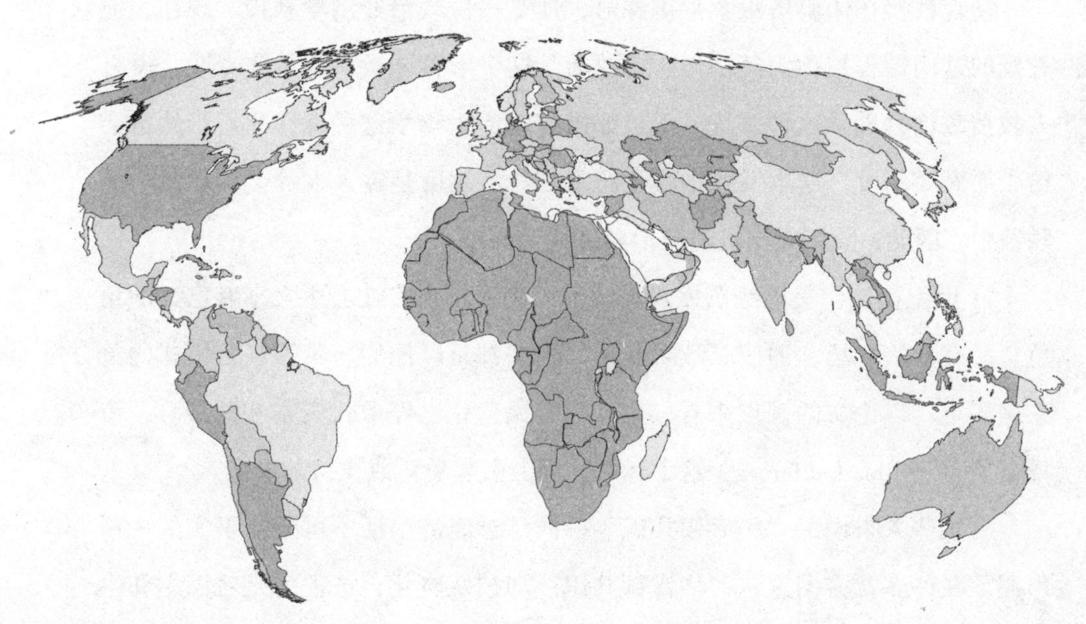

第二十六章　美国的经营模式

杨森教授在休谟塔跟学生讲课时，他是一位政治经济学教授。现在，他教授的这门课程被称为经济学。“政治”这个形容词被认为是非专业。没有人教授政治物理学这种课程，而且如果有政治生物学这种课，我们当然也会给予质疑。不过，这本书的中心主题是，经济制度是嵌入在社会和政治的关联性中，因此，我们无法逃避政治经济这个环节。

21 世纪初期，美国经营模式在政治经济上扮演着社会主义享有已久的角色。所有政治立场，即使是敌对立场，现在都是以他们与美国经营模式的关系来界定。以论文的观点来看，全球化和民营化已经取代资本和阶级。“市场竞争力”（market forces）这个标语，马上引起敌对或支持的反应。

对某些人来说，“华盛顿共识”一词是对经济生活不可避免事实的一项声明。在许多贫穷国家，“华盛顿共识”却被妖魔化，被视为是对民主和生活水准的一种攻击，甚至右派人士已经决定了政治辩论的措辞。

如同米尔顿·弗里德曼的清楚说明，美国经营模式的哲学是把政府当成裁判：

把人们的日常活动，跟日常活动所依循的一般惯例和法律结构加以区别，这是很重要的事。日常活动就像比赛时参赛者的行动，而结构就像参赛者所依循的规定。然后，政府在自由社会中的基本角色就是，提供一个方法，让我们可以调整规则、修正我们对规则意义的认知差异、强迫少数违规的人要遵守规则。[①]

美国经营模式的主张可分为四大类：

◎自利规则：自利唯物论支配人们的经济生活。

◎市场基本教义：市场应该自由运作，试图借由社会行动或政治行动来规范市场，几乎是不受欢迎的。

◎最小限度国家论：政府的经济角色不应过度延伸，或超越强制契约执行和私有财产权的范畴。政府本身不应提供物品和服务，或是拥有具生产力的资产。

◎低课税：虽然对资助最小限度国家的这些基本功能来说，课税是必要的，但是税率应该尽可能降低。而且，税务制度不应试图引发所得与财务的重分配。

在那些赞同美国经营模式的人士中，对于市场基本教义如何与最小限度国家协调一致，有两种看法存在：一些支持者相信，有必要以反托拉斯法保障竞争市场；另一派人士则认为，即使这种程度的政府干预也并不适当。

支持美国经营模式

美国经营模式的支持者建议的是一个方向，而不是在确认一个目标。花几天时间看看《华尔街日报》就能消除这种误解。美国经营模式的支持者包括学界人士——芝加哥学派已经以罗彻斯特大学为前哨，阳光普照的加利福尼亚州胡佛研究中心则是这些学者的隐居之处。

许多商业媒体都接受美国经营模式：《华尔街日报》那种美国经营模式

---

①米尔顿·弗里德曼于 1962 年的著作《资本主义与自由》，25 页。弗里德曼这本书可能是以社会及政治哲学的结构，说明美国经营模式的最佳著作。乔治·吉尔德（George F.Gilder）于 1984 年的著作《企业的精神》（*The Spirit of Enterprise*），就比较不严谨。

的冷酷语调，也能在《商业周刊》中发现。《福布斯》杂志的语气更为尖锐，而其出版的《福布斯 ASAP》的语气则近乎歇斯底里。

智囊团和组织加速了这些支持。美国企业研究院（American Enterprise Institute）一般被认为是比较学术、思虑深远的机构，而美国卡托研究所（Cato Institute）则比较不那么严谨。这些组织的成功已经让欧洲出现类似机构——经济事务研究院（Institute of Economic Affairs）位于英国，是与美国企业研究院性质相同的机构。

目前，企业意见的表达比福特的大声疾呼、或纳菲德爵士漫无边际的闲谈更为微妙：更不个人化、更谨慎、而且拥有专业沟通者。商业圆桌会议（Business Round Table）是由企业 CEO 组成、一种低调却强有力的游说团体。欧洲在 1983 年建立类似团体。新西兰的圆桌会议就对国家的"新自由"（neo-liberal）实验极有影响。

"华盛顿共识"一词在 20 世纪 90 年代开始使用。"华盛顿共识"与国际货币基金组织所倡导的政策有关，而与世界银行及美国财政部针对穷国和东欧的经济转型的关系不大。创造"华盛顿共识"一词的约翰·威廉姆森（John Williamson）也感到困惑不解。"原本意欲说明里根经济学（Reaganomics）结束后续存的技术官僚政策议题的术语，却被用来说明成欣然接受里根经济学最极致版本的意识形态，这究竟是怎么一回事？"

威廉姆森原先所提的建议做法相当谨慎。"在 1989 年受到挑战的策略，已经比当时被视为明智之举的行动更进一步地讲究国家统治主义……这种对自由化的需求，未必表示要彻底改变成市场基本教义和最小限度国家。但是，这种令人厌倦的可能性，却在 20 世纪 90 年代意识形态的争辩中受到抑制。"①

①威廉姆森于 2000 年的著作《新兴市场的汇率制度》（*Exchange Rate Regimes for Emerging Market*），255-256 页。

位于美国华盛顿首府的这三大机构，包括许多拥有很大自由的才能之士，大家各自独立、可以自由发表意见，没有统一口径。但是，国际货币基金组织在20世纪90年代努力推销一套协调一致的政策：民营化、开放金融市场、自由的资本移动，外加限定货币与财政政策。

在国际机构的暗语中，“结构改革”是指，向美国经营模式的原则迈进。不过，由国家机关宣传最小限度国家，本身就存在着矛盾。国际货币基金组织在20世纪90年代末期，饱受前所未有的批评，憎恨其政策的左派人士和轻视市场基本教义的右派人士都大加跶阀。

“全球化”是比“华盛顿共识”更模棱两可的术语。有时候，这个字眼说明现代世界的实情——通讯进步、让世界更互有关联；有时候，“全球化”是一种政策方案——温合、适用市场的评量方式，如同威廉姆森提出的华盛顿共识版本，或是完善的市场基本教义和最小限度国家等美国经营模式原则。通常，“全球化”是美国化的委婉说法，麦当劳速食店和高盛证券无所不在。现在，这个术语已被赋予太多含义，也存有过多的情绪影响力，以致无法发挥用处。

为美国经营模式辩护

在国际金融、企业和管理咨询公司中，可以发现对美国经营模式最强有力的支持。这种支持大多是轻率的。对里斯顿来说，美国经营模式的原则是无法避免的，因为全球企业将会往最接近这类原则的权限迈进。对托马斯·弗里德曼来说，全球化如同黎明破晓一样，不可避免。[①]如同宗教或政治基本教义派

① “即使我不太关心黎明，反正在这方面我能做的事也不多。”摘自托马斯·弗里德曼于1999年的著作《了解全球化——凌志汽车与橄榄树》，xviii页。

人士，市场基本教义派人士把美国经营模式的教训，视为不证自明和不可避免。

对于日本经济的评论，都不会忽略提及结构改革的必要性。由局外人所写或写给局外人看的新西兰改革说明，会引导读者认为这个实验相当成功。国际机构不得不使用统计数字做比较，但却断定这个实验如果不奏效，那是因为受试者对实验不够信任。

《华尔街日报》评论法国2002年大选，“认为法国不但货币稳定，企业界也蓬勃发展。这种经济表现显示，法国已经准备好处理经济问题——高赋税和过多的政府干预。法国运输基础设施和国营、民营混合的医保制度，让英国很丢脸。”[①]法国观察家有正当理由认为，《华尔街日报》的这个评论根本大错特错。如果法国产业的蓬勃发展会让其他国家丢脸，政策究竟出了什么问题?

这种把评量与成效相合并的做法，在国家“竞争力”的评量中达到极致形态。有趣的是，目前有两种互相竞争的竞争力调查。发表竞争力调查的两个机构分别是：达沃斯会议筹划单位——世界经济论坛，以及瑞士的国际管理学院。这些排名受到广大媒体的注意，也代表企业人士与赞同此类调查的经济学家之意见。

瑞士国际管理学院的“国际竞争力原则”，混合了各种事实与政策，像“国家繁荣反映出以往的经济表现”就属事实，而“国家对事业活动的干预应该减至最少”则为政策。欧洲重要国家在这些调查的评比上，大幅落后本身的实际经济表现。

当法国、意大利和日本等国的竞争力落后爱沙尼亚时，竞争力究竟意味什么？竞争力意味的是，国际机构对爱沙尼亚政策的影响远超过对法国、意大利或日本的影响。竞争力跟美国经营模式的政策互相搭配，所以美国总是在竞争力排行中居冠。

经济政策应该参照相关的经济表现做排序。要做到这样，我们必须区别

---

① 2002年6月13日的《华尔街日报》。

政策与绩效。平均国民生产总值或每工作一小时，都是显而易见的出发点。经济稳定（或许由通货膨胀和失业率来评量）当然有关，而环境和公共基础设施的品质也有关系。以这些标准做评量，挪威和瑞士可能是全球最成功的经济体。

其实，答案究竟是什么并不重要。重点是，美国是全球表现最好的经济体，这可不是马上就能理解的事。追求以自利、市场基本教义、最小限度国家和低课税为特质的社会，将不会从挪威开始，或在瑞士结束。经济史明确说明了，市场经济的表现比计划经济政体更优异。但是，经济史无法说明市场经济的任何特定模型的优异性。挪威和瑞士的“嵌入式市场”（embedded market）就特别与众不同。

美国经济需要受到瞩目，那是因为其规模庞大。美国的国内生产总值是挪威和瑞士加总值的 20 倍。以全球经济学家的人数来看，美国不但有最多的经济学家，而且优秀经济学家的比例也很惊人。美国也是全球创新的主要动力。但是，创新并非竞争优势的唯一来源（见第六章）。

瑞士在化学特制品和精密工程的优势，已经让瑞士的生产力水准和生活水准跟美国媲美。美国企业无法在一系列制造物品上维持竞争优势或比较优势这件事就说明了，为何美国制造业占国内生产总值的比率，低于欧洲的平均值。①

依据能力差异与专业为主的各式各样的国家竞争优势，定义了国际分工，并创造交易利得——美国生产软件、德国出口豪华轿车。即使有一种经济制度的最佳模型存在，让每个人都采用这个模型也不一定是适当的。更何况，这种一体适用的东西并不存在。

即使必须等到经济泡沫化的所有结果都出现，才能做最后裁定。但事实上，美国或许是 20 世纪 90 年代表现最好的主要经济体。不过，20 世纪 90 年代后期的一段期间内，美国生产力趋缓。如第三章所强调，以经济表现的差异来看，

---

①以 1997 年为例，制造业占美国国内生产总值的 16.6%，占欧盟国内生产总值的 19.3%。

富裕国家之间的差异一直比富国和贫国之间的差异更小、也更变化无常。

经济理论与经济效率

通常，我们会在一般原则的争论中，发现美国经营模式的个案。这本书跟伦理学或市场伦理学无关，而是与许多人重视的道德问题有关。有些支持美国经营模式的人认为，政府对经济事务采取行动，就等于是对自由的攻击，也是国家强制力的不当运用。契约自由需要的是最小限度的国家，市场基本教义和低课税是当前必然的结果。

虽然相信这种论点的人大多也相信，美国经营模式具有经济效率——或许，即使这个模式不具经济效率，他们还是会继续支持。如果市场有些规则会让每个人或大多数人的生活更富裕，他们仍旧会认定，由政府执行这些规则是错的。

其他人发现自利动机这个前提在道德上令人厌弃。即使事实如此，也不应该这样，社会制度应该限制贪婪，而不是包容贪婪。民主责任比市场匿名性更如人意。如果市场基本教义、最小限度国家和低课税对经济效率来说是有必要的，那么为了确保社会公正，就必须牺牲物质。但是，抱持这种观点的人也大多相信，这类牺牲并不大。

道德价值的冲突无法借经济来解决——或许这个冲突根本无法解决。本书所探讨的问题范围有限：这是政治结构与经济成效之间的关系。美国经营模式是物质繁荣的唯一途径，这个主张已经赋予它本身拥有政治力量和知性影响力。

我在本书第十五章和第十六章中，说明亚罗－德布鲁模型和福利经济学的基本定理如何结合诺齐克与罗尔斯的政治哲理，提出一个政治经济学理论。这是美国经营模式的知性基础。把诺齐克的保守政治哲学增加到这个组合中，产生最后的主张——低课税及非累进课税。

罗尔斯的一个做法引出了重分配市场自由主义。这个版本的政治经济学概括承受美国经营模式的前三个要素——自利、市场基本教义和最小限度国家，但却拒绝第四个要素——不允许重分配。对政府来说，使用课税和利益来确保所得公平分配，这样做既适当又有必要。自由市场是把国家提供的高水准社会福利与公共服务相结合。

支持重分配市场自由主义的人比支持美国经营模式的人，更不质疑政府干预的重要性，他们通常支持比较主动的竞争政策。我们就从亚罗－德布鲁模型与美国经营模式的共同假定——自利唯物论是影响经济行为的首要因素——开始说起。

贪婪好吗

即使是美国经营模式最狂热的支持者也承认，这项模式有一个公共关系问题存在。耶金与斯坦尼斯罗遗憾地承认："很少人在过世前，口中还会振振有词地说'自由市场'"。大家在临死前，口中会念着"斯大林"、"希特勒"或"圣战"（Jihad）。

这倒不难解释，但是自由市场就没有得到同样的称赞。希特勒和本拉登借由把其他人妖魔化，来号召追随者——美国经营模式则是把自己妖魔化。我们不喜欢美国经营模式，主要是因为它对我们的行为与特质做出了无聊的说明。

有些实践者沉溺在这种直言无讳的自我描述中。《认真办事》（*Mean Business*）的作者阿尔·邓拉普（Al Dunlap）写道："如果你想要朋友，就找狗当朋友。我可不想碰运气，像我就养了两只狗。"20世纪80年代最积极的投资银行所罗门兄弟公司（Salomon Brothers）董事长约翰·葛福伦德（John Gutfreund）表示，"成功的交易员必须在每天早上起床时，准备好对抗空头市场"。

在美国经营模式最极致的版本中，惋惜物质主义、把自私认为是一种恶行，这样做就错了。贪婪是好事——好人总吃亏。格林斯潘的导师兰德，提出了闲散但却尖锐的哲理，以“客观主义”（objectivism）为名，宣告自私的美德。极端个人主义的逻辑推论是，关心别人是我们觉得自发性的一种情绪。私人慈善机构是重分配的唯一适当机构，由社群提出的任何主张都会侵害我们的自治。

以另一种观点来看，困惑亚里士多德和现今伟大思想家的道德问题，在混乱与善意的模糊不清中消失。“企业社会责任”的现代倡导者和富有善心的企业人士声称，唯有自利才足以广泛说明自利与公益活动之间并无冲突。如同查尔斯·威尔逊（Charles Wilson）的主张：“对我们国家有利的事，就对通用汽车有利。反之亦然。”历史把威尔逊的所言解释为诽谤。但是，这只是太天真的说法。

好像更有道理的主张是，经济生活与大众道德之间只有一种对立。适合企业的价值观就跟适合我们私生活的价值观不同。如同歌德在工业革命刚开始时所观察到的：“我们必须小心翼翼，把适合企业的每件事跟我们的生活区分开来。”①歌德的见解与米尔顿·弗里德曼的见解相呼应：“企业的社会责任是要把本身的获利最大化。”②

由于这项见解对企业人士的行为几乎没有设限，因此被许多企业人士接受，结果是造成知识分子对企业和企业人士的鄙视。脾气暴躁的企业人士就被戏称为“葛佛瑞德蜘蛛王”——“它们螫咬其他昆虫，让其他昆虫瘫痪，然后在昆虫的背上产卵。孵出的小蜘蛛在能吞噬财喜蛛（一种小蜘蛛）前的六个月内，就利用昆虫的血做为食物来源。”③迈克尔·瓦尔泽（Michael Walzer）等哲学家，则以复杂措辞说明经济价值与一般价值之间的对立。瓦尔泽确认“司法领域”（spheres of justice），也就是区别市场适当界限的标准。

---

①哥德于1809年的著作《选择的亲和》（*Elective Affinities*），英译版于1971年出版，45页。

② 1970年9月13日的《纽约时报》。

③引述自英国博物馆分类学家伊恩·高尔德（Ian Gauld）所言，详见朱莉娅·马汀（Jullia Vitullo-Martin）和罗伯特·莫斯金（Robert Moskin）于1994年的著作《主管的报价书》（*The Executive's Book of Quotations*）。

贪婪是动机

在美国经营模式中，关于人类行为描述的主要反对，并不在于这类行为是“不道德的”，而是认为这类行为是“不对的”。贪婪是人类的特质之一，但对大多数人来说，贪婪并不是主要特质。以贪婪为主要动机的少数人，并不是我们所钦佩的人。我们也不认为他们是成功人士——他们“并没有在时间的洪流中留下足迹”。

当我们看到史上最富有的女士海蒂·格林（Hetty Green）穿着二手衣（二手衣的真谛是，一种环保节约的态度），确定受伤的儿子能住进慈善医院时，我们觉得很悲哀，甚至同情她竟然把事情搞得一团糟。我们对于美好生活的感受，跟亚里士多德在2000多年前描述的状况差不多。我们大多数人仍旧认为梭罗这个主张——没有获得庞大财富者，就定义上来说是次等人——很奇怪。

政治吸引像莫布杜这类为金钱报酬所惑的人，即使莫布杜更有兴趣把金钱当做一个权力工具，而不是以金钱为目的。具生产力的经济体已经采纳有系统且经常奏效的政策，并把这类人士排除在公众生活之外。现在进入欧美政界的人，可能有其他的个性缺陷，但却没有这项缺点。

现代企业无法吸引真正的贪婪，无耻的房地产商霍赫斯特拉滕（Hoogstraten）说过：“像我这样拥有庞大财富的唯一目的是，让自己跟下等人区分开来”。不久后，霍赫斯特拉滕就被判入狱。建立成功企业需要相当多的能力和辛勤工作。

从19世纪写出“富着死去的人死得可耻”（The man who dies rich dies disgraced）的钢铁大亨安德鲁·卡内基（Andrew Carnegie），到20世纪的盖茨，成功的企业人士都认为，打造成功企业是首要目标，而非中间目标。当卡内基和盖茨宣布他们打垮竞争对手的意图时，他们并不是设法说服我们去喜欢他们或钦佩他们。

即使在金融服务方面，自利也不是主要动机。唐纳德·川普（Donald Trump）或许是近20年来，最积极且生活奢侈的美国商人。不过，川普在自传一开始就这样说："我不是为了钱而这么做。"他继续补充说："我的钱够多了，比我需要的多得多。我之所以这样做，是因为我喜欢这么做。交易就是我的艺术形式。"

投资巨子巴菲特的动机是什么呢？他的动机比较复杂。巴菲特的传记作者写道："'并不是我想要钱，'巴菲特回答，'是因为赚钱并看着钱愈滚愈多，这件事好玩极了。'"这大概是巴菲特为何迄今仍住在奥马哈别墅，最大的享受莫过于一块内布拉斯加牛排，或是喝一杯樱桃味可口可乐的原因。

所罗门兄弟公司的债券交易员的宏愿，被刘易斯描述成——要被同行视为"大老二"（译者注：这本书写的是超级债权交易员，这些人有个不太雅的统称，叫大老二 Big Swinging Dick)）。李文斯指出，"真正鞭策交易员积极努力工作的因素，不是他们的薪水水准，而是他们跟其他债券交易员的薪水比较。"

这并未否定自利唯物论是经济生活的重要特质。以吸引大家为公益组织工作为主的经济制度终将失败。但是，在现代经济、社会和政治生活的复杂制度——正式法规和不明说的规则、名声与协调的机制、合作的本能与结构、休戚与共的感受——自利就成为必要的预防措施。

没有自利，亚罗与哈恩的问题："以个人贪婪为动机，并由极大多数不同行为者掌控的经济，会是什么模样？"答案其实就是他们所引述的常识——情况将一片混乱。现代社会并未发展出一套道德规范，限制及非难私利唯物论免于邪恶欲望、抑制企业恶魔。

经济动机错综复杂、多面向，也未必具一致性。人类行为的研究是以经验为根据的主题，不能只靠内省和优先顺序的假定，更不应依据跟经验无关的内省与优先顺序的假定。最好的出发点是，期望人类行为将具有适应性——

人们会表现出一般预期在自身处境中的行为方式。有时候，这种期望有误。否则的话，经济就无法发展。

财产权

美国经营模式相当强调财产是一种制度的重要性。这种制度重要到，让美国国防成为国家的主要功能。一般来说，亚罗－德布鲁模型的框架以财产权的分配为出发点，其假定主张使得财产权的本质显而易见。但是，财产权是由社会所建构，能用许多方式界定，并以许多方式分配给个人、家庭和企业。

米尔顿·弗里德曼跟许多较不老练的追随者不同，他清楚地了解此事。“财产权的构成要素和财产所有权授予的权利，是复杂的社会产物，而非不证自明的主张。”但是，米尔顿·弗里德曼继续说道：“在许多情况下，明确界定且广为接受的财产定义，比定义为何更重要得多。”

不过，米尔顿·弗里德曼并未替上述推论提出相应的证据，经济史和地理学的经验显示的情况刚好相反。农业、就业和有限责任公司的发展，就是财产权的定义更迭的演变。财产权的正当性决定了阿根廷与澳大利亚不同的经济经验。

现在，我们继续为知识产权的范畴，还有多元化社会媒体法规的本质进行争辩。要认清目前互联网和基因组在技术与制度的共同演变，日后会如何跟不上时代，这可不是一件容易的事。但是，没有人会认为这些争辩的结果是无关紧要的。

“让他们偷吧，”俄罗斯前副总理丘拜斯所言，也反映出米尔顿·弗里德曼的见解。[①]对于主张私有财产权制度是市场经济唯一条件的人士来说，俄

①弗里兰德2000年的著作《世纪拍卖——俄罗斯二次革命之内幕》，67-68页。

罗斯的经济灾难是他们的永久耻辱——经济制度的特质被过度简化为财产权。但是，经济制度的特质其实是富裕国家与贫穷国家间的最重要差异。

许多不同的财产权制度可能对经济效率产生不同的影响，这种可能性对亚罗－德布鲁模型的效率主张加诸了严厉的限制。福利经济学的基本定理唯有在重视财产权特定结构的情况下才能成真。于是，我们不可能再主张，任何特定竞争均衡具有帕累托效率。不同的财产权制度可能——而且非常可能——让大家的生活更为富裕。

市场的真相

有关财产权动机和单纯化的误解，只是问题的一部分。市场唯有嵌入于对美国经营模式不太负责（或根本不负责）的社会制度中，才得以有效运作。

◎复杂现代经济中的信息必定不足也不完备。

当买家与卖家之间出现重大的信息差异时，竞争市场就无法运作。交易通常是发生在社会关系中。我们宁可跟认识的人交易，或者仰赖可靠的供应商或品牌。这种社会关联性的继续发展，对这些信息差异（不对称）的处理是不可或缺的（第十八章）。

◎风险市场并未像第十二章所说的效率市场模型那样运作。

我们面临的大多数重要风险，并不是通过市场来处理，而是通过家庭、社区和政府来解决。把证券市场说成复杂的专业赌博比较贴切，因为证券市场比较不像把风险承担成本最小化，以及在不同行业间有效分配资金的一种制度（第十九章）。

◎大多数经济活动无法由客观市场中的大多数可能买主与可能卖家的协商所构成。

我们必须在组织和团队中工作，并在小团体中合作。讲究自利的个人通常无法彼此合作，即使在对双方最为有利的情况下也一样。组织文化、道德观和职场生活与社交生活的混合，对有效合作来说，都是不可或缺的（第二十章）。

◎通过自发性秩序的机制会比通过中央命令的方式，更能达到有效协调。

事实通常是这样，没错。不过，自发性秩序不会马上出现，也不一定会出现。许多协调机制是政府干预、社会制度，以及企业间协定的产物（第二十一章）。

◎知识和信息是复杂现代经济中的关键产物。

在竞争市场中，每种商品都有许多买家和卖家，因此无法产出知识和信息。发明的兴奋和慈善行为的满足感，这些非物质动机一直是激励重大创新、而非追求获利的更重要因素（第二十二章）。

美国经营模式并不完备，因为它对人类动机的问题采取过于天真的做法，对于财产权结构的分析也过于简化，在面临不完全信息时也无法维持效率，又对风险市场做出令人误解的说明，还掩饰合作及协调的问题，并且无法说明本身成功所仰赖的新知识是如何产生的。

所得与财富的分配

美国经营模式还有一个最终的问题——由美国经营模式产生的所得与财富，其在分配上的正当性。美国经营模式的第四个前提，否定政府关切这类分配的适当性。如果所得与财富的差异是生产力差异的结果，那么这一切也该是努力、才能与技能等差异的结果。所得与财富的重分配，就可能没有效率。如果不同的努力、才能和技能所得到的报酬受到抑制，那么才能和技能就无法充分开发。这并不是反对重分配的最终主张，但是重分配可能牵涉到，它会让经济效率付出极高的代价。

不过，第二十四章提到，我们很难相信，所得与财富的差异完全由（或主要由）努力、才能和技能的差异来解释。为什么海蒂比拉维赚更多钱？为什么斯凡比艾文赚更多钱？为什么西赛罗这么穷？盖茨对个人电脑业做出重大贡献，他的财富让他可以在后半辈子，每年拿到50亿美元的收入。他的努力、才能和技能真的这么非凡出众吗？跟杜林相比，盖茨拿的薪水是杜林的好几千倍，这样合理吗？比方说，如果盖茨比较不努力，他以后每年的收入就会减少到10亿美元吗？

如果盖茨待在家里不上班，美国国内生产总值就会减少50亿美元，那么我们付50亿美元请他上班，我们的生活都能更富裕。但是，这种情况不太可能成真。我们当然不知道，这种情况是不是真的。即使真的这样，我们可能会跟盖茨商量，或许让他同意每年只拿10亿美元工作。盖茨的大多数报酬是经济租。我推测，跟一大早挣扎一番才起床工作、且薪水少很多的人相比，盖茨更热爱工作。

彭博财经台节目中的电视名嘴，还有交易所中的那些人，他们的情况又如何呢？对雇主来说，他们很有价值，所以他们能拿到几百万美元的奖金。但是，交易获利大多是套利收益，对国内生产总值的影响极小。如果证券市场比较不活络，交易量少些，国内生产总值可能会高一些。

企业主管获得高薪，并不是因为他们的生产力——这是不可能评量的，而是因为他们的议价能力。他们能拿到所掌控经济租的一部分。市场报酬取决于方式的复杂性，让我们不可能争论这类报酬是否一定公平或一定具有效率。不过，像米尔顿·弗里德曼和诺齐克这些考虑周到的保守人士，不会做出这种主张。

有些人可能认同这个主张，但是许多人并不认同。意见分歧本身就是一大问题。如果市场经济中所得与财富的分配，无法广泛符合正当性的分摊概念，这种分配就可能引发代价昂贵的纷争。诉讼和犯罪的直接成本与间接成本，可能是市场经济的重大负担。在阿根廷及现代俄罗斯，正当性的问题引发的政治结构，已经阻碍了经济的有效发展。

美国经营模式与美国经济

如果美国经营模式无法合理说明市场经济如何运作，那为什么美国经济如此成功？现在，答案应该很明显——美国经营模式并未说明美国的经济。我们不会认为挪威或瑞士的社会居民特别自私自利。但是，我们也不会认为美国社会是这样。

我们反而指出，尼日利亚或海地等国家，社会信任基础不足，所以市场经济难以发展，社会居民只好讲究自利。或者，我们指出，高山族群的社会制度一直被逆境所破坏，无情的利己主义已经导致经济衰退的恶性循环。①

组成支持团体来提升个人生活与家庭生活，但却不涉及政府过程的能力，一直是美国社会特有的特质。托克维尔再次强调："地球上最民主的社会已经出现，现在我们已经懂得追求共同愿望目标的窍门，也已经把这个新技术做了最有效的应用。"富裕国家的市场经济仰赖这类制度。

目前最重要的是企业。企业人（corporate man）意指在企业中埋头苦干的个人，这正是美国社会的缩影，企业人一度成为笑柄。但是不论男女，企业人却是让美国经济生活更富裕、更满足的社会个体。

---

①特恩布尔于1973年的著作《高山族群》。

第二十七章 超越美国的经营模式

英国知名记者贺顿的著作《我们所处的世界》（*The State We're In*），在1995年意外地成为英国畅销书。在这本书中，贺顿掌握到大众反对撒切尔夫人改革的时势。第二年，维维亚娜·弗雷斯特尔（Viviane Forrester）的著作《恐怖经济》（*L'Horreur economique*），连续几周在法国畅销书排行榜居冠。

贺顿是见闻广博的经济记者。弗雷斯特尔虽然是路易达孚（Louis Dreyfus）家族的后代，但却是一位小说家兼文学评论家，她的经历和作品从未透露过她有任何资格对企业问题发表评论。

1999年西雅图暴动后，反全球化书籍纷纷出现，克莱恩的《没有标志》（*No Logo*）、诺瑞娜·赫兹（Noreena Hertz）的《当企业购并国家》（*The Silent Takeover*）、乔治·蒙贝尔特（George Monbiot）的《被俘的国家》（*Captive State*）就是这类书籍。马克思主义的用语被引用于迈克尔·哈德特（Michael Hardt）与安东尼奥·内哥利（Antonio Negri）合著的《帝国》（*Empire*）中。

重要的不只是这些书籍在欧洲找到一个庞大市场，它们还是欧洲唯一畅销的商业与经济学书籍，这些书表达出欧洲受教育人士的愤怒和挫折。在学术圈或艺术圈、在宗教领袖之间，以及对非企业界的成功人士来说，市场、市场经济和市场竞争力都是虐待的用语。

2001年5月1日，示威者聚集在伦敦谴责美国经营模式。从1789年突击巴士底监狱到2001年围攻热那亚，群众不放过任何一个丢石头的机会，他们当中也有穿着凉鞋、骑着自行车抗议的人，他们希望世界变得更美好。有一位抗议者拿的海报写着：“资本主义应该被更美好的事物取代。”

这个口号反映了现代反资本主义的无条理性。示威者在反对什么，这是很清楚的事，但是他们却不清楚自己支持什么。赫兹女士意见中的困惑显而易见，从她谴责“消费主义等同于经济政策的世界，企业四处散播他们的口号，以帝国规则抑制国家。”赫兹承认：“现在，从许多方面来看，企业比任何机构更做好准备，要在大多数发展中国家扮演主要的正义代言人。”

赫兹的答案（不管意味什么）就是重申国家权力。[①]虽然哈德特与内哥利不再追求社会改造，但却要求自由移民，要求有权取得社会所得，以及生产方式的重新分配（不管怎样分配）。

这种迷惑扩及到欧洲左派人士。他们抛弃社会主义的起源，不过，失去意识形态让他们更容易当选，尤其是欧洲选民群起反对美国经营模式，认为这种模式太过分。迈入21世纪后，左派人士开始在英国、法国和德国掌权。

在英国和德国（法国的情况比较少），原本社会主义党派拥护市场竞争力，但是其改变的主张是肤浅的、不乐观的。布莱尔的“第三条路”（third way）就在陈词滥调和嘲弄中逐渐势微。不过，新中间偏左计划唯有安置在一个适合新世纪、且前后一致的政治经济中，才能获得成功。

东欧社会主义的失败也为欧洲中间偏右派人士创造了两难困境。英国保守党在进入20世纪90年代时，秉持两个不同的传统：一为拥护美国经营模式的自由个人主义者；一为强调制度延续性的保守传统主义者。

这整个世纪中，两者一直通过共同的敌人——社会主义——而结合为一体，但是，这个接合剂在柏林墙倒塌后，也随之粉碎。在撒切尔夫人执政时，个人主义者首度战胜传统主义者，但是，这种胜利并不持久。尽管撒切尔政

---

①赫兹于2001年的著作《当企业购并国家》，6、188页。

权获胜，但致力于美国经营模式的欧洲政党，通常是不会当选的。

社会民主主义

欧洲从第二次世界大战后的政治经济，一直是由社会民主主义所支配。不过，这种情况已经失败，尤其在战后的种族乐观主义最后幻灭的英国，情况更是如此。在1974～1979年，弱势工党在英国执政期间，大家对国营企业、公众服务和福利国家的不满声四起。英国常被说成难以控制。

撒切尔夫人于1979年当选首相，废弃所有社会民主主义的机构。顺利推动对工会的攻击，拆除政府、雇主与劳工之间集体对话的习惯与制度，把大多数国营产业民营化。工党于1997年重新掌握政权时，以“新工党”为名，与以往的社会民主主义保持距离。

长久以来，瑞典被视为是社会民主主义的范本，但是这个典范却光彩渐失。社会民主党（Social Democratic Party）似乎从1946年起，就一直主掌瑞典政权，直到1976年失去政权——1991年又重获政权。在一段很长时间内，瑞典的国内生产总值强势增长、社会凝聚力极强，让世人相当欣羡。但是近期的经济增长却是欧洲国家中最令人失望的国家之一。

社会民主主义的全盛时期从第二次世界大战后，到20世纪60年代为止。英国、甚至美国都跟计划经济奋战，前苏联在资源调度上展现出惊人能力。除了德国以外，大多数欧洲国家跟企业、工会和政府依据一个中央国家计划，建立合伙关系。这些计划避开了共产主义方向的细节，但却制定了充满野心的目标。

但是，现代经济需要许多小决定。洗衣剂应该做成液态的洗衣精还是固态的洗衣粉？发电厂中应该安装多大尺寸的涡轮机？我们应该栽种更多康乃馨还是更多玫瑰花？我们无法通过民主政治选择做出这些决定：民主机制太慢又太麻烦，参与民主机制的个人缺乏信息和专业能力。社会民主主义者曾衷心相信，这些问题可以被解决。

在英国国家健康中心（National Health Service）设立时，安奈林·贝文（Aneurin Bevan）宣布："卓德嘉（Tredegar）医院便盆掉落的声响，会在英国国会里回响。"对某些人来说，20世纪60年代的信息技术的发展似乎提供了解答：在国家经济和个别企业方面，民主原则可由现代电脑加以落实。有些现代社会民主主义者仍执著于这个错觉，认为参与是目的，技术是手段。对托尼·纪登斯（Tony Giddens）来说，"建立权力的唯一途径是通过民主制度。新个人主义可以避免腐败权力，但却要求权力改以主动或参与为基础。"

在实务上，这意味着什么？"通过'用民主实验'——地方直接民主制度、电子化全民投票、人民陪审团等做法，更直接接触人民，人民也更直接接触政府。瑞典在20年前就用过这种做法，由政府邀集大众直接参与能源政策的制定。政府、工会、党派和教育机构开办有关能源政策的一日课程。只要参与过这个课程，就能对政府提出正式建议。结果，7万名群众参与了这次运作，决定出了能源政策。"①

代议式民主与参与式民主的比较

纪登斯让以往代议式民主和参与式民主的争辩重新展开：在参与式民主中，每个决定是个人希望的总和；代议式民主则是授予政治领袖权力，并确保定期争取权力行使权。在两个世纪前，柏克在对布里斯托的选民发表演说时，提出这些问题。柏克主张，他不只是选民的使节，也是选民的代表。

纪登斯不是唯一主张现代技术让参与式民主成真、现代个人主义让参与

①纪登斯于1998年的著作《第三条道路——社会民主主义的复兴》（*The Third Way: The Renewal of Social Democracy*），66、75-76页。

主义有必要性的人。不过，复杂的现代经济或许无法经由参与式政治来指挥。信息的问题很重要。电脑管理资料，但是储存资料和计算资料都不是问题所在。我们需要定性（qualitative）信息，也需要定量（quantitative）信息，但这些信息大多是不可知的。这一切遭遇到诱因相容的问题。我们是根据我们预期信息会被使用的意图，提供信息给顾客或选民、经理人或员工。

关于能源政策的一日课程，时间并不长，但却能排除瑞典 99% 的人口参与此事。参与全国选举的投票，只是每四或五年花几分钟时间。结果许多欧洲国家的投票率都超过 80%；不过，英国的投票率将近 2/3；美国的投票率则只超过 50%。针对的议题较小、次数较频繁的选举，投票率就比较低。“社会民主主义的麻烦在于，要花太多个晚上。”[①]大多数人对家庭生活和休闲娱乐，比对政治活动更有兴趣。代议式制度——政治会议或公听会——参加者是不具代表性的个人。如果他们真的代表个人，他们应该在家看电视才对。

因此，医保与教育机构的管理单位，是由从事医保和教育的人士（有兴趣及有诱因投入时间者），以及对医保和教育有强势见解者所支配。而他们的见解可能或不可能跟大众分享。当地政府是由希望取得合约、并建立关系的当地企业人士所效劳。参加重大计划公听会的，都是营建公司和专业抗议人士。参与式民主的处理成本太高，所做出的决定既不具有适应性、也不具有代表性。技术改变此事的方式——政府网站、寄电子邮件给总统，以及电子化投票——这些根本只是表面作法。而且如同我们在第七章所见，没有任何事能阻止参与者投票给一个不具一致性的提案。

代议式民主借由把权力让给决策者，理想上是给像柏克这样诚实的人，由他费劲做出选择来处理这些问题。代议式民主确保重新选举或无法重新选举，都是依据选民对诚信和能力的评价。代议式民主本身就是一种有纪律多

①英国剧作家奥斯卡·王尔德（Oscar Wilde）所言。

元主义的机制。本质上，政府是一种独占，代议式民主为这种独占建立竞争，这是一个强有力的挑选机制。

不过，界定成功的标准并不存在。我们不需要回答政客的问题——“我必须怎么做，才能确定再次被选上？”——定义工作本身就是工作的一部分。而且，没有抗议——英国选民在第二次世界大战中，借由把丘吉尔赶出办公室的方式庆祝胜利，这样做或许不公平。代议式民主是本身经过挑选的机制。虽然德国在 1933 ~ 1945 年，因为纳粹政权而遭到了最全面的破坏，也让人类惨遭暴行并付出了可观的物质代价。但是，在富裕国家中，所有破坏这种制度的尝试，不久后都遭致失败。

复杂的现代经济无法通过参与式民主来管理。现代民主在决策上没有大众参与，而是使用多元主义和有纪律的过程来建立决策者的正当权力。唯有在中央集权减少、制定集权控制的权力手段下，社会民主主义控制经济政策才行得通。这就是法国这个最成功的社会民主主义国家的现况。

法国的社会民主主义

法国和美国对彼此经济制度的嫌恶，几乎就像滑稽影片。在弗雷斯特尔的现代反美国辩论出版以前，米歇尔·阿尔伯特（Michel Albert）的《资本主义反对资本主义》（*Capitalisme contre capitalisme*）及查尔斯·塞尔旺·施赖贝尔（Charles Servan-Schreiber）的《美国的挑战》（*The American Challenge*），这些著作早已对美国观点大表不满。《纽约时报》通过托马斯·弗里德曼和欧洲特派员罗杰·柯恩（Roger Cohen），刊出反法国观点的长篇大论。《华尔街日报》在这方面也不落人后。

但是，法国和美国都是富裕国家。经过 40 年，到了 20 世纪 90 年代，美国已经比法国更迅速成长。美国的平均国内生产总值约比法国高出 20%，但法国的工时却比美国少 20%，所以两个国家的每小时产出其实差不多。从统计观点来看，两国之间的差异是，法国人有时间享用午餐，还有长达5周的休假。

为何社会民主主义在法国一直很成功，在英国却不成功，原因可能要写另一本书才说得清楚，而这也并不是本书的探讨主题。法国的社会民主主义并非参与式民主，政府体制几乎不竞争。不管谁当选，公众服务的经济管理和控制仍旧掌握在同一群核心干部手中。在战后时期，资深政治家（不论党派）、公务员和大多数法国大企业的管理高层，一直源自于单一精英阶层，他们经过严密精英阶层挑选而出，都是法国名校训练出来的人才。这个政治阶层治理西欧国家中最集权的部分。

在英国，政治家、公务员、企业领袖和国营事业经理人有着不同的背景、训练和经验。大家彼此的观念不同，而且最常见到的是，彼此公然轻视对方。英国不关注政治的公职服务，以及政策与执行之间的区别，但这种情况并未在法国出现：巴黎的部长会跟与其意见一致的内阁成员一起工作。

法国官员以产出为导向，但是在政治上采取中立的英国官员，更关注适当流程。在英国，井然有序的决策比决策本身产生有益结果更重要，反正决策结果可能不会被评量或报导出来，英国电力产业的决策即为一例。从巴黎到伦敦的火车——欧洲之星（Eurostar）就是最有力的象征：火车从巴黎北站开始沿着高速铁轨行驶到隧道，出了隧道后，在肯特郡减速行驶，最后抵达英国人挑衅命名的伦敦滑铁卢车站。法国政府认为这条路线显然具有国家利益，所以排除众议，进行这个兼具诱因和强硬手段的铁路路线。英国混乱的参与式民主过程，刚好满足一些自利异议者和自我加诸的束缚，结果海底隧道打通后，英国拖了 10 年时间才把铁路打造好。

电力产业也说明同样的差异。英国与法国在进行大型核电方案上，都做出错误的集中管理决定。法国有效地发动反应器（依据美国压水式技术），而英国的方案本身就是政商利益冲突下的折中物，后来延宕25年，没有做出任何成效。

在欧盟的发展中，即使大多数工作是由英国和德国分摊，但目标导向却让法国成为了主导国家。如同欧洲之星的例子所示，法国公众服务的技术绝佳，只不过对顾客不那么友善，而且法国人民也以此为傲。在英国，群众的不满声四起，执政党和在野党间的关系也很紧张。这些势力破坏英国国营事业，也逐渐损害英国的医保制度和教育制度。法国是社会民主主义的最佳尝试，社会民主主义并不是坏事。

社会民主主义的问题

在法国，大家对安纳分子（Enarchs，译注：即法国国立行政大学的优秀毕业生，最高级别是财政督察官）的规定愈来愈不满。2002 年法国总统大选第一轮投票，人民党候选人勒庞领先社会党候选人兼现任总理若斯潘，改选后由希拉克出任总统。希拉克不顾传统精英惯例，向外寻找若斯潘的继承人。法国表现出英国在 20 世纪 70 年代遭遇的一些“难以控制的问题”——这是不计代价想维持共识的产物。但是，法国不可能出现撒切尔式的改革。而且，集权制度允许大规模错误，如同血液供应或里昂信贷银行（Credit Lyonnais）和维旺迪环球集团（Vivendi）的商业失败。

讽刺的是，英国社会主义最明显的失败，竟然是现代社会民主主义最善辩的发言人托尼·克罗斯兰（Tony Crosland）的遗物。综合式教育的推动立意良善，原本是想打破英国社会的阶级界线，但是这项实验不但没有达到目标，还降低了教育水准。问题不在实验本身，而在于中央计划提案的常见特质——规模有问题、缺乏对结果的独立监督，以及太慢承认失败。[①]

---

①卡罗琳·宾恩（Caroline Benn）与克莱德·奇蒂（Clyde Chitty）于 1996 年的著作《综合性教育 30 年》（*Thirty Years On: Is Comprehensive Education Alive and Well or Struggling to Survive？*）

在代议式民主中，政治家承受压力，必须做出让选民满意的决定。在民主制度中，公务员承受压力，要做出让上级满意的决定。这些压力未必都跟把稀有资源分配给不同竞争意图有关，也未必跟发电等资源分配的重大议题有关，或跟调配洗衣剂的最佳方式等小问题有关。政治人士不具备做出这类决定应有的知识或信息，他们所主导的制度也绝对无法提供他们这些东西。

如果我们需要为未来 50 年制定一个单一集权能源策略，可能是由安纳分子遵照普洛登爵士，以及其委员会制定出最佳决定。但是，安纳分子弄错了，普洛登爵士更是错得离谱——如果当时没有做出这类决定，情况反而会更好。能源政策不只跟重大情况的问题有关：涡轮机的尺寸跟使用的燃料一样重要。没有人知道这些大大小小问题的答案，而且只能通过不断摸索——也就是通过有纪律多元化的过程，才能找出解决办法。

企业人士并非与生俱来就比政治家或公务员更擅长做出经济决定。他们通常也跟政治人士一样很自大、固执己见，身边也围绕着阿谀奉承者，但是在市场经济中，企业人士在迅速公开呈现“选择是否明智”的环境中做决定。在社会民主主义中，这种客观纪律由决策者的呈报对象（选民、政治人士或更资深官员）对声望的要求所取代。

市场经济中的正当权力

“在传统与惯例逐渐失势的社会中，建立权力的唯一途径就是通过民主政治。”如果权力的唯一适当来源是民主政治，我们很容易了解，在富裕国家中运作，以及比贫穷国家拥有更多资源的企业活动，为何会引起关切。但是，现代富裕国家中的权力和认知都与同意有关——包括国家权力在内的权力，只能在正当性范围内行使。这就是为什么格林斯潘在年轻时，认为这种主张很荒谬——“武装部队是法规的基础。在堆积如山的文件作业底下，藏着一把枪。”[①]在民主国家中，如果你需要一把枪来实施法规，你一定会失败。

民主国家的强制力有限，民主国家也没有强制的独占权。斯大林的愚蠢问题——“罗马教皇拥有多少部队？”正是格林斯潘错误的翻版。在经济领域外，承认精神领袖、宗教领袖和知性领袖及其权力的正当性，并没有什么困难，因为这项权利并非通过民主选举而获得。这些人的权力基础可能是传统和惯例，更常见的是其本身所获得的尊敬。矛盾的是，当反资本主义示威者质疑企业权力的正当性时，却维护本身未经选举非营利组织的正当性。

在现代社会中，权力有许多来源。在市场上获得成功，就是权力的来源之一。英国连锁超市森斯伯瑞（Sainsbury）的管理阶层享受以往由管理杂货所获效能的正当性。这项主张在20世纪90年代被异想天开地延展到极致。“微软公司应该主张，我们有独占权，因为是顾客想要我们拥有独占权。”[②]对《华尔街日报》来说，市场的裁定推翻了法院的裁定，市场的裁定也以更多权力表达人们的意愿，这些权力超过司法院运用民主方式指派官员的权力。“市场是投票机器，他们借由公投来运作。”

一项争论分裂为两个难获支持的立场，居中仲裁就是令人受挫的事。从一方面来看，企业的目的是要依据民主方向行善。从另一方面来看，企业的唯一功能是把股东价值最大化。这两项主张都未提出一个支持企业经济的可行基础。米尔顿·弗里德曼主张“企业的社会责任是把本身获利最大化”时，他马上提出有关抗议者的问题：为什么在民主社会中，这类企业应该被允许行使势力和权力？为了产生我们大家所要的产品和服务，企业有必要存在，这个实际答案打败了米尔顿·弗里德曼的主张。如果我们因为企业生产我们所要的产品和服务，而给予企业权力，这就定义了企业的社会责任。

---

①引述自格林斯潘，摘自兰德于1967年的著作《资本主义》。

② 1999年11月8日的《华尔街日报》。

企业可能以获利为目标，这并没有什么不对，但是企业的目标和责任并不相同。海蒂的主要目标可能是家庭福利，但是她的责任是教导学生。就是因为这个基础，海蒂被允许在教室里教书，她在接受这些义务时，并未遭遇什么特别的难题。

资本主义组织的正当性并非不证自明——必须找到正当理由才行。环境愈竞争，就愈容易找到正当理由。当我们可以选择把权力给谁时，我们就更愿意授予权力。这是民主主义的基本教训——而且，当行使权力者不论是在投票还是在市场中，通过竞争获得成功，我们会更愿意授予其权力。

在市场中获取的正当性局限于市场范围内。企业没有适当权力去干涉那些民主过程中的理所当然的主题。例如，低课税的好处或保护雨林的重要性，这就是为什么企业的政治游说并不适当，要求企业负社会责任会造成误解。只要企业权力被竞争压制，在一定范围内被限制，也只能在各企业不会享有过多权力的情况下行使——受到有纪律多元主义势力的约束，那么企业权力就具有正当性。

德国的社会市场

德国和俄罗斯在经历政治与经济力量之间的复杂关系时，比其他国家受创更重。德国的改革过程从 1945 年展开，德国极权统治的灾难让德国把法国那种集权精英结构排除在外。德国政治经济学家决定，要精心设计出一个不一样且更多元化的途径。社会市场经济是政治计划，也是一个经济计划。这项计划的设计者是秩序自由主义者（ordo-liberals），或是阿尔芒德·穆勒（Armand Muller）带领的弗莱堡学派（The Freiburg School）。主要概念“vollstandige Konkurrenz”翻译成英文似乎是“完全竞争”（perfect competition），就是亚罗－德布鲁模型的理想。但是，德国学者极力主张，这个概念的德文意义涵盖更广：含有对任何形态集中经济势力的反抗、卡特尔（Cartel）、企业或国家都包括在内。除了这个主要概念，德国学者还提出一项假定，风险将通过大众机构和私人企业加以管理。对英国人来说，“秩序自由主义者”几乎是一种矛盾修饰法：或许可适当地英译为“有纪律的多元主义者”（disciplined pluralist）。

秩序自由主义者路德维希·艾哈德（Ludwig Erhard）在1948年奉命掌管英美占领区的经济事务。艾哈德的经济改革方案去除价格控制并制定新货币。此举引起俄罗斯封锁柏林，后来英美联军紧急空投补给物资才得已解困。后来，艾哈德成为西德首任经济部长，后来更出任西德首相。

第二章描述的费德瑞克和汉斯这对兄弟，也因为德国分裂，而有了不同的生活经验。现在，艾哈德永远跟西德经济奇迹和“社会市场经济”一词有关。

重分配市场自由主义

目前，如同阿戴尔·特纳（Adair Turner）最近所言，“社会市场”（social market）一词具有两个不同的意义。特纳承认：“对于明智的市场自由主义来说，过于简化的市场基本教义可能跟马克思主义一样危险；资本主义可能有着人的脸，但是政府和政治过程必须确保资本主义不是披着人皮的狼。”特纳继续说道：“两种不同做法都可以推行——典型自由主义的模式，通过税务和法规的限制，让个人追求自利，并达成更广大的目标；提倡共产主义的人或利害关系人则试图借由要求个人或企业承担更多责任，把资本主义人性化。”[①]

特纳遵照由诺贝尔经济学奖得主米德和英国知名经济报人布里坦建立的

①特纳于2001年的著作《资金至上——自由主义的经济》（*Just Capital: The Liberal Economy*），372页。

英国善辩传统，支持第一种做法。在“税务和法规的约束下”，允许个人追求私利，甚至鼓励个人这么做。对英国来说，“在购买和销售，或决定生产什么及如何生产等事务上，如果我们遵守私利，为了追求更利他的目的，我们将能做得更好，对别人更有益。”[①]在米德的特殊影响下，多年来我跟其他专业经济学家一样，把自己归类为主张重分配的市场自由主义者，布里坦认为，有一项专业共识是根据这种立场建立的。[②]

“重分配市场自由主义”（Redistributive Market Liberalism）在经济生活和社会角色间做出清楚的区别。我们在职场、在企业里，通过商业交涉，可能——甚至必须——追求一己私利。然后，我们支持高税赋。这样一来，我们成功追求私利的收益就能被重新分配。然而，对大多数人来说，要在董事会办公室中当个冷血无情的人，在投票时当一位关心大众福利的公民，这可是很难的事。已经成功追求商业私利的人，通常会支持进一步增加这个私利的税务和福利政策。参加慈善事业的有钱人之所以那么做，是要反映“自己承担更多的责任”，而不是反映“税务和法规约束内的私利”。

要让有着人脸的资本主义站得住脚，这种资本主义不能是“双面人”。在贝尔托·布莱希特（Bertolt Brecht）的寓言《四川好女人》（*The Good Woman of Sichuan*）中，和善的妓女沈蒂出于好意要建立一番事业，却发现商业利益与乐善好施的原则相冲突。无奈，她只好在要做出精明决定时，就化身成冷静、现实而强悍的表哥。如同具有善恶双重人格者，最后由无情的脸接管。

重分配市场自由主义的温和版本提议，政府应该只关心机会平等，而不要关心所得平等。无法公平受教育，以及对迁移的其他阻碍，几乎是任何政

①布莱顿爵士于 1996 年的著作《有着人脸的资本主义》，55-56 页。

②布莱顿于 1968 年的著作《靠左或靠右——虚假困境》（*Left or Right: The Bogus Dilemma*），以及 1973 年的著作《是否有经济共识？》（*Is There an Economic Consensus*？）。

治哲学中，不公平的首要来源。但是，曾有政府主张借由确保市场经济中的机会均等，而满足人民的需求吗？我们可以在不知道或不关切所得的情况下，设计出公平的规则和制度吗？我们可以为大学入学制定政策，而且这些政策跟毕业所得结构无关吗？我们可以参考一般原则，而不是参考对市场结构的影响、电话费用或股价，为通讯决定使用制度吗？因为市场嵌入于社会结构中，过程与结果间的区别——也就是米尔顿·弗里德曼所说，规则与参赛间的区别——就难获支持。

对于重分配市场自由主义的主要异议，就是上一章中用以反对美国经营模式的那些见解——包括对动机和行为的错误假定、无法承认财产权的社会构成本质、市场制度无法处理风险、无法确保自利个人间的必要合作，以及难以处理复杂的现代经济中信息不对称等问题。基于这些原因，我们无法只用市场经济机制，让它自由运作。基于这些原因，市场经济唯有借由嵌入社会关联性的力量，才能运作奏效。借由“要求个人和企业承担更多责任，把资本主义人性化”，并非我们要追求的实际目标。我们反而要了解资本主义的实际运作，只因为资本主义是有人情味的。事实上，资本主义真的必须被更美好的事物取代，但是，或许更美好的事物就是资本主义本身。接下来，我们就来探讨嵌入式市场的政治经济。

第二十八章 嵌入式市场

美国经营模式的假定是错误的。但是，这并不表示与其相反的事物是对的。有人认为，经济行为大多是利他的；分配的政治机制总比市场混乱要好；政府应该控制，而且最好拥有所有具生产力的资产；政府应该拉高累进制税赋，把生产所得的财富平等分配。不过，这种人是少数。而且我怀疑，这种人如果拿起这本书来看，还没看到这个章节，早就把书扔一边去了。

经济世界是错综复杂的。自利是一个重要动机，但并不是一个独占动机。我们的其他考察会影响职场生活和企业生活，也会影响个人生活。我们需要朋友的认同、同事的信任、执行活动的满足感，而且这些活动本身必须是值得的，也必须带给别人喜悦。这些动机都不是唯物论的，但这并不表示这些动机不具实际利益。它们是机制的必要部分，成功企业就是通过这类机制来运作的。从物质观点和其他观点来看，没有这些动机，企业和经济制度将变得穷困。

市场能发挥功效，但是，市场无法随时发挥功效，或是完全发挥功效。多元化的市场结构奖励创新，而竞争市场满足许多消费者的需求。但大致上，我们没有理由相信，市场的结果一定具有效率。社会制度和经济制度管理着市场经济中的信息传递。这些制度仰赖文化和价值观、法律和历史。在完全竞争市场模型和美国经营模式的简化中，市场经济的规则显然应该能轻易地强化信息传递，产品说明与产品特性的定义也应该清楚易懂。

然而，相比于其他社会，市场经济一直很成功，原因就是管理市场经济的规则并不是那么容易就设计出来，而且执行起来也不容易。富裕国家已经发展出嵌入于其他现代社会制度与政治制度中的复杂管理结构，允许复杂产品的发展，而且让消费者在不需要了解这类结构的情况下，有信心购买并使用产品。市场经济妥善处理与后期作业有关的协调问题——制造商和零件供应商之间的合作、可靠的交货、供给与需求之间的整体平衡。市场经济在无法忍受供需临时失衡的情况下，就运作得比较差。以电力供应为例，突然的停电就让人受不了。水星能源公司确实让奥克兰地区恢复了供电，但却是在停电七周后才恢复供电。然而，在需要其他形态的合作时，像网络和标准等方面，市场未必能成功或产生好的结果。而且由投机交易员主导的风险市场和资金市场，容易出现诈骗并遭致失败。证券市场的这些波动让产品和服务的市场产生变动，把资源从有生产力的活动转移到追求套利收益。

对许多人来说，劳力市场的概念是很讨厌的。原因是，工作者是人民，也是劳力供应者，他们所享有的权力不是苹果、梨子、软件或企业享有的权力，是人权不是物权。禁止奴役并规定有组织性产业的法律，几乎不会引起争议。这些法律限制了那些依据自愿交易、可能让社会恶化或剥夺个人尊严的契约。问题不在于劳力市场是否应该受制于社会规定和法律规定，而在于这类法规的本质和范围。这就与道德判断、社会价值观和经验证据有关。

在完全竞争市场中，无法提供许多像灯塔、环境保护、警察和国防这类公益服务，以及现代市场经济内部运作的规则结构。自然资源方面则属独占事业。例如，供水与供电、道路与铁路、空中运输管制。像教育和医保等其他服务，可以由竞争市场提供，但却不是基于大多数人认为的强制性的理由。为这些产业找出多元化的结构是可喜的事，但是，可接受的市场解决方案并不会自动出现。另外，如果市场经济要继续存在和发展，所得与财富的分配以及制定分配的过程，就必须跟市场制度本身的结构一样，享有正当性。市场经济的许多失败就是源自于此——最明显的实例是俄罗斯，阿根廷和新西兰也包括在内。

嵌入式市场说明了西欧成功的市场制度——也说明了美国的现实状况。嵌入式市场无法在最小限度国家中运作奏效：有生产力的经济体具有世上前所未见的最大、最有权力也最有影响力的政府。在整个历史的大部分时间，以及在目前贫穷国家中，政府很少侵害一般人的日常生活，像西赛罗或帕伦波村落就不会受到政府的侵害。

在富裕国家，我们总会察觉到政府的影响力。我们所进行的每种交易都要课税，而且我们大多数人也都享受到社会福利。法规支配我们所做的每件事，从我们开车的方式到我们涂在面包上的奶油都包含在内。我们期望政府提供许多福利和服务，从教育到垃圾收集等。市场经济仰赖中介机构，这些机构规模比个人大、比政府小。其中最重要的就是企业，不过还有很多其他组织。

由于市场嵌入于社会制度中，因此我们不只（或主要）借由投票来影响市场经济的发展。经济政策不是一张清单，上头列出政府应该做的事。我们以消费者、企业主、创业家和股东的身份来制定经济政策。当我们遵守或反抗市场经济的规范和价值观时，就对经济政策产生了影响。经济政策跟社会态度和消费行为有关，如同跟法律和法规有关一般。

依据美国经营模式，政府的职责是定义并强化市场经济的规则。社会民主政府的经济角色是，通过民主过程来决定社会希望如何分配稀有资源，以及去指挥企业与家庭的活动，以完成稀有资源的分配。

这些模型都无法正确说明政府的功能。市场经济的复杂制度大多在不受中央指挥的情况下发展，而且目前仍在持续演变中。在这种演变中，政府是一个行动者、而非旁观者。政府无法控制这个过程，也不该试图去控制。审视这些相关政策领域就是了解嵌入式市场的政治经济的最佳方法。这个故事必定会从德国揭开序幕。

德国的教育制度

德国受世人钦羡的职业技术教育，强化了德国制造业的竞争优势。年轻工作者接受实习，这涉及一连串训练与指导的组合，包括正式的普通教育、特定专业训练，以及有经验工作者的亲自督导和建议。实习不只应用于工程师和水电工人这类技术学员身上，也应用于饭店工作者和商店助理人员。

在法律上，个人没有义务接受这类训练，企业也没有义务提供这类训练。但是，大家都很注重取得资格证书——能干的学生都希望取得资格证书。结果，企业主也希望雇用实习生和符合资格的工作者。像西门子和戴姆勒·克莱斯勒集团（Daimler-Chrysler）等德国大企业，筹划全国训练，但是训练大多由地方管理。商会协调企业的心力和当地政府的贡献。负责大部分特定产业训练的大企业，可能对整体经济做出许多贡献——与规模较小的企业相比，比例可能相差极大。如果我们问："企业为什么要这样做？"答案是："他们毫不犹豫地做了，就像吃饭一样平常"。参与是德国企业社群的一种规范，而且当地企业组织会加强社会压力。

英国曾尝试以政府与国营事业组织之间的协议，复制这套制度，但是完全失败了。在20世纪90年代初期，英国的许多产业总计设立了大约800个国家职业资格证书（National Vocational Qualifications），大多是把现有老字号的资格做简单的重新标记。在所有国家职业资格证书中，几乎有半数证书从未招收过申请学员。

德国训练能奏效，因为（也只因为）这套制度嵌入于德国的其他制度中。像英国这种以理论计划为主，并由政府强制执行的经济政策，鲜少能发挥功效。但是，这并不表示政府在这类训练中没有插手的余地，或唯有自发性制度才能奏效。政策是从规范与价值观的互动中产生的，是私人制度与社会制度间微妙关系的一部分，也是国家的权力与资源。

对于社会民主主义者和支持美国经营模式、重分配市场自由主义等立场的人士来说，制定这种经济政策的复杂做法太过麻烦。这种做法否定社会民主主义的前提——民主选举是经济权力正当性的唯一来源。谁让企业主有权决定职业资格培训的内容？商会借由什么权力把义务加诸到会员身上？然而，用这种多元化方式分散权力，对市场经济的成功是绝对必要的。美国经营模式的支持者可能对企业主承担训练义务有所质疑，他们坚持任何这类义务必须以清楚明白的方式做框架。但是，这样做马上遭遇到诱因相容的问题。如何定义训练？如何设计规则来区别事业生涯技能的发展，以及企业执行主管应如何鼓舞信息的传递？

跟德国的非正式规范相比，正式训练的义务比较不具效益性。在英国，美国经营模式的兴起，降低了企业先前在产业和社群所扮演的义务训练员工的角色；必须证明，训练对企业有益才行。试图借由政府与全国企业领袖之间的社团主义协定，取代这些训练义务，这样做会遭致失败，因为回应政治命令的专业社群，并未建立工作者或员工注重的资格认证。

如果德国在职业技术训练上领先全球，美国就在高等教育上领先全球。美国一流大学都是私人学府（加利福尼亚州州立大学柏克莱分校是其中最显著的特例）。美国政府会补助研究，筹划并保证学生的助学贷款制度，但是并未制定大学发展的主要方向，也没有为高等教育制定有系统的政策——欧洲的情况恰好相反。

高等教育对学生整体素质的影响很难比较，但是就精英层级来说，答案就很清楚。美国在研究和研究生教育上，占有绝对的优势。以所有主流议题来看，全球前 10 大一流研究中心就在美国。其他大学，尤其是英国和德国的大学，其影响力在 20 世纪逐渐减少——对于诺贝尔奖得奖率的影响，本书第二十二章已说明。更广大的经济关联性就难以评量，不过先进商业研究设施群聚在高等教育重要机构周边。硅谷不是建造在硅矿产地，但却邻近斯坦福大学。

美国一流大学会获得可观的政府研究补助金，但是学校的财政来源却非常多样化。这些大学收取学费，对无法负担学费的人，则大多给予折扣。此外，大学还向校友和企业捐赠者募得大笔捐款。事实上，美国知名大学都是由企业的非正式税收，以及从这些活动受益的个人获得赞助。从某方面来看，这类税收是自愿的。但是，见过美国校友募款活动的人都知道，社会压力的力量有多强大，让人不得不顺从。

美国大学的募款金额庞大，并且这种做法也比运用任何累进税率、或针对知识及科学产业课税的方案更为公平。支持美国大学的社会机制，跟支持德国职业技术训练的机制截然不同，两者反映出同样有效益、但却具有不同的文化。

美国经营模式对于高等教育无话可说。唯物论、讲求自利的个人，只能产生对自己有用的创新。他们无法对学术先进团体有所贡献，甚或参与现代经济发展所依赖的基础研究。可喜的是，美国对待教育的态度并不像美国经营模式。

社会民主主义对高等教育就可以发表高见——有教养者最在意的就是教育问题——但是，如果他们停止发表意见，或许对大家来说，情况会更好些。高等教育机构内部和外部的意见和控制激增，已经让这些机构不可能进行有效管理。高等教育就跟职业技术教育一样，嵌入并活跃在政府参与、但不掌控的市场中。财务诱因存在，但并不主导；结构是多元化且持续演变，但并非受到指挥。社会规范确保高等教育机构遵守着让社会引以为傲的制度。

尽情作乐后

总公司在休斯顿的能源业者安然公司，与总部设在密西西比州克林顿市的电信业者世界通讯公司，成为了美国 20 世纪 90 年代胜利与失败的象征。

这两家公司通过收购迅速成长，一度在投资银行家和投资人心目中，占据偶像般的地位。两家企业分别在2001年年底和2002年夏天宣告破产，也为诈骗和贿赂做出一连串推托之辞，这也是最后戳破经济泡沫的重要因素。

不精通会计或对会计没兴趣的大多数人以为，企业获利就像银行存款或员工人数一样，是一个事实。然而，即使是评估一个简单组织的年度获利能力，都跟复杂判断有关。安然公司与世界通讯公司所引发的争议，牵涉到两大问题。第一大问题是：大企业通常有许多子公司，需要合并账户并且必须全部列入。在这些活动中，有些可能有外部股东、合伙人和投资人——究竟到哪个程度，这些人才应该包括在内？第二大问题是：企业可以把新投资的成本通过几年时间折旧，而不是直接从获利中扣除。但是，哪部分的营运成本跟这个新投资有关？证券交易委员会与联邦会计标准委员会（Federal Accounting Standards Board）制定了适当规则。安然公司和世界通讯公司把这些规则的限制运用到极致，而审计员也同意扩大解释。其他绩优企业的审计员和绩优企业也这样做。一些受人敬重的企业也跟安然公司一样，设立特殊意图的企业实体；其他企业也跟世界通讯公司一样，把营运支出变成新投资成本。但是，安然公司和世界通讯公司自以为企业仍有获利，然而企业实际上已经无利可图，也跟其他不赚钱的企业一样，把现金都用尽了。

美国政府和企业领导人迅速指责诈骗并要求严惩，就像把最弱者丢到狼群里、希望保住自己性命的部落。安然公司和世界通讯公司的资深主管，从绩效极差的企业获得大笔奖金。不以商业根据做交易，却允许弹性呈报目前及未来的获利。不当利用会计标准的瑕疵，并试图游说以补救这些瑕疵。安然公司和世界通讯公司做的这些活动，跟其他美国知名企业的活动如出一辙，只不过程度上有所不同。

美国会计标准已试图建立规范规则（prescriptive rule）。英国会计标准要求，账目必须呈现真实且公正的观点，并允许会计专业判断的自由。这种做法夸大了作业差异：美国会计保留了相当多的行动自由，英国会计也在商业压力下，运用对客户有利的判断。然而法规策略的差异很清楚，就是美国经营模式与嵌入式市场的管理方式之不同。美国经营模式是特纳所称的典型自由主义模式——通过税务和法规等束缚，让个人在可以追求私利的范围内，达成更广大的目标。嵌入式市场的管理方式则是——借由要求个人与企业承担更多责任，而让市场运作奏效。美国和英国在职业健康与安全性上，也存在同样的差异。美国规定详细的法规，而英国则加诸一般责任，提供一个安全的工作环境。

美国在以法规规范企业时，这种规定式的做法允许参赛者在规定范围内拥有自由。但是，这种做法却遭致失败。这些规定并未像定义可允许限制那样，把不可接受的事项排除在外。在复杂的民主社会中，唯有在规则定义大多数人在任何情况下所采取的行为时，规则才能有效落实。这就是为什么在规则结构内允许最大自由的做法终将失败，而且事实证明这种做法真的失败了。

政府与治理

无私的政府是成功市场经济的先决条件。治理国家的人必须小心翼翼地把自己的钱跟政府的钱区分开来。对历史上大多数统治者来说，他们根本从未做过这种区分。即使在先进的经济体中，这项承继前人的作风依旧幸存。海德公园是位于伦敦市中心，一个面积达630英亩的开放空间。它是英国女王的财产，因此公园里并没有任何房屋。目前，大众借由出钱维护海德公园，以获得使用海德公园的权利。在实务上，这种商定相当奏效——尽管如此，这种商定却很奇怪。

在莫布杜政权下，这类结构就被毁坏了。莫布杜在开普马汀的别墅并没有开放给大众，贫穷的刚果人民根本没钱造访这里。富裕国家的政府的朴质，有时很荒谬——肮脏的办公室、一包包茶叶贴上主人的名字——但是政府必须持续且积极地划清界限。

在具生产力的经济体中，直接付费给政治人士和官员是很少见的事。但是，几乎在所有严谨的富裕国家中（北欧国家），由企业和有钱人付钱给政党和政治宣传活动，都是日常生活的一部分。1916 ~ 1922 年担任英国首相的乔治（George），设立了一个允许暴发户购买贵族身份的政治基金。虽然不合法，但实务上的运作相当奏效，而且这个惯例也延续至今。美国政治行动委员会把企业对国会游说的贡献金合法化。非洲政治依据部落族系的组织产生的政府，就是以分派官职给亲友为目标。对以往一度政治腐败和滥权的美国政治来说，这种日渐恶化的实务做法也出现过。

现代政治部落主义（political tribalism）常以观点共享或个人友谊为主。撒切尔夫人会问："他是我们的一份子吗？"美国前总统沃伦·哈定（Warren Harding）因为偏爱建言和酒友的陪伴而恶名昭彰。人类把自己与团体视为同一体的倾向如此强烈——就像大家寻找对相同球队的支持者——要发展强烈的政治忠诚是不具客观标准的。美国 2000 年总统大选的结果引发质疑。根据先前表达的政党关系，法官和政府官员的决定，通常是可以预期的。唯有通过外界加诸规则和内部维持价值观，将两者加以组合，才能限制贪污。对贪污的个人来说，往贪污的结构移居，一直是具有适应性的行为。

随着 20 世纪现代企业经济的兴起，例如 ICI 公司、通用电气公司等，专业经理人也跟着水涨船高。这些个人自认为、也被视为与其他专业领导人具有同等的地位——例如，首席律师、会计师或外科医师、法官和资深公务员。因此，专业经理人的薪水也跟着高涨。数不尽的绩效奖金，就像给予杰出法官的奖金或给帮上忙的会计师的小费，而这样做既无礼又不适当。

这股风气从 20 世纪 80 年代开始盛行。美国经营模式的兴起，允许"贪婪就是好"这种主张的存在。股市的景气持续高涨，金融服务业创造出相当庞大的盈余。从事金融服务业的经理人拿的薪水，可以跟华尔街股市的奖金相比。美国企业高层主管也从企业资产中获得愈来愈多的奖金。只要股价上涨，就不会引发什么异议。对美国CEO来说，拿到几千万或几亿美元的奖金和股权，已经是家常便饭。

只有等到21世纪股市崩盘，安然公司和世界通讯公司这类企业资深经理人的自肥做法，以及个人权势的膨胀才广为人知。这些企业的失败也让一大群一直适应共谋串通的顾问栽了跟头，例如，安达信会计公司。

在美国经营模式的结构中，避免政治贪污或企业贪污就跟制度设计有关。政治的公众选择模式假定，政府官员只顾自身利益，并依据这项假定设计最小限度国家。企业的委托人与代理人模式，企图把经理人的诱因结合股东的诱因。但是，贪污的公共行政与诚实的公共行政之差异，以及贪污企业与诚实企业之差异，并不是法规差异的结果。预防贪污的法律通常在贪污国家中比较严苛，在无私公正的国家中比较宽松。大规模规则通常只是问题的征兆，而非解决办法。试图设计一个符合经理人和股东利益的周密方案，不但无法根除诈骗，反而会引发诈骗。

诱因相容和适应行为说明了为什么情况是这样的。组织的诚信并非治理结构的产物，而是组织成员价值观的产物。具适应性的自我强化行为，支持许多不同的价值体系。如果机构是以“个人是讲究自利的”为前提来设计，自利行为在组织内就具有了适应性。如果设计前提是，人们无法被信任，后来这项期望必定会成真。

大企业经理人的自利行为对企业的诚信造成损害，正如同政府官员的自利行为对政府诚信造成损害一样。美国经营模式的重要前提是：经济生活能（或者能）成功地依据自利唯物论者的手段行为来筹划，仅由外部加诸规则予以约束。但是，这项前提是错误的，而且这个错误威胁到市场制度实行可能性与正当性。在政治和企业等方面，美国经营模式的兴起反而为其所声称要解决的控制自利问题，制造出更多问题。

个人主义与社群主义

个人主义是现代政治哲学中的思想主流，也就是本书所提的罗尔斯与诺齐克的论点。一群大致可被称为“社群主义者”（communitarian）——包括麦金泰、迈克尔·桑德尔（Michael Sandsl）、查尔斯·泰勒（Charles Taylor）和瓦尔泽，对此类政治哲学提出大规模的批评。约瑟夫·雷兹（Joseph Raz）的哲学和约翰·葛瑞（John Gray）的政治理论，常与这群人有关。由于这群人并未对“社群主义者”表现出太多热忱，彼此间也有相当多的歧见，所以我说他们“大致可被称为”社群主义者。“社群主义者”一词后来由政治经济学家阿米泰·伊兹欧尼（Amitai Etzioni），以更受好评的论文，做出了适当的解释。①

在社群主义者的抨击中，其共同要素就是反对个人主义的概念——人类具有从所居住社会以外衍生而出的偏好、道德感或正义观念。“人无法不受他人影响而活。”“人们重视经验的类似产物，也重视经验被生产的过程。”

如同个人主义政治哲学跟亚罗－德布鲁模型与美国经营模式之间有密切关系，这个哲学社群主义的批评和相关经济学嵌入式市场的评论，两者间也密切相关。以社群主义的观点来看，个人道德在社会中形成，良善社会的观念不只是个人观点的总和，社会约束力也在其中扮演功臣，并让个人不只追求本身的利益。社群主义哲学家质疑权利与制度的通用原则——历史是没有终点的。

---

①伊兹欧尼于1993年的著作《社群的支持》（*Support of Community: The Reinvention of American Society*），以及1988年的著作《新经济的道德因素》（*The Moral Dimension: Towards a New Economics*）。

在嵌入式市场中，个人或家庭所形成的偏好，都是源自于人人可用且可获得的知识。对艾文和拉维来说，幸不幸福就取决于经验与欲望之间的关系。我们无法只依据个人偏好的总和，对经济效率做出相关陈述。社会关系不只是增进人们经济私利的手段，也是人们经济生活的核心。不同的社会关系，就要采取特定的经济制度才适当。

罗尔斯和诺齐克的论述都是承袭卢梭的学说，使用国家为社会契约的隐喻。美国经营模式采用相同的隐喻，认为企业创造私人契约。人民认同法规，因为最高统治者会增进人民福利。通用电气公司的股东同意公司提出的条件，是因为韦尔奇会代表他们管理其财富。政治理论家知道，他们正在使用一个隐喻：在企业中，这个隐喻如此强大，让人们时常把隐喻当成事实来谈论。

大多数社群主义者对市场经济都深恶痛绝，他们认为市场经济必定跟个人主义和工具理性（instrumental rationality）有关。瓦尔泽对“公正的范围”所做的定义，希望能限制市场价值的蚕食。葛瑞怒斥市场破坏社会和传统。麦金泰对市场经济的蔑视，也已在第十章中说明。

更多鱼

有麦金泰陪同作伴，捕鱼时间又到了。麦金泰有两组捕鱼团队：一组是由相当讲究自利、唯物理性主义者所组成：

筹划并了解，正是获得有生产力结果的技术及经济手段。其目标只是（或主要是）尽可能获利并满足某些市场对鱼品的需求。当报酬水准够高时，原本拥有这类动机和价值观的个人，就有绝佳理由放弃原先的特定看法。

另一组团队来自麦金泰欣羡、大家紧密结合的捕鱼社群，在这种社群中，捕鱼是一种本领。我们从中发现：

起初，成员可能是因为工资或能分到部分鱼获量而加入团队，但是大家却从彼此发挥最佳捕鱼技巧中而受益匪浅。捕鱼团队成员间在技能上互相依赖，物质成就及所获优点将能扩及船员家族的互相依赖，或许还能超越船员家族，扩及整个渔村。

麦金泰并未提及商业问题：哪个团队能抓到更多鱼？为什么这个团队应该抓到更多鱼？麦金泰认为，答案不证自明——这就是他认为现代经济生活具破坏性的原因所在。

不过，这个问题的答案根本没有不证自明——在捕鱼行业中，采取大规模手段的组织将遭致失败。哈佛商学院有一份个案报告，以曾是北美地区最大龙虾业者的捕立得公司（Prelude Corporation）为研究对象。该公司总裁为企业目标做出如下的定义："到目前为止，捕鱼业就像60年前的汽车业：100家企业正来来去去，但是我们将成为通用汽车公司……在近海捕鱼所需的技术和资金如此庞大，小公司根本没办法成功。"在哈佛商学院撰写这份个案报告不久后，捕立得公司就宣告破产。

从麦金泰的说明中，显然能找出破产原因："鱼是捕来的，不是生产来的。诱因相容就是捕鱼的关键问题。捕鱼靠的是本领，个人的技能和主动权没有受到限制。'互相承诺、船员之间彼此了解并专心致力捕鱼的团队'就能胜过'以尽可能获利、并满足某些市场的鱼品需求为唯一目标的团队'。"

迂回与手段理论

麦金泰的渔船远征队透露出市场更重要的真相。我们生活在一个错综复杂的世界里，我们只能对世界有部分的了解。我们的成功取决于本身与他人的关系。在这种环境里，自然演变的事常比设计好的事更优异，全然讲究手段的动机常无法达成目标。这个真相造成麦金泰的成功船队透露出的迂回矛盾：重视捕鱼本领的船队比以追求财务目标而组成的船队，在财务上更为成功。

功利主义最重要的倡议者约翰·米尔（John Mill）在其自传中也承认了这种矛盾——自利行为未必助长自利。“事实上，我从未怀疑这个信念：‘幸福是所有行为规则的考验和人生的目的’，但是，我现在认为，唯有通过不把幸福当成直接目的，才能获得幸福。”我们从日常生活中清楚地了解了这件事。我们把幸福跟一再重复欢乐行动的享乐主义加以区别。从诺贝尔经济学奖得主西蒙的观点来看，我们对自身效用最大化的了解仍然不够：从我们本身的经验和前人的经验，我们只知道一般公认的美好生活的构成要素——物质福利、经济保障和身体保障、同侪友人的尊敬、个人关系稳定——都让我们感到幸福。

我们无法成为理性、工于心计、把效用最大化的行动者，因为我们没有、也绝不可能对世界有足够的了解。我们的经验特质大多取决于本身与复杂世界中其他人的互动关系。我们觉得享乐主义者很可悲，如同我们觉得绝对自私者也很可悲——因为他们不只道德肤浅，也缺乏经验。第二十六章提到的女富豪格林富可敌国，而且手段深不可测。她不但是我们不喜欢的人，也是我们不希望仿效的人。

这种迂回性也适用那些在我们的经济生活中扮演重要角色的企业。企业是否应把股东价值最大化，管理企业者无法拥有做出这些盘算所需的信息。我们知道，ICI公司主管投资制药事业，并决定要让股东获利。但是，他们在1960年时，对于将在1993年上市的捷利康药厂的价值，根本一点想法也没有。顾问和投资银行建立模型，支持他们做出这些推测，但是这种明确的理性见解似是而非。ICI公司既没有把股东价值最大化，员工也没有把本身的效用最大化。就像追求满意人生的个人，追求广大策略目标的企业——加强本身的研发能力，在企业既有优势的相关领域打造新事业。这个策略相当成功，因为这样做显然创造了一个既大又有利可图的事业。跟ICI当时可能采用的其他策略相比，这个策略是否把股东价值最大化，根本不可能先行得知或事后再做判断。

美国经营模式纯然讲究手段的动机，最终弄巧成拙。获利是市场经济的目的，物品的生产和服务的提供是达成获利的手段，这种说法并非事实，事实正好相反——物品和服务是市场经济的目的，获利是手段。最幸福的人不是那些一心一意追求幸福的人，最获利的企业不是那些以获利至上的企业。成功人士与成功企业会改变自己的行为和能力来适应所面临的环境。适应的结果跟最大化过程的结果相似，但却不是最大化过程的产物。星体运行遵照微分方程式，只不过星体无法计算解答。鸟类会叫会飞，并表现出设计的美感与效率，但这些并非鸟类或任何其他力量的意图之一。碰到熊时，我们拔腿就跑会比待在原地盘算的最佳策略要好。而且，遵照公园管理员的劝告也比较好。有时候，我们不费尽心思去了解，反而能了解得更透彻。

第二十九章 经济政策的结构

社会主义计划经济因为以中央命令取代了有纪律多元主义而遭致失败，也因为无法处理诱因相容问题而失败。政府机关和大企业就面临这些问题。其实，资本主义经济失败的方式通常跟社会主义计划经济失败的方式类似。

竞争市场尽量减少诱因相容的问题，因为这样能节省信息。俄罗斯计划者必须调查各个工厂和生产单位的能力。在竞争市场中，买家不必做这类调查，因为竞争允许买家比较和更换供应商。资金供应者和风险买家能分散投资组合，评量企业绩效，但却无法评量企业的内部运作。

俄罗斯计划者也必须确定消费者偏好。在市场经济中，企业进行市场调查，但是企业主要是从消费者所做的选择获知消费者偏好。从消费者所做选择得到的答案，比市场调查的结果更可靠、也更正确。我们可从超市选择最短结账队伍的行动主义中获得一些好处，但只是一些好处，而且就算我们允许别人采取这类行动，自己就算不这么做，也应该不会有很大损失。

每当无法取得或无法采用竞争机制时，诱因相容的问题就可能出现。共同反应是制定目标，以及与目标相关的奖励或惩罚。在前苏联运作极差的体制，就是这样。这种做法之所以运作极差，有两大原因：一是中央没有足够的地方信息来有效制定目标；另一个是计划目标无法充分反映中央的实际目标。每次试图制定目标，包括在公共领域的活动制定目标（例如，医保和教育），在制定公用事业法规，或是鼓励主管把股东价值最大化，都会引发这些问题。

同样的基本难题也出现在各种情况中。如果目标制定者有足够信息，能够制定出适当目标，他们将是有效能的企业经理人。因此，经理人力求达成目标，而不是达成目标的目的。在不同党派间的策略协商——“计划商议”，以及更多不一致目标的激增，会引发讥讽和混乱。其实，在伦敦地下铁公司民营化时，我们就看过不同党派之间的合约。这种结构将无法奏效。要是奏效的话，前苏联体制早就奏效了。

契约化的做法不只应用在国家部门与私企部门之间，也应用在国家部门内部。不幸的是，新西兰把这种做法运用到了极致，公务员和部长之间还要撰写“契约”。在英国，执行机关的设立就提供类似的功能。例如，政府的许多部门和机构要列出最近的目标明细表。

这些机制产生了不具实质内容的市场纪律表象。本书第五章和第六章说明的实质合约，是两个自主行为者之间的自愿性互利协定。而且，唯有在买卖双方都有可靠替代选择的竞争市场中，才可能制定这类合约。新西兰财政部长除了新西兰财政部以外，不可能找到其他服务供应商；新西兰财政部除了财政部长以外，也找不到其他买家。这根本是一种共生关系，因此这种合约根本是骗人的。

通常，这些协定试图摆脱的是责任，而不是摆脱权力。在真心准备要授权时，这些协定就能享受成功的大好机会。例如，授权给中央银行制定利率。在没有实际意图要移交权力时，这些协定最不可能奏效。有时候，这种情况会退化成闹剧，内政部长要求监狱长为逃狱事件负责（这样做一点也不是自治）。毕竟，政府的政策是“没有人应该从监狱逃脱”。财政部为社会福利部门制定目标，是要减少贫困，并要维持掌控贫民获得福利的水准。

替代方案是设法把不同参赛者的利益变成一致。但是，除了美国经营模式，其他方式都很难做到这一点。在医保和教育、铁路或自来水等事业单位上班的人，跟大家一样，都有自私的考察和物质考察。但是，他们大多也能有效益且有效率地提供这些服务。企业经理人会关心增加股东利益和本身利益——虽然被告知贪婪是市场经济的驱动力，相信有些人也发现，很难阻止企业经理人自行取用企业资金。因此，目标不是要设计制度来遏止自利，而是要设计制度激励非自利行为的要素。这些就是不同的目标——在依据自利设计的结构中，自利行为就具有了适应性。

这跟只是请求人们把工作做好无关。懒惰的学者、傲慢自大的医师和骗人的生意人，实在为数过多。自治团体倾向于定义本身的价值观和目的。这些价值观和目的可能符合自治团体的目标（麦金泰的捕鱼船队即为此例），但也同样是自生且自给自足的（如同捷克总统哈维尔的官僚制度）。唯有在结合稽核过程与挑选过程的情况下，自治团体才可能存在，而且它的功能在有纪律多元主义的情况下，将最有效益。

有纪律的多元主义

市场经济与管理贪婪无关，把贪婪提升为主导价值，反而对市场经济有害。市场经济之所以成功，是因为建立了有纪律的多元主义，并采用了适当的机制解决（或至少减少）诱因相容的问题。有纪律多元主义和诱因相容这两大支柱，应该能撑起经济政策。

有纪律多元主义刚好与大多数政治领袖或企业领袖的本质相反。要政治人士支持有纪律多元主义，就等于叫他们跟本身的内在本质搏斗。政府制定经济政策时，常有抑制多元主义——要找出目的——并藐视纪律的倾向：支持市场不会接受的新投资、或市场已经拒绝的旧产业。这就是为什么，即使在富裕国家，政府干预经济的记录通常很差。

个人电脑的出现，就是因为多元主义鼓励实验，而纪律则终结许多失败的实验。气冷式反应器计划大错特错，因为其中没有多元主义存在——政府试图“获得大成功”——也没有纪律可言：虽然这项计划的成本和时间表都无法掌控，但计划并未终止，也没有被认真地审查。

中央集权结构无法轻易复制经济生活的一般事实，因为很难决定做什么事才适当。最好的方式是尝试许多小规模做法，看看哪些做法奏效。多元主义必定会与功利主义相抵触。主张每个人都应该获得“最理想的事”，这当然很令人心动。但事实上，“最理想”未必很好。如果每位被授权者都做出一样的决定，就没有多元主义可言，也没有实际的授权。

公共服务中有纪律的多元主义，必须有审慎的稽核——对成果的稽核，而不是对过程贡献的稽核。有纪律的多元主义需要对这些成果负起实际责任。这种有纪律的多元主义唯有在行为者有自治权，让他们可以真正负起责任时，才会真正奏效。自治的结果是研究评量、学校评监、医院绩效评量，以及更严谨的会计标准和公司治理规则。因为其他人也设法达成相同目标，所以大家可以比较绩效。英国电力产业在以普洛登爵士的“统一口径”说法发言时，这些事都没有发生。

“有纪律”或许不是适当的字眼——重要的是承认错误、而非惩罚错误。中央集权结构发现这样做很难。民主制度或英雄式领袖（政治家或 CEO）很少认为自己有错，更不可能希望自己被告知做错了。显而易见的错误必须是执行的失误，要由那些参与执行者负责。结果就造成归咎文化，根本很难有人承认错误——因为对个人来说，代价太大了。因此，被坦承的错误少之又少——所以从错误中撤退或放弃错误的过程根本不存在。赫鲁晓夫推动栽种小麦、英国的气冷式反应器计划，都是在这种文化中进行的。不被归咎任何错误的最简单手段是，不要做任何决定——这是常见的求助途径。逐渐退化的组织，通常是独裁和优柔寡断同时并存。

同样矛盾的是，在本身的肤浅问题责任过大时，不论国营或民营的大组织都无法提供纪律。然而这种责任通常导致对多元主义的压抑和逃避责难。

大家采取的责任形式是："你为什么这样做？""你跟某人请教过了吗？""这符合我们的政策吗？"成果的品质并不是与过程正当性有关的评估标准。政府的目标不该只是把表面上和私人企业管理制度相似的评量引进国营部门，而应该充分了解市场纪律如何起作用——如何把纪律引进国营部门内，产生类似功效。

因此，政府涉及经济事务时，绝不应与"远见"有关。例如，我们十分肯定，利用气冷式反应器计划就能获得大成功——不可能有任何人拥有这种远见。由于为物品和服务开发新商机，正是市场机制特别擅长的事，但要政府与其机构找出被忽略的途径，可能性就很低。大多数政府干预经济的纪录欠佳，就是属于这种情况。

英国政府在 1967 ~ 1968 年间，坚持主张国产汽车业应合并为单一实体，后来在 1974 年英国礼兰汽车公司破产时，政府还出资援助，这些做法都等于蔑视多元主义。当英国政府在 1980 年明确表示，不再提供进一步资助（重新加强多元主义），情况才开始好转。后来，礼兰汽车公司解散，本田汽车介入，后续 10 年内新车厂纷纷成立（回归多元主义）。

英国电力产业于 1990 年民营化，借由强迫公开成本的方式，终止了进一步兴建核电厂。民营化后，电力产业打造小规模电厂，在时间和预算方面运用传统技术，并发现既有发电厂只需以先前雇用的半数人力就能运作。这并不是因为民营化后的新电力事业经理人比先前经营电力产业的官员更能干——他们通常是同一批人，如果不是同一批人，后续接手的人通常能力更差。新经理人之间彼此争吵，从事愚蠢的多元化经营，更让许多企业落入到那些拥有资金、但却不知道他们在干什么的外资母公司手中。但是，在这种情况下，权力分散，个人也会关切因错误引发的后果。有纪律的多元主义已经取代了中央集权控制。

然而，有纪律的多元主义和无纪律的中央集权主义的比较，并不是私人企业与国营事业的简单区别。个人电脑革命的出现，可能是因为IBM并未控制电脑市场的演变。但是，当时IBM几乎已经拥有这样的掌控能力，现在的微软公司也几乎拥有这样的能力。包括酿酒业、消费银行业和保险业等许多产业，因为由单一主导企业提出的统一口径——小群体集思，或意见相同的企业团体，而让多元主义销声匿迹。

纪律也会失败。20世纪90年代末期，无可救药的投资事业、过度实质投资和野心勃勃的收购案激增。通讯、媒体和信息科技是焦点所在，整个效应也扩大到其他产业，例如，能源业和金融业。要为这类行为负责这些过剩投资的机构投资人、投资银行和企业主管，他们的行为既不专业也没有能力。经历过那个时期的人，根本不可能相信证券市场能有效分配资金。不过，市场经济有更多的多样化和更多的纪律。IBM公司被竞争者成功地包围。股票市场突然看涨，其所创造的财富金字塔，最后也应声倒塌。这些修正机制虽然运作费时，但终将发生效力，并让相关人士负担一些代价。

民营化

民营化可能是引进多元主义或纪律、或引进两者的一种手段。“民营化”一词是由英国首创的——英国电信公司（British Telecom）是英国第一个民营化的国营事业，英国政府于1984年售出该公司51%的股份。民营化政策已经普及全球，在贫穷国家和先前提过的中央集权经济体中特别普及。

以往，许多贫穷国家相信，通过国家所有权和大规模的法规，经济就能发展。他们会这样认为，是依据马克思主义的教条，以及本书第二十三章描述的经济发展的初期理论——通过计划强调增长范围。这些干涉减少或破坏了有纪律的多元主义。在这种情况下，企业要仰赖的竞争优势，不是市场竞争的成功，而是政治手腕——经济租成为了经济行为中的主导优势。由于这些国家很少拥有无私的政府，因此这种做法经常导致更糟糕的成果。企业所有权和法规变成为控制政治组织谋利的工具。

在这些环境中，没有必要把经济政策的角色和结构理论化。如果政府经济政策只是偶尔发挥功效，那么经济政策愈少愈好。在贫穷国家，去除法规和国营事业活动，并不会引发经济发展或经济增长。尽管如此，这却是经济发展或增长的先决条件。

东欧的民营化是中央集权计划国家瓦解的必然结果。然而在刚果，国家经济活动有比没有更糟，在俄罗斯则是聊胜于无。苏俄的国营企业确实满足了人民对衣食住行的一些需求，但从这些方面出现的“民营化”企业，通常无法满足人民的需求——因为这些企业的目的不在于提供物资和服务，而是为股东创造价值，而且这就是它们所做的事。

在所有具生产力的经济体中，除了美国以外，都是由政府把经济的“制高点”放在国营事业上。究竟制高点的构成要素为何，这一点从未清楚过。但类似本能似乎已经普及到大多数国家，包括石油、电力、水、通讯等公用事业几乎都是制高点。有些产业被认为具有特别的重要性，例如，航空业。各国政府也特别喜欢炼钢事业，或许是因为钢铁在工业革命初期扮演重要角色的缘故。

多元主义市场结构能比独占市场结构产生更好的成果。目前没有太多证据显示，在不可能竞争或并未达到竞争的情况下，民营企业会比国营企业更有效率。引进竞争并改变所有权，这是广受讨论的主题。加入市场、民营化和新技术，几乎同时在通讯市场出现。通讯市场在效率和新服务的增加上获利可观，但却不可能把这些构成要素加以厘清。在自来水供应或铁路网管理这类事业中，根本没有什么竞争，所以没有什么证据能显示民营化的利润。

多元主义意味着，可以在竞争市场中供应的物品和服务，都应该以这种方式运作。在无法避免独占的领域，例如，电力和水的分配，应该把多元主义的损失最小化。在某个领域行使独占权，不应被做为扩展独占权的基础。配电当然是一个独占权，但发电却不是。不论是否维持独占事业，最后可能建立的竞争事业是民营或国营都不重要，因为只要受到法规严格管制，国营或民营的差异就不大。管理上的自治结合稽核与责任，才是目标所在。

市场成本

经营市场经济的成本高昂，需要会计师和警察、银行家和结账助理、保险经纪人和律师，这些人都参与定义及实施市场经济的规则，或是纪录市场经济的过程。在生产物品和服务供自身使用的社会中，这些活动都可以免除掉。在非市场的社会中，参与这些活动的人少之又少。西赛罗就不需要会计，而且在帕伦波也没有律师。

生产者与监督生产者之间的区别，豆类种植者与豆类经销商之间的区别，被描述为“转换型”（transformational）活动与“交易型”（transactional）活动的区别。有一个估计显示，美国国内生产总值有将近半数是投入交易型活动、而非转换型活动。这个数字在一个世纪前仅为 1/4。[①]新西兰的改革过程，让工作者参与交易型活动的比例，从 1/3 增加到 1/2。[②]

①约翰·华莱士（John Wallis）与诺斯于 1986 年的著作《评量美国经济交易领域》（*Measuring the Transaction Sector in the American Economy*）。

②海瑟汀于 1996 年 11 月第 161 期《奥克兰大学经济系论文集》（*University of Auckland Department of Economics WP*），撰文《历经 10 年的新西兰经济改革》（*The New Zealand Economic Revolution after Ten Years*），以及 1998 年的著作《认真看待新西兰》。

就某方面来说，这证明了市场经济的生产力，市场经济可以承担这种等级的成本，也能提供高生活水准。小心监督获得的报酬是监督成本的许多倍，因此监督成本就被抵销掉。我们常假装厌恶会计师和律师这类监督者，提议把雇用医院经理人的钱，用来雇用更多的医师和护士。这样做很容易赢得掌声，但是，从事交易型活动者可以大幅提升转换型活动的生产力。从整体经济来看，事实也是这样。乍看之下，许多医院管理者好像没什么用处，但是更好的管理可以、也确实产生了更好的医疗。在前苏联的国家会计制度下，只有转换型活动被视为有生产力，因此并没有太多交易型活动存在。

交易支出是必要的。转换就是满足人们对物品和服务的需求，市场经济也借由减少交易而变得更有效率。争议成本是庞大、也不可避免的。有钱人和企业会利用诉讼，他们也会撰写详细的契约来避免诉讼。有钱人在法院里争论财产权，穷人在街道上争论财产权。执行法律的成本、跟犯罪和其结果有关的浪费资源，也是市场经济的成本——这些成本的金额很庞大。

社会压力和社会共识通常是一种避免纷争和解决纷争的成本更低也更有效的方式。在所有社会中，派系达成协议的期望较少是因为担心法律诉讼而达成，而是通过继续一起做生意的共同利益来达成。另外，人们履行协议，或许只因为这是应当做的事。所有公民社会都依赖这一点：公民尊重财产权和市场的其他规则，是因为公民承认财产权和规则的正当性，而非因为担心入狱。这就是为什么日本和北欧国家可以用比美国更低的交易成本来运作市场经济。

市场经济需要像抵押贷款这类的金融服务和产品，企业股票是有生产力的经济体的重要制度创新。平均每天的外汇交易金额约为一兆五千亿美元，这是物品和服务跨国交易量的 300 倍——每交易 1 美元，是因为有人想用欧元购买以美元定价的产品；交易 300 美元，是因为有人认为欧元会上涨、美元会贬值，而另一个人刚好持相反看法。因为在外汇交易的所有投机利得和损失的总和为零，所以经过说明并支付市场交易成本后，大多数的交易都是赔本的。这些成本大多是市场经济不必要的负担，但是由于个人和企业间的冒险本性依旧强烈，所以很难理解市场经济如何减轻这些负担。

凯恩斯提议对所有金融交易课征些微税额，以抑制投机。目前这个构想跟诺贝尔经济学奖得主托宾有关。对于这类税收的主要障碍不是原则，而是让这种做法在电子世界中奏效的实际困难。生意必须在管辖范围内发生——包括网络世界，然而网络交易无法课税。

从事金融投资的人不受敬重，一直是金融投机的最重要束缚。从亚里士多德到莎士比亚，从英国小说家特洛勒普到美国讽刺文学作家汤姆·伍尔夫（Tom Wolfe）和李文斯，对于中间商（经纪人）的鄙视，一直是再三出现的主题。在20世纪80年代~20世纪90年代，这些约束力逐渐减退，而且随着美国经营模式的兴起，金融服务业的规模逐渐成长，也吸引到更多高素质人才。其实，这些资源可以更有效地运用到其他地方，只不过获利会少些。

第三十章 经济政策入门

第二十六章和第二十七章否决了两个无用的叙述：基本教义者的信念——有关社会本质的任何问题，都能找出市场解决方案来处理；社会主义者的主张——民主意见就是现代经济的复杂资源分配的一个充分根据。

凯恩斯曾希望，大家把经济学家当成水电工人或牙医来对待——把经济学家当成是有特定技能的技术人员，而不是一个意识形态改革的共同冒险者。本章就是以经济学就是牙医学的精神来撰写的。我会把焦点放在一些政治议题上，并把这些政治议题跟本书特定章节的分析串联起来。我的用意是举例证说明，而不是提供范围广阔的规定。诱因相容一再出现而造成的难题、有纪律多元主义的优先必要性，这些一般原则是存在的——但前提是，如同了解水电工程和牙医学，经济学也是一种要从一点一滴的小故事中了解，并获得知识的过程。

完全竞争或有纪律多元主义（第十一章至第十五章）

市场经济的成功，并非因为企业人士比政治人士更聪明，而是因为有纪律多元主义比中央集权决策更为创新、也更能回应顾客的需求。

大多数富裕国家具备维持竞争的政策，但是，竞争政策常根据这项假定——世界应与本书第二部的完全竞争市场模型相符。如果世界并不遵照这个模型运作，那是模型有错，而不是世界有错。本书第三部说明了市场经济为何是不完全竞争，就算是完全竞争也无法具有效率。有纪律多元主义透露了竞争对手追求差异化的策略，其中较为成功者就能获得经济租。竞争政策不应寻求这些经济租——如果竞争政策设法寻求经济租，就将会使得多元主义衰退。竞争政策的目的是要助长多元主义，并让纪律更为有效。

过去 20 年内，经济学家已经在欧美两地的竞争政策上取得了影响力。竞争政策必须以法律术语来框架，而法律却是经济构想和经济概念的一种表现。竞争政策的经济做法已经使得经济工程学（economic engineering）相信，法院能做出替代产业结构的成本效益分析。

然而，就连电脑企业都无法顺利预测本身产业的前景。盖茨或普洛登爵士都无法做出这些预测——欧洲委员会的地方法官或案件处理人，当然就更无法做出预测。竞争政策应该反映出这项假定——“有纪律多元主义是市场经济的主要依靠。”逐件审视这个原则，就像逐件审视预防行窃的假定，这样做同样不可能或不必要。审判窃贼的法院并不考虑支持或反对个别私人财产的主张，只在意是否发生盗窃事件。我们制定开车的速限，而不是认定以不适当速度开车就算犯罪。因为这种规则无法强制执行，也无法给予诚实公民任何指引。

多元主义要求各策略团体中要有几家企业——这些企业把彼此视为竞争对手。企业本身的认知界定出竞争战场。对英国零售业来说，特易购（Tesco）和森斯伯瑞(Sainsbury)的合并，将会是一场灾难。因为这两家企业之间的竞争，正是英国零售业活力的支柱。计算顾客可能要开多久的车，才能抵达竞争商家，这对有纪律多元主义的现实状况，只会产生不太重要的影响。

布莱克对 ICI 公司感到失望时，他把研究带到史克药厂去做。要是现在，布莱克的替代方案可就更为有限。需要大企业资源的英国科学家，只能替葛兰素史克（Glaxo Smith Kline）药厂或阿斯特捷利康（Astra Zeneca）药厂工作。即使在全世界中，我们从国家立场来看，也需要多元主义。英国金融市场在 20 世纪 80 年代自由化后，美国投资银行把专业主义引进伦敦，普遍提高了标准。但是现在，伦敦所有知名投资银行都是美国企业或由美国所有，多元主义再次被减弱。

因此，目前对多元主义有利的势力，日后可能成为不利势力。标准石油公司或微软公司的成功，却强迫我们反对这些企业，以维持纪律和多元主义——这似乎是很矛盾的事，但却是必须做的事。市场经济的情况显示，市场的民主决定并没有比选民圈选出的民主决定更好——“微软公司之所以拥有独占权，是因为我们想要该公司拥有独占权。”在市场经济中，竞争的多元主义过程比不论国营或民营的中央集权组织，能更有效地透露信息并促进创新。维持多元主义是一场永远打不完的战役。

一般均衡与DIY经济学（第十四章）

每个政府都要面对寻求经济租的游说人士。农民要求农业补助、制造业寻求保护、衰退产业的员工寻求对本身产品的津贴，以免受到国际竞争的影响。企业要求支持“竞争力”的政策。DIY经济学因此活跃。

乍看之下，每一种经济活动都能促进就业机会，不是增加出口，就是代替进口——每种补助都能增加竞争力。而且，如同第十四章的说明，提出这些主张的人知道，从他们的经验来看，他们真正要说的是：他们的自利主张会助长更广大的良善。但是游说人士不知道，他们本身的经验、他们的运作方式中，存在着一般均衡的关联性——把整体经济的束缚“加总起来”。游说人士令人误解的片面观点，常引导他们赞成对自己不利、对社会大众更不利的政策。

伦敦市中心到希斯洛机场（Heathrow Airport）的出租车车费很高——往返于市中心与机场的出租车，比花同样时间跑市区的出租车，赚更多钱。因此，出租车候客区的车队排得好长——有时候要等上几个小时才载到客人——只为了大赚一趟。从个人和出租车司机的观点来看，高车费是必要的，因为司机要等很久才载到客人，而且以这个例子来说，这是强迫要求订定出租车车费的伦敦交通局采取的做法。出租车司机是一个有组织的游说团体，他们要求调涨车费。但是，对乘客而言，大肆反对此事并不值得，反正很少人把大部分的收入花在出租车车费上。出租车司机并不知道，高车费会造成更长的候客时间，他们只知道等候时间长需要高车费。就像制药公司不知道，开发药品的高成本是必要的，因为从成功开发药品可获得庞大获利。他们为什么该这么做？他们只了解自己的企业，但并不了解市场的均衡。

关于希斯洛机场的出租车车费的制定，其中一定有许多好理由。人们坐进别人的车是很容易受骗的，他们有权要求保障。如果第一次抵达英国的游客，遇到的第一个人是不诚实的出租车司机，那么不只出租车司机的声誉受损，整个国家的形象也会受损。但是，规定政策的关联性既复杂，也无法轻易从个别出租车司机的经验中做出结论——这也是此种最简单的市场干预形式的真相。

反对价格控制、关税、补助和税务减免的主张，并不表示市场会自行调整。这些政策的直接结果常让寻求经济租的团体获利，间接结果却不可能准确测定。应该有一个强势假定，以产业特定标准，反对以增长、就业、效率和“竞争力”等广义经济利益为主的主张。一般来说，除了通过 DIY 经济学，就没有其他可说明所要求的利益的方法。而且唯有借由建立一般原则，才可能把目前国会大厦外大排长龙的游说人士，导引到其他地方。

规定出租车车费的主张，是依据有限用途的正当论点，如同支持补助农业或保障国内媒体和文化等论点，主要是跟社会本质的特定非经济层面有关。这些问题可以被讨论，但是支持这类干预的论点，却无法借由与市场利益有关的广义主张加以驳斥。

在这类论点能发挥影响力之处，遵照这些论点的政策应该直接与这些特定问题有关。然而，欧洲农业政策却是一场恶梦。对农业环境有利的特定论点，已经跟以 DIY 经济学为主的广义经济利益主张混淆在一起，后来更被当成说明所有面对诱因相容问题——不一致目标的激增和永无止尽的策略协商（第八章已说明）——的基础。

理性与适应性（第十七章）

我们会在经济生活中表现出具适应性的行为。适应性行为会在所出现的环境中一再出现。我们会比讲究私利的理性个人更加团结合作，因为对我们来说，这样做就是适应性行为（第二十章）。但是对我们来说，遵守一个对我们或组织本身不利、不健全的文化规则，也是适应性行为。适应性行为由我们加诸彼此的社会价值观和企业价值观来决定——声名远播的现象就是一个好例子（第十八章）。而且，市场经济的优势价值观就是其本身成功的关键。在说明为什么挪威和瑞士是富裕国家，而肯尼亚和印度尼西亚不是富裕国家时，这项论点就很重要。

那些声称自利唯物论是成功社会经济的主要价值观的人带来的伤害有多大，已不必多说。他们已经让亚洲经济发展迟缓，也逐渐损害到西方市场经济的正当性和绩效性。在20世纪90年代中期瘫痪的阿尔巴尼亚经济的金字塔结构，以及1999 ~ 2000年的欧美股市泡沫化，两者之间在本质上并没有什么差异。我们只能逐渐得知，富裕国家中有多少企业竞争优势，已经在追求无法持续的盈余增长中受到损害——银行失去员工的忠诚、制药企业的研发产品线愈来愈空洞、媒体跟创意人才失和、保险业者不再对顾客有信心。

竞争市场的挑选机制就是要处理（未必迅速处理）企业组织中不适当、但却适应内部的文化。因为适应行为是自动执行的，这些文化很难改变，因此CEO在试图进行组织变革时，常抱怨不已——政府部长是最极端的例子，他们无力改变人事，也对本身担任名义主管的组织毫无影响力。对于许多企业来说，CEO来来去去，走的时候就把他们那些愚蠢的愿景和使命，以及一大批策略顾问也跟着带走，这倒是一件好事呢。

具适应性的官僚人士在决策时通常会加诸一个理性表象。气冷式反应器计划是经过审慎分析，但是这些分析所包含的数字既无意义，也跟所做的决定无关。网络企业在1999年的评价和2000年的移动电话标案，都有精心策划的试算表为依据。这些运作赋予适应过程理性的表象。但是，隐瞒决策实情或让责任混淆不清，通常使决策变得更糟糕。

由于行为具适应性、而非理性，所以我们支持妨碍我们选择自由的社会制度。荷马（Homer）所著史诗《奥德赛》（*Odysseus*）中，主角奥德赛让自己被绑在船桅上，以抵抗女妖赛伦的诱惑。这就是退休津贴制度和强制性献金制度（compulsory contribution）之所以存在的原因。要是奥德赛担心的行为（意即变成非理性）不会发生的话，他就不会被那般的诱惑。对我们来说，情况亦如此。

信息（第十八章）

我在写这段内容时，正坐在飞机上，拿着苯乙烯制成的杯子喝咖啡。杯子上印着一行字“内含热食”。我并不觉得这一信息有什么用，我也不期望杯子上印有这行字。这行字的用意是要保护航空公司，预防荒谬的法律索赔。[①]我的早餐组合中还附有一小罐果酱。其实，这不是普通果酱，而是水果含量超过45%的“特级果酱”。我知道，但是坐我旁边的那位乘客并不知道，发现这件事可能让他觉得好玩，但他并不感兴趣。这个果酱也包含E330和E334，代表这些成分已通过欧盟科学委员会的测试并符合安全标准。但是，经过一种奇怪的解读，许多人却解读成，这表示果酱含有有害化学物。

信息不对称是现代市场经济的特质。我们很容易断定，要解决信息不对称，就是让消费者知道更多。借由法规（“特级果酱”或E330），或承认风险揭露（热

①自从美国一位法官判决麦当劳要赔偿290万美元，给被热咖啡烫伤的一位妇人之后，热咖啡就一直是一个问题——详见1994年9月1日和1994年12月2日的《华尔街日报》。

咖啡很危险）是一项法律防卫。然而，如同这些例子所示，这类方式根本没有用。处理信息不对称的一般市场机制是名声。当我们把钱存到银行或去医院求诊时，我们仰赖的是银行和医师的名声，以确保我们存款的安全和获得明智的治疗。没有法规能确保银行不会破产，或确保医师会做出正确诊断，要求揭露信息的法规也是成效不彰——强迫银行公开资产负债表，或要求医师解释全部风险、并判断愈后情形。银行的资产负债表既过时又无法理解，不论怎样，只传递出微不足道的相关信息；我们去医院求诊时，可不想听到医生引述医学教科书上的长篇大论——我们只想信任医师的专业能力。

自律规范（self-regulation）比法令规定具有一项优势——自律规范实体（比如企业、专业团体等）拥有信息去做，而政府机关却没有。不过，这其中也具有一个缺点——自律规范实体没有太多认真看待规定的诱因，但政府却有。然而，信息和诱因交互影响的问题又再度出现。规定可以借由提供诱因给知情的人，让他们担任取缔者，而且唯有他们才有执行这个角色的信息，这样做也能让信息和诱因发挥最佳成效；自律规范是由外界监督所激发——自治、稽核和责任再次出现在一个具适应性的环境中。

在英国，金融服务局（Financial Services Authority）已经能在某些消费金融服务的领域做到这样。渴望提成的业务员不管（通常是忽视）顾客需求，而推销产品给困惑不已的顾客。改变这种情况的关键不是产品规定，也不是坚持信息揭露，更不是训练和能力的相关规则，而公布个别企业黑名单的方式，就能让企业关心名声，强迫他们认真遵守程序。

相比之下，法律和医药方面的自律规范却遭致了失败。英国医学总会（General Medical Council）的优柔寡断，以及律师协会兼律师申诉委员会（Law Society and Solicitors' Complaints Commission）无法监督所管理成员的能力，再加上缺乏外界监督，因而遭致失败。这些监督单位认为，维持本身专业名声的最佳手段是：大家相互自满、而不是揭发无法胜任的律师。而且在他们运作的环境中，这样想可能也没错。名声是一个有力机制，但唯有外部监督能确保只获得应得的名声。

风险（第十九章）

市场经济管理不确定性的成本高昂，成效又不彰。私人市场无法提供有效保障来预防生活中的主要风险——意外、裁员和失业，以及关系破裂。道德风险和逆向选择到处都是，对于评估风险和计算概率，我们一点也不在行。生活中的主要风险无法由市场处理。我们拥有的政策选择是：对风险置之不理，或是通过社会制度来管理风险。

如果对风险置之不理，不幸的受害者要付出的成本可能很高。有些美国家庭就因为被庞大的医疗账单金额拖累，让更多家庭因为此事而担惊受怕。但是，因为高标准的医疗服务只有一些人能享用，所以有些人根本没有得到、或只是得到了不足的医疗照顾。当生活似乎全靠运气时，输家就会被社会孤立。在美国，随着所得与财富差异渐增，使得大街上的犯罪事件增加，入狱人数是欧洲平均入狱人数的许多倍。

况且，我们也不清楚风险究竟会在何处出现。如果社会没有为不幸事件做准备，受害者就只能把自己的不幸怪罪给别人。这类事故的概率可能跟其索赔的合理性毫无关系，也跟不幸事件的严重性无关。对所有关系人来说，法律诉讼的程序耗费庞大，通常也无法有效地弥补实际的痛苦。比如花在石棉诉讼案的起诉与和解的几十亿美元，却无法减轻罹患间皮瘤（mesothelioma）的受害者的痛苦。同时，被起诉的风险已经变的越来越多。因此，游乐场被设计的毫无风险、也就不会带来赔偿责任，而让任何正常孩童都觉得玩腻了。

当私人市场和民事制度也无法奏效（大多数情况下都不奏效）时，社会保险更能加以妥善处理。日常生活的主要风险——社会保险与私人保险——的不同点在于，实际上，社会保险针对预期费用，并没有相搭配的缴款。这些在欧洲发展的制度，只用以管理医疗风险、疾病和失业时的所得损失，以及家庭破裂。

社会保险展现出社会的休戚与共，社会保险的持续性取决于大众对其正当性的接受度。但是，社群主义概念的本质却因个人主义政治的结构而损害。左派政治人士已经采用右派政治人士的夸张说法，而且还秉持错误信念，认为这样做会在逐渐受到自利唯物论影响的世界中，让社会的休戚与共更受到重视。但是，罗尔斯提出的“无知之幕”的非现实本质，证明了要为福利权利的起源提出一个令人信服的说明的困难之处。权利主张需要一项担保品——愿意接受责任，然而却找不到这种担保品。社群主义的观点避开权利语言，恢复抛弃的概念，并强调排外，而不是把低所得当成政策的首要目标。

休戚与共的机关未必、也不应该只是国家机关。大企业是员工失业保险和工伤保险最有效的供应者。企业和工作者可以利用一个中规中矩的官僚制度无法达到的弹性，去区别装病和不幸的不同。然而，大型私人企业或国家机关的有才干的职员原本期望的工作保障，在企业纷纷主张无法再提供终生工作的情况下，已经被粉碎。在市场改革中，这种主张迅速被跟进，我们发现就连国家也无法承担这类成本。

经济波动、疾病、意外、失业、家庭和婚姻破裂的风险，都是无法避免的。社会别无选择，只好负担起这些风险。但是，社会制度可以增加或减少这些成本——部分集体化可借由分摊风险来降低成本，但会引起道德风险。在社群中分摊风险，就能在这些互相冲突的势力中取得最佳平衡。

协调（第二十一章）

现代经济中的标准和网络都需要协调。政府可以插手进行协调，或者由企业间的私人协定建立协调，也可以从市场竞争力的自发性运作中产生协调。这些机制并非无法共存或互相排斥。标准通常是这些力量组合的产物。政府已经设定广播标准，要求通讯网络互相连系；硬件厂商间为光碟和影碟建立标准；银行和航空公司创立网络，提供相容的付款系统和文字设施；VHS格式、视窗作业系统和威士卡也在市场的竞争中，成为主导势力。

在美国，银行自动提款机就有互相竞争的网络，而且通常使用提款机跨行提款要收取费用。在法国，因为法国国家银行居中协议，确保了所有银行卡（Cash Card）都能在所有提款机上使用。美国的结构则对供应商施压，希望达到成本效益，让安装提款机具有竞争吸引力——电子数据系统公司（Electronic Data Systems）就是其中最大的供应商。然而，顾客喜欢的是接受各种银行卡且免费使用的提款机。2000 年，英国的系统要在上述两者中择一使用，但是，由报纸激烈表达出来的舆论压力，认为应该采取法国的做法。

但是，集体解决方案常试图让过多冲突利益达成一致，以美化其标准。英国卫星广播公司（British Satellite Broadcasting）和英国独立电视台数码频道（ITV Digital），这两个广播联盟在跟鲁伯特·默多克（Rupert Murdoch）的天空环球（Sky Global）竞争时落败。银行与零售业者之间，为转移电子基金所建立一套共用系统进行了延长协议，结果也没有任何成果。转账卡（Debit Card）唯有在放弃找出协调解决方案的企图，以个别协商取而代之时，才能加以普及。金牛座（Taurus）——伦敦证券交易所的中央电子结算系统——在保护各参与者成本不断上升到无法掌控后，最后只好弃之不用。后续使用的金冠系统（Crest），只是因为英国银行强制执行才开始运作。独占标准很少成功，因为开放标准拥有庞大的用户数量。这就是 VHS 系统打败 Betamax 系统、视窗作业系统打败苹果作业系统的原因。

没有任何单一最佳方式能引起协调，也没有任何通用理由能假设任何过程将达到最佳成果。VHS 系统和视窗作业系统对于所做的工作来说，或许不是最佳标准，但却已经是够好的标准。谁知道全球航空业应如何变得有组织？在多元化的市场经济中，可能无法达到最佳的可能结构，但是明显不适当的结构通常都会失败。各国对于自动提款机采取不同的解决办法，就说明技术问题和经济问题的解决方案，通常是所属政治环境与社会环境的产物。

规则与财产权（第五章）

“财产权”一词让我们相信，定义财产权为何物，以及要求遵守财产权是很容易的事。但是，市场经济的规则范围广大，而且大多属于暗示性。这些规则通常是由社会惯例，而不是法律程序所决定和实施。在技术、市场制度和社会及政治等关联性的共同演变中，政府只是一个行为者。

以往，消费者在购买物品和服务时，主要依赖零售商的商誉。产品品牌和全国广告的成长意味着，消费者可以信赖大型制造厂包装的产品的品质。连锁店的兴起让零售业者再度掌权。但现在，消费者依赖的是零售商的品牌，以及其总公司的科技能力，而不是独立零售商的个人知识。这些发展是由不停变化的技术和日益增加的产品复杂性所促使的。这些因素后来成为了不同事业市场的成败关键。市场经济规则的其他创新，例如，有限责任，就需要更审慎的法律和法规结构。

要为互联网和基因组这类新活动建立合法结构，必须制定新政策，并调整旧规则来符合现代技术。好的规则无法由一般原则所制定——通常，解决方案专属于特定技术和特定市场。但由基因组与互联网的特定专家制定的合法结构，经常被误用，被应用于那些截然不同的意图，来对抗法令所做的解释。政府必须时常担任主动积极的规则制定者，而不是仲裁者。

美国经营模式强调契约的自由，契约设计的回应能力也一直是市场经济的一种优势。在英语世界中，普通法（common law）制度的弹性，一直是金融服务业与法律事业本身的竞争优势来源。但是，让契约真正自由的费用却高得吓人。我们在购买大多数物品和服务时，并不会对交易条件进行协商。因为如果我们这样做的话，根本走不出商店或赶上搭车的时间。

市场基本教义派可能会问，我们为何需要公司法？毕竟，股东和经理人可以自由跟他们喜欢的人制定任何协议。事实上，这并不是一个切合实际的提议，因为协商会耗费成本，而且针对意识形态的契约进行诉讼，费用更是高得惊人。这就是为什么，即使在普通法国家，还是有那么多标准表格与程序。以往曾经存在许多类型的企业组织，现在大多已经简化为一种合伙制的有限公司，还有互助组织已经消失。

薪水、税收和福利（第二十四章）

人们所赚取之物是其经济生活中最重要的因素。即使规模最小的企业，也需要薪水政策。政府是所有生产力经济体中的最大雇主，也是从教育到垃圾收集等许多领域中的主要雇主。因此，政府对其本身员工的薪水政策，就会影响到整个经济体系。慈善机构也扮演一个角色，但现在却跟正式税收和福利制度不太相关。社会政策不仅持续重分配家庭单位的所得，也重分配家族和终生的所得。

如果生产理论和商议理论真的不能并存，那么所得分配政策就相当简单。生产理论不太影响所得分配。生产力由技术和市场决定——对暗示性分配的任何干预，就牵涉到比重新分配金额更高的损失。商议理论透露出，组织内部和国家整体的盈余由政策决定。在这种情况下，就可以无限制地实施公平报酬的民主概念。然而，这两种理论所具有的事实要素并不完全正确。任何曾在现实世界中决定薪水的人都知道，政治和市场互相冲突的压力，一方讲究公平，而另一方讲究效率。“必须决定薪水”这个事实说明了，市场并未透露全部实情——如果市场已透露全部实情，我们应该不需要薪水报酬委员会，或告诉人力资源主管制定薪水等级表。但是，所得分配的公平性必须受到严酷现实主义加以调整，如同我们从《四川好女人》中所学的。

几乎所有富裕国家都已经制定了最低工资。法定最低工资会迫使组织内部经济租的分配出现改变，这样做提高了活动成本。例如，临时聘用的清洁工、超市结账员、快递员和速食送货员等。因为制定了最低工资，也就增加了这些活动的价格，并减少对这些活动的需求量。薪水更多且工作机会更少，就是一个经验问题，没有进行详细的定量研究，就不可能评估这样做的结果。但是，有关“合宜的工资”（decent wage）的社会规范，则是一项弹性且有回应性的机制，而且是法律制度所无法复制的机制。

贫穷国家的未来

在当今的世界里，所得与财富的悬殊是对任何自省者的一种公然侮辱。金钱和经济增长未必能买到幸福，但是金钱与经济增长当然可以为西赛罗和他的家庭买到更多幸福。

然而，生活在富裕国家的我们，并不是因为贫穷国家的穷人而富有。市场经济和全球交易系统是依据牺牲穷人、让富人获利的方式来设计的，这根本是不实的说法。如果第三章所提的19世纪的富裕国家真的只跟彼此做交易，而且跟全球其他国家没有任何经济交易，他们的生活水准也不会下降太多。这些富裕国家本来就互相进行大多数交易。如果不跟其他国家交易，最重要的后果将是能源成本上涨。富裕国家是因为他们的高生产力而富有，而高生产力来自于他们有效利用分工，以及本身的现代技术、技能和能力。

如果富裕国家不跟贫穷国家交易，贫穷国家的生活水准也会下降，或许下降更多。像刚果和沙特阿拉伯这类拥有丰富资源的少数贫穷国家，就会损失惨重。但是，如同第二十三章所述，这些资源也让国家经济结构走样，无法确知长期获利。更严重的是，从石油生产设施到通讯交换设备的设备损失。这是因为，若是无法取得西方国家的技术，根本无法制造这些设备。

贫穷国家也不是因为富裕国家有能力弥补的“资金缺口”而贫穷。以往对贫穷国家并不特别慷慨的“补助”，其所产生的效益很低。要为债务减免找出感人的论点很容易，但问题却错综复杂。推行贫穷国家债务减免计划的人，诱惑我们去想象贫穷国家的居民每天花大多数时间工作，以偿还我们加诸于他们身上的债务。事实上，借给高度负债政府的大多数资金，都已经被贪污掉，不可能索讨回来。负债额的实际后果是，限制再借款能力。因为先前大多数借款已经被偷或被浪费掉，这可能是一个好结果、而不是一个坏结果。

富裕国家与贫穷国家之间的差异，是本身不同经济制度品质差异的结果。经过令人失望的40年，开发机构已经承认此事，也使用本身的权力要求改革。但是，新的解决方式通常太过肤浅。提供给俄罗斯的做法并不是美国的制度，而是美国经营模式的妙策。市场制度——确保财产权、政府最小限度干预经济、低度管制等，才是既简单又一体适用的。如果落实了这些解决方式，经济增长随后就到。

然而，市场的真相更为错综复杂。富裕国家其实是公民社会、政治制度与经济制度几百年来共同演变的产物，而且我们对这种共同演变只有部分了解，无法把这种共同演变移植到其他地方。西方国家的殖民地是这种演变移植的唯一成功实例。然而当初在移民时，是把完整人口和制度移民到几乎无人的国家。目前美国经营模式的魅力，如同以往马克思主义的魅力，只是建议经济制度的历史、目前社会的结构和未来发展的途径，都有一个简单的经济解说和一项不可避免的结果。这就跟马克思主义一样，是一个令人误解的政治经济观点。

事实上，没有伟大的叙述，只有小故事可说。但是，被盛大讲述的需求是如此根深蒂固地存于人类思想中，所以对盛大讲述的无益搜寻将永无止尽。谨以这本书，献给那些认为对复杂事实有部分了解会比确信不实通用解说要好的人。